本书是全国教育科学“十二五”规划2011年教育部青年项目“职业教育统筹发展战略研究”（EJA110394）、中央高校基本科研业务费专项“城乡统筹下的重庆中职教育内涵互动发展战略研究”（XDJK2015C044）的研究成果，西南大学统筹城乡教育发展研究中心、三峡库区经济社会发展研究中心研究系列成果。

职业教育
城乡统筹发展研究

廖晓衡 宋乃庆◎著

ZHIYE JIAOYU
CHENGXIANG TONGCHOU
FAZHAN YANJIU

西南师范大学出版社
国家一级出版社 全国百佳图书出版单位

图书在版编目(CIP)数据

职业教育城乡统筹发展研究 / 廖晓衡,宋乃庆著
. — 重庆 : 西南师范大学出版社,2018.4
ISBN 978-7-5621-9202-2

Ⅰ. ①职… Ⅱ. ①廖… ②宋… Ⅲ. ①职业教育－教育事业－研究－重庆 Ⅳ. ①G719.2

中国版本图书馆CIP数据核字(2018)第059862号

职业教育城乡统筹发展研究

ZHIYE JIAOYU CHENGXIANG TONGCHOU FAZHAN YANJIU

廖晓衡　宋乃庆　著

责任编辑: 杜珍辉
封面设计: 汤　立
出版发行: 西南师范大学出版社
（重庆·北碚　邮编:400715
网址:http://www.xscbs.com）
印　　刷: 重庆市国丰印务有限责任公司
幅面尺寸: 170 mm×240 mm
印　　张: 15
字　　数: 220千字
版　　次: 2018年11月 第1版
印　　次: 2018年11月 第1次
书　　号: ISBN 978-7-5621-9202-2

定　　价: 55.00 元

目录
CONTENTS

引言

纵观世界发达国家的城镇化过程，都有一个完善的职业教育体系作为经济发展的支撑，大多数发达国家都把发展职业教育作为增强综合国力和国际竞争力的首选战略。在我国进入工业化、城镇化的新阶段里，在我国产业结构调整升级、经济发展方式转变的关键时期，社会对应用技术型人才的需求愈来愈迫切，职业教育的战略发展地位和作用也越来越明显，在政府重要文件和国家领导人讲话中多次提出“职业教育是我国经济社会发展的重要基础和教育工作的战略重点”。重庆作为国家批准的首个省级统筹城乡综合配套改革试验区，其职业教育的战略地位与作用更为凸显。职业教育承担着培养技能型人才、缩小城乡居民收入差距和推动城乡统筹改革的重要历史使命和时代责任，因此，通过职业教育城乡统筹发展来推动城乡经济协调发展，已成为重庆城乡统筹改革的重要任务和国家教育发展的重要战略。

然而，就我国当前职业教育尤其是重庆职业教育发展的实然状态而言，职业教育的战略发展地位却未真正落实，职业教育的规模、结构、模式和质量都存在与城乡统筹发展不相适应的诸多内生问题，职业教育与经济社会和城乡统筹之间的互动不足、联动不够，这严重制约了职业教育经济社会功能作用的发挥，不利于我国经济和社会的统筹协调可持续发展。因此，认真研究职业教育城乡统筹发展问题，实现职业教育城乡联动发展和职业教育与经济社会的互动协调，这不仅有利于职业教育自身的战略发展，也有利于打破城乡二元体制，促进城乡经济和社会各项事业的协调发展，具有重要的战略意义和实践指导作用。本研究以重庆中等职业教育发展为例进行研究。

职业教育服务经济社会发展之历史使命

职业教育是与经济建设和社会发展联系最为紧密的一种教育类型，肩负着四个方面的历史使命：一是承担为建设人力资源强国培养数以亿计的高素质应用性技能型人才的历史使命；二是承担在城镇化、工业化进程中，为推进城乡统筹改革，解决“三农”问题服务的历史使命；三是承担在全国普及九年义务教育、实现“双基”之后，加快普及高中阶段教育，完善国民教育体系和结构的历史使命；四是承担为我国经济发展方式转变、产业结构调整升级提供强大动力的历史使命。缩小城乡居民收入差距，改善民生、维护稳定，迫切需要职业教育做出新的更多贡献。实现农业现代化，迫切需要发展农业职业教育，加强涉农专业建设；加快城镇化进程，推进城乡统筹改革，迫切需要职业教育为农村劳动力转移发挥更大作用；普及高中阶段教育，这一战略任务重点要靠中等职业学校来完成。

目前，我国经济社会发展面临新形势：现代化进程加快的新形势，经济发展方式转变的新形势，优化经济结构的新形势，实现产业振兴和调整升级的新形势，发展战略性新兴产业的新形势，加速城镇化进程的新形势，加速发展现代农业的新形势，消费结构升级的新形势，促进教育现代化的新形势，大力改善民生的新形势。面临这些新形势，职业教育自身如何科学谋划，创新举措，探求载体，提高质量，取得实效，更好地服务经济和社会的发展，是一项重要的时代课题和历史使命。

职业教育战略发展地位之时代趋势

首先，从世界范围内来看，很多发达国家的城镇化都经历过城乡出现差距，城乡统筹、协调发展、城乡一体化的过程，在推进城乡统筹发展的战略选择上，美、日等发达国家都选择了通过大力发展职业教育来促进城乡经济协调发展，最终实现城乡一体化的道路。他们在职业教育城乡统筹发展的过程中，构建了自己独特的统筹发展模式，如美国的“乡村复兴”模式、日本的“造村运动”

模式、德国的“双元制”与“城乡等值化”模式、韩国的“新村运动”模式等，而且大多数国家将关注重心放在扶持农村职业教育发展上，构建了一个完善的、协调的职业教育体系作为国家经济社会发展的支撑。比如，在德国，职业教育被看作“德国经济发展的柱石”和“秘密武器”；在日本，职业教育被视为“一个民族能否存在的基础”，有人甚至认为“职业教育挽救了日本的一个困难时期，对国家做出了直接的贡献”。可见，职业教育被一些发达国家看作一种重要的战略发展产业，被视为现代化、工业化的“基石”和经济腾飞的“秘密武器”。

其次，从国内来看，当前我国正处在城乡统筹发展和经济结构调整的重要时期，经济社会发展对应用技术型人才的需求愈来愈迫切，职业教育的战略发展地位和作用也越来越凸显。比如：走新型工业化道路，实施产业结构调整、加快经济转型步伐、推动城乡统筹改革，都迫切需要职业教育培养大批高素质劳动者和应用性技能型人才；加快推进社会主义新农村建设，实现农村剩余劳动力向城镇有效转移，也迫切需要加快培养有文化、懂技术的新型农民，需要提高劳动力的就业能力和适应城镇生活方式的公民素养；实施扩大就业的发展战略，进一步改善民生，迫切需要加快健全覆盖城乡的职业教育培训网络。因此，如何加快职业教育的发展步伐，为经济建设和社会发展培养数以万计的应用性技能型人才，使我国从人口大国迈向人力资源强国，是摆在我们面前的重大课题。2005年国务院颁布的《国务院关于大力推进职业教育改革与发展的决定》(国发〔2002〕16号)，明确把职业教育确立为经济社会发展的重要基础和教育工作的战略重点。2010年颁布的《国家中长期教育改革和发展规划纲要(2010—2020年)》提出“大力发展职业教育”。2014年，《国务院关于加快发展现代职业教育的决定》提出“加快发展现代职业教育，是党中央、国务院作出的重大战略部署，对于深入实施创新驱动发展战略，创造更大人才红利，加快转方式、调结构、促升级具有十分重要的意义。”2017年党的十九大报告要求“完善职业教育和培训体系，深化产教融合、校企合作。”可见，职业教育作为经济建设和社会发展的重要支撑，应该处于战略发展地位。

重庆职业教育城乡统筹改革之现实渴求

重庆作为国家批准的首个省级统筹城乡综合配套改革试验区，通过职业教育城乡统筹发展来推动城乡经济协调发展，这是其城乡统筹的重要任务和内容，也是其探索城乡统筹发展的新手段。作为我国西部地区唯一的直辖市，近年来重庆经济社会发展取得了举世瞩目的成就，但是，其二元结构形态仍然突出，“大工业带大农业”“大城市带大农村”仍然是基本市情。2010年，重庆有户籍人口3 300多万，其中农村人口2 196万，城镇化率53%。通过实施城乡统筹，到2020年，估计重庆市将有1 000万农村人变成城里人，农村人口会下降到1 000万，整个城镇化率将达到70%。因此，重庆未来几年内每年面临着近100万农村富余劳动力向城镇转移，大量农民转换为市民的紧迫任务，承担着解决城乡二元化问题，实现城乡统筹发展的历史责任。要完成这1 000万农民劳动力的有效转移并提高其职业技能，为重庆的产业发展提供充足高效的技能人才支撑，促进重庆城乡经济的协调发展，这必然离不开职业教育，这是职业教育的使命和责任，也是职业教育发展的大好机遇。可以说，重庆的职业教育在工业反哺农业、城市支持农村，实现城乡统筹发展的进程中大有可为，发展职业教育是从根本上解决三农问题，缩小重庆“三个差距”，实现城乡统筹发展的需要。因此，加快重庆职业教育城乡统筹发展既是城乡统筹的任务和内容，同时也是促进城乡统筹发展的重要途径。换言之，城乡统筹将职业教育推到了重庆经济社会发展中更为特殊而重要的“战略地位”。

如前所述，虽然职业教育是世界发达国家经济发展的重要支撑和首选战略，虽然我国已经把大力发展职业教育作为一个战略发展重点，虽然职业教育在城乡统筹中具有更为特殊和重要的战略地位与作用，但在我国经济学、教育学等理论界，仍有不少人忽视职业教育在经济社会发展中的重要地位，社会现实中也仍有很多与这个“战略地位”不相适应的地方，职业教育与经济社会发展的要求还有一定的距离，还存在着许多不容忽视的问题。以重庆为例：缺乏对重庆职业教育战略发展的整体规划，职业教育与经济社会发展不协调，职业教育发展不平衡；职业教育经费投入、资源配置、基地建设、人事管理、师资队伍建设、招生就业、资格证书等管理政策不一致，各级政府、企业、行业协会、职业学校的职责不明确，城乡之间政策不统一；职业教育教师队伍发展不平衡，农村职业教育师资匮乏、水平不高，双师型师资队伍建设薄弱、教师培训亟待加强，城乡教师资源的严重失衡；职业教育管理存在多头管理、分散管理；职业教育资源配置分散不合理、城乡区域之间资源发展不平衡；等等。[①]这些问题如不尽快解决，不仅严重影响职业教育自身的科学发展，也必将给我国的整体经济建设和社会发展带来灾难。

本研究站在中国职业教育战略发展与城乡统筹改革的契合点上，从城乡统筹发展的视角，运用哲学、教育学、经济学、社会学、统计学等学科知识，采用文献研究、调查研究、统计分析、模型构建等多种研究方法，遵循由理论研究到实践研究再到战略对策研究的逻辑思路，在教育内外部关系规律理论、二元经济结构理论和人力资本理论等指导下和有关文献研究的基础上，形成了职业教育城乡统筹互动协调关系理论假设；然后根据这一理论假设，结合反映职业教育的有关文献，对重庆职业教育城乡统筹发展现状进行深入调查，分析重庆职业教育城乡统筹发展中互动不足、联动不够的实然状态和成因；最后是根据互动联动关系理论，针对互动不足、联动不够的现实问题，探索了具有重庆特色的职业教育城乡统筹内涵互动发展战略和外部联动保障体系，为重庆乃至全国职业教育城乡统筹的互动协调发展探明了道路。

一是阐明了职业教育的战略发展地位。本研究采用文献研究、比较研究和历史研究的方法，主要回答了职业教育的内涵与特点、职业教育的功能与作用、明确职业教育本体价值，从经济社会发展、国民教育体系和人的自身全面发展三个角度阐明了城乡统筹下职业教育的战略发展地位，深化了人们对职业教育城乡统筹战略发展、互动协调发展的认识，在认识层面促进了观念更新。

① 廖晓衡，李岭，宋乃庆. 城乡统筹下的职业教育战略发展地位与对策研究[J]. 教育与经济 .2012(2):22.

二是梳理了职业教育与城乡统筹互动协调的战略发展关系。本研究综合运用区域经济学、教育学、统计学等多学科的理论与方法，对职业教育与城乡统筹互动协调发展关系进行了系统分析，揭示出了职业教育内涵发展“四要素”的互动协调和外部保障机制“四统筹”的联动发展，为探究职业教育城乡统筹战略发展对策提供了理论依据，促进了理论层面上的探索创新。

三是剖析了影响职业教育城乡统筹发展互动不足、联动不够的问题归因。本研究采用历史研究、比较研究、文献研究、调查研究、统计分析的方法，从思想与观念、体制与机制、资源与配置、结构与布局、定位与模式、质量与导向六个方面，详尽分析了重庆职业教育城乡统筹发展互动不足、联动不够的实然状态和问题归因，为下一步有针对性地提出重庆职业教育城乡统筹发展的战略对策奠定了实践基础，促进了多种研究方法综合运用于职业教育发展的创新。

四是探究了重庆职业教育城乡统筹的内涵互动发展战略对策及其战略保障体系。本研究采用理论模型建构、分析推理、实证调查、数据分析和统计研究等方法，在理论探索和实践研究的基础上尝试性提出了实施职业教育城乡统筹内涵互动发展战略和外部联动保障体系的战略设计及其具体对策。主要阐释了“适度规模化发展战略”“均衡化结构调整战略”“集团化统筹发展战略”“标准化质量管理战略”四大战略对策的互动协调和“统筹发展规划”“统筹发展政策”“统筹管理体制”“统筹资源配置”等四个统筹的联动发展。这其中既有整体战略思维的创新，在具体内容上也包含大量的富有创造性和实效性的对策建议，为政府决策提供了科学依据，促进了研究结果与应用层面上的创新。

职业教育城乡统筹发展研究是一项复杂的系统工程，涉及因素众多，且许多问题尚无定论，需要持续不断地进行多学科、多角度的研究才能揭示其内在的规律，把握其本质。本研究主要对职业教育与城乡统筹的互动协调发展基本理论、相互作用机理、内涵互动式发展战略与外部联动保障体系等方面进行研究，许多方面只是浅尝辄止，许多理论问题有待深入探讨与挖掘，也有相当多的现实难题等待破解，本研究仅是一点粗浅的研究，权当抛砖引玉。

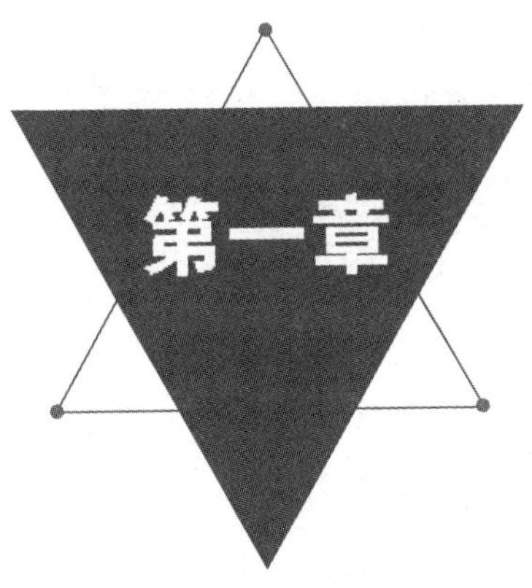

职业教育城乡统筹发展的内涵解读及框架建构

众所周知,基本理论问题是科学研究的出发点,它能揭示一个学科所有研究内容的本质联系,可以引导出学科的核心概念、内容体系和基本范畴。本研究既然要研究职业教育,必须首先了解和把握职业教育的最基本的理论问题。职业教育的基本理论问题是一个内涵丰富且不断创新发展的问题,本研究仅选择几个主要问题作为研究内容,第一个主要研究内容是职业教育的内涵与特点,主要回答什么是职业教育,职业教育的基本特点有哪些,以澄清职业教育的存在形态,找回职业教育生长的"家园"。第二个主要研究内容是城乡统筹的内涵与要求,回答城乡统筹的内在目标和基本要求,为城乡统筹与职业教育的内在逻辑关系奠定基础。第三个主要研究内容是职业教育的地位和作用,回答职业教育有什么功能与作用,职业教育在经济建设和社会发展中处于什么样的地位,明确职业教育本体的价值和职业教育的战略发展地位。第四个主要研究内容是职业教育与城乡统筹发展的关系,主要揭示职业教育与城乡统筹内部互动协调关系和外部协调创新及其相互作用的规律,阐释了职业教育内部的规模、结构、模式和质量四要素之间的内在互动协调,也探究了职业教育外部观念、制度、服务和资源等保障机制的协同创新。

一、职业教育的内涵与特点

(一)职业教育的内涵

21世纪以来,职业教育在全世界范围内都得到了迅猛的发展,职业教育的地位和作用也日益凸显。与此相适应的是,职业教育的理论研究也在国内外教育界受到了前所未有的重视,但遗憾的是"职业教育"(Vocational Education)的定义至今为止都没有一个统一的认识。无论是教科书还是辞典,无论国内还是国外,至今都没有定论。

杜威认为,职业教育就是为从事职业工作做准备的教育;斯内登认为,凡为生活做准备的教育都可称为职业教育。梅斯在《职业教育的原理和实践》中指出，职业教育是为学生将来从事某种特定职业做准备的教育。顾明远教授主编的《教育大辞典》(第三卷)认为，职业教育是传授某种职业或生产劳动所需要的知识和技能的教育。《澳大利亚教育辞典》的定义是：给学生提供与某一领域特定工作相关技能的课程和各种活动，旨在发展个人特定的职业技能。《国际教育辞典》指出：职业教育是指在学校内或学校外为提高职业熟练程度而进行的全部活动，它包括学徒培训、校内指导、课程培训、现场培训和全员再培训。当今则包括职业定向、特殊技能培训和就业安置等内容。

联合国教科文组织对职业教育的界定也是不断发展的。1962年，联合国教科文组织成员一致通过的《关于技术和职业教育的建议》指出：职业教育是由学校或其他教育机构提供的旨在为工业、农业、商业和相关的服务业等领域提供人才准备的所有教育形式。职业教育分成技术工人层次的教育、技术员层次的教育、工程师或工艺师层次的教育。1974年又修订了这个建议，职业教育内涵发生了变化："职业教育"是作为一个涉及教育过程方面的综合术语来使用的，除了普通教育外，还包括技术和相关科学的学习，以及与经济和社会生活各部门的职业有关的实际技能、态度、理解力和知识的学习。因此，职业教育的内涵可以理解为：它是普通教育的一个组成部分，是为某一职业领域做准备的一种手段。2001年再次修订了《关于技术和职业教育的建议》，职业教育的内涵更加丰富：它是普通教育的一个重要组成部分；可以为进入某一就业领域以及有效就业提供一种手段；是终身学习的一个方面以及成为合格公民的一种准备；是有利于环境的可持续发展的一种手段；是促进消除贫困的一种方法。

中国最早使用"职业教育"一词出现在1904年山西农林学堂总办姚文栋的公文中："论教育原理，与国民最有关系者，一为普通教育，一为职业教育，二者相成而不相背"。"职业教育为东西洋各国所最重，生等出洋后自知之，予不必言也，普通教育与职业教育，相需为用，阙一不可"。1906年，严复提出"实业教育"，"实业教育者，专门之教育也。专门教育，固继普通教育而后施"。1914年蔡元培提出"实利主义教育"，其中心思想是强调"以人民生计为普通教育中坚”,不仅给人以普通文化知识,而且给人以发展实业的知识和技能,同时给人以一定的职业训练。在实利主义教育思想的启发下,黄炎培等人提出“实用主义教育”,后来在创办中华职业教育社时,正式改称为“职业教育”。虽然这些有识之士大力倡导“实业教育”“生活教育”“技术教育”“大职业教育”等,但在中国传统文化观念的影响下,特别是在动荡的时局和落后生产力水平的现实中,这些思想和实践如昙花一现。

中华人民共和国成立后,1982年通过的《中华人民共和国宪法修正案》第十九条规定:“国家举办各种学校,普及初等义务教育,发展中等教育、职业教育和高等教育,并且发展学前教育”,职业教育被确认为与初等教育、中等教育和高等教育并列的一种教育类型,正式在国家的根本大法中明确了“职业教育”的称谓。1996年9月开始施行的《中华人民共和国职业教育法》(下简称《职业教育法》),将各级各类职业学校教育和各种形式的职业培训统统归并到“职业教育”范畴之中,《职业教育法》第一章第四条规定“对受教育者进行思想政治教育和职业道德教育,传授职业知识,培养职业技能,进行职业指导,全面提高受教育者的素质”的教育培训就是“职业教育”。第二章第十四条进一步明确指出:“职业培训包括从业前培训、转业培训、学徒培训、在岗培训、转岗培训及其他职业性培训,可以根据实际情况分为初级、中级、高级职业培训。”这说明我国目前所使用的“职业教育”这一概念包含:普通教育的职业技术入门教育;为了在某一职业领域就业的职业准备教育;作为继续教育一个方面的职业继续教育。

从横向来分析,现代职业教育绝不是单纯的某一项职业技术知识和技能的学习和掌握。使受教育者掌握与社会、经济生活不同部门的职业有关的实际能力和知识,形成理解的态度,这也应该是职业教育当然的组成部分,除此之外,还包括技术和有关科学的学习。

从纵向来分析,职业教育应该包括普通教育中的职业技术入门教育,准备从事某项职业的职业技术准备教育,以及成人教育中的职业技术继续教育三个阶段。我国的职业教育包括职业学校教育和职业培训。职业学校教育包括初、中、高三个层次。其中，初等职业教育有职业初中；中等职业教育有中专、技校、职业高中及成人中专；高等职业教育有职业大学、职业技术学院、高等技术专科学校、成人高校、高级技工学校以及普通高等学校中设置的二级学院——职业技术学院。

本研究采用职业教育一词，内容融合了纵横两个方面职业教育的内涵，即包括：使受教育者掌握与社会、经济生活不同部门的职业有关的实际能力和知识；使其具有职业道德、职业纪律和职业责任，形成对职业的全面理解和正确态度；其次包括使受教育者掌握职业技术和技能，具备从事某一职业的能力。在职业教育的组织形式上，包括职业学校教育和职业培训。在当前我国统筹城乡改革中，职业教育的内涵将更多地向终身教育扩展，向促进农村剩余劳动力转移扩展，职业教育的形式将更为多样，并以各类职业培训为主。

从职业教育概念的演变历程可以看出，即使到目前为止仍然没有一个固定的职业教育的概念定论，但"一个概念，多种表述"已成各方共识，并且职业教育概念也是一个不断演变、不断发展的过程，从谋生手段到社会经济发展需要再到促进人的全面发展，凸显出职业教育强大的生命力，也预示着职业教育广阔的发展前景。

无论怎样，本研究还是尝试给职业教育下一个简单的定义：职业教育是为受教育者获得某种职业技能或职业知识、形成良好的职业道德，从而满足其从事职业或一定社会生产劳动的需要而开展的一种教育活动。

（二）职业教育的特点

职业教育的特点，是指职业教育与其外部环境及各影响因素间的相互作用所表现出来的特征或特色。根据职业教育的特殊属性和职业学校的办学实践，主要有以下特点：

1.基础性

普通教育主要是指以升学为目标，以基础科学知识为主要教学内容的学校教育，它可为今后就业或进入高一级学校学习各种专门知识和技能打好基础。职业教育是以生产劳动知识和技能为主要教学内容，以就业为主要目标的学校教育，职业教育是在普通教育基础上进行的，但这个基础究竟是放在小学、初中还是高中阶段，要视各国实施普及义务教育的年限以及职业教育发展状况而定。联合国教科文组织第18届大会通过的《关于职业技术教育的建议》(修订方案)中提出"原则上应该把15岁作为开始专业化的最低年龄"。15岁这个最低年龄，在我国恰恰是初中生毕业的年龄。目前，我国职业教育实行小学后、初中后和高中后三级分流制度。小学后的分流主要在西部或边远农村贫困地区实行，通过设置一定数量的职业选修课或在初中二年级后进行分流，对部分学生在进行科学文化知识教育的同时，进行一定的职业准备教育，有些学者也称之为"双证式"教育。随着我国经济社会的快速发展，这类职业教育分流将逐步减少。初中后的中等职业教育将是我国发展的重点，并将长期存在。同时，随着职业教育的快速发展，中等职业教育将在培养学生职业技能的基础上注重全面提高学生的素质，培养学生自主学习和不断更新自己知识与创业的能力，为他们适应未来的职业变换和继续学习打下较好的基础。在有些发达国家和我国一些发达地区，有的已实施或者尝试实施12年的普及义务教育，即高中阶段的普及义务教育，职业教育分流则相应地在高中后进行。高中后的分流要多样化，以培养更多技术应用型人才。①我国大部分地区主要以初中后分流为主，随着我国城乡统筹和城镇化进程的推进，对基本具备初中文化水平的转移农民进行初中后职业教育，对城镇具有高中文化水平的人口进行高中后职业教育是符合我国实际的。

2. 专业性

职业教育是培养某一职业领域专业人才的教育。职业教育的专业性主要体现在它的培养目标上，职业教育的培养目标非常明确，就是培养能够掌握从事某种社会职业必备的文化科学知识、专业理论知识和技能的技术技能型人

① 周明星等.职业教育学通论[M].天津:天津人民出版社，2002:26.

才。学生进入职业教育学校后便确定了职业领域方向，很多学校实行定向培养，毕业后对口就业，使学生所学专业与未来职业无缝对接，学生学习的目的明确，专业针对性强。这个特点主要是相对于基础教育而言的，基础教育没有专业性，具有基础性，是为培养各行各业人才打好基础。其次，其与普通高等教育的专业性比较具有一定的差异，职业教育的专业性不同于普通高等教育，普通高等教育的专业性是指培养从事基础科学、应用科学等的研究、开发和应用的专门人才，其专业性偏重学术性、理论性、基础性。而职业教育无论哪一级职业技术学校的专业，其特点都是为社会各行各业培养直接从事一线生产实践活动或服务活动的技术技能型人才，主要偏重理论的应用能力、实践技能和岗位工作能力的培养。

3. 实践性

所谓实践性，就是指职业教育是一种实践技能、职业技术教育，它强调实际操作和实际训练，主要目标是为经济社会发展培养一线技术技能型人才，职业教育培养的人才类型具有实践性的特点。首先是体现在教学方法上，强调教育与生产劳动相结合，强调“学做合一”“手脑并用”；其次，在课程设置上，注重理论与实习并行，知识与技能并重，其教学实习实践课程所占的比例非常高，实践课和理论知识课课时比例达到1:1左右，课堂教学和实践教学并重，而且实践教学是职业学校教学工作的重要组成部分；最后，在培养目标上，把培养学生的技术应用能力、动手能力作为教学的中心环节。职业教育所培养的是第一线的技术工人、技术农民、生产现场的技术员和其他城乡劳动者等，他们都是生产第一线的建设者。他们所受的教育必然带有突出的实践性特点，只有这样才能使学生获得职业技能，取得职业资格，胜任未来的职业。职业教育在教学工作中坚持理论和实际的结合，其目的是通过各种形式的实践使学生深刻地理解和掌握科学文化和理论知识，并掌握一定的实践技能。职业教育不仅要使学生掌握科学文化和理论知识，更重要的是要培养学生实际操作的技能和能力。

4.区域性

所谓区域性,主要是指职业教育要为特定区域的经济建设和社会发展服务,要结合区域的需求办学。职业教育的区域性首先体现在它为地区经济建设和社会发展服务。随着经济社会发展,教育与经济的联系越来越紧密,职业教育的区域经济功能已经成为推动职业教育发展的根本动力。职业教育在很大程度上受到区域经济社会发展水平和需求的影响,不同经济发展水平区域内的职业教育在专业设置、办学规模、教学内容等多方面都表现出很大的区域差异性。因此,职业教育必须针对本地区经济社会发展状况,针对岗位需求状况,调整专业设置及专业方向,修订教学计划,改革教学内容、课程体系和教学方法,以便更好地服务于地方经济、社会。

职业教育的区域性还体现在必须依靠区域资源来办职业教育,依托行业、企业办教育。现代职业教育的办学和管理模式不再是单纯的学校模式,职业学校教育是一种学校和社会密切结合的教育,主张企业、行业、社会和个人的广泛参与。尤其要重视组建有企业人士参与的专业教学指导委员会,聘请企业工程技术人员参与教学改革,修订培养计划,指导教学设计、教学改革;并要选聘一定比例的有丰富的工程实践经验,又有一定教学能力的工程技术人员为兼职教师,以加强技能、技术教育。学校也要积极与企业联系,建立稳定的实习基地,加强与企业合作的紧密程度,以便建立起与社会、企业联系紧密、沟通及时的职业教育训练体系。

5.时代性

所谓时代性,是指时代的变化影响着职业教育的发展,职业教育的发展要跟上时代的趋势和潮流。职业教育是现代教育的重要组成部分,是工业化和生产社会化、现代化的重要支柱,同经济发展和社会全面进步关系最为密切,因此,职业教育是随着经济的发展和科技的进步不断变化发展的,职业教育必须及时关注生产技术、生产工艺等的更新发展,及时在培养目标、课程开发及专业设置等方面做出积极的反应,这无疑使职业教育具备鲜明的时代特色。

因此，职业教育在教学内容等方面要比较明显地突出新知识、新技术及新工艺。同时，职业教育还必须关注现代教育理念，尤其要按照终身教育的要求，承担起培养现代人的责任，不仅要关注人的生产功能，还应关注人的可持续发展，对其学习能力、适应能力、可持续性发展能力等加强培养。

当前，伴随着城乡统筹和城镇化进程的推进，大量的农村剩余劳动力流向城市，提高转移农民的就业能力已成为我国现代化过程中解决就业和农民有序转移的紧迫要求。因此，我国当前的职业教育必须改革，原有的职业技术学校要调整，大量新的职业技术学校需要发展，为了适应产业结构调整和大量职工转岗、农民转移的需要，职业技术的继续教育(职业培训)也应迅速发展起来。由于我国的生产正在向科技密集型和信息密集型发展，职业教育不仅专业和课程设置要改革，而且高等职业技术教育也要大力发展起来，所以，我国的职业教育正处在激烈变革之中。

二、城乡统筹的内涵与要求

(一)城乡统筹的提出

经过改革开放30多年的发展，我国经济实力迅速增强，但城乡发展处于严重不均衡状态。农业基础仍然薄弱、农村发展仍然滞后、农民收入仍然较低、农村需求严重不足，这严重制约着整个国民经济和社会的发展。在改革开放过程中，城乡发展的差距在许多方面不仅没有缩小反而是进一步扩大了。城乡差距处理不好会进一步导致农业的衰落、农民和农村的贫困。相反，这一关系处理得好，农村的经济发展会对整个现代化起到促进作用。2002年党的十六大明确提出了解决“三农”问题必须统筹城乡经济社会发展，于是在全国范围内拉开了统筹城乡发展的序幕。2003年，党的十六届三中全会提出科学发展观，国家发展战略从此由重点发展走向统筹发展，并将统筹城乡发展置于科学发展观要求的“五个统筹”的首位。2005年、2006年，党的十六届五中全会、六中全会都强调了城乡、区域协调发展的重要性，要求加快改变城乡二元结构，促进城乡统筹发展。2007年6月，国务院正式批准成都市和重庆市设立全国统筹城乡综合配套改革试验区。2007年党的十七大进一步明确提出要统筹城乡发展，推进社会主义新农村建设，促进国民经济又好又快发展。至此，城乡统筹发展已成为一项事关我国经济社会健康发展的重大战略。

（二）城乡统筹的内涵

城乡统筹发展本质上是一个城乡关系问题。搞清城乡统筹的内涵，首先要理解“城乡关系”的内涵。根据“百度”词条检索，城乡关系是广泛存在于城市和乡村之间的相互作用、相互影响、相互制约的普遍联系与互动关系，是一定社会条件下政治关系、经济关系、阶级关系等诸多因素在城市和乡村之间的集中反映。

城乡关系包含相当广泛的内容，一般来说主要包括城乡经济关系、城乡文化关系、城乡社会关系、城乡政治关系等。其中城乡经济关系是一个国家或者地区最基本、最重要的关系。总体上看，各国对城乡关系的发展战略具体可归纳为城乡平衡发展战略和非平衡发展战略，但一般都会经历一个由一体到分离，再由分离对立到融合的过程，这是经济、社会发展的必然趋势。

目前，社会各界对城乡统筹内涵的理解大体可归纳为以下几类：一是从城乡整体互动关系的角度，认为城乡统筹就是要充分发挥城市对农村的辐射和带动作用以及农村对城市的促进作用，使城乡协调发展，实现城乡经济社会的一体化。二是从城乡资源配置的角度，认为当前所谓的城乡统筹，主要侧重于资源向农村、农业倾斜，即在制订国民经济发展规划和进行重大经济决策时，应优先考虑“三农”问题，而不是像过去那样重城市和工业、轻农村和农业。三是从城乡平等关系的角度，认为城乡统筹发展即是在社会主义市场经济条件下，破除城乡二元结构，建立城市与农村平等、统一的城乡一体化经济社会秩序，破除制约三农发展的体制和结构性矛盾，形成城乡共同发展的良性互动局面。[①]

① 方丽玲.城乡统筹发展研究——以辽宁省大连市为例[D].大连：东北财经大学，2011.

其实,以上几种认识并不矛盾,都是从城乡关系的不同角度解释和强调同一个问题。综合各方面对城乡统筹内涵的认识,我们认为,对城乡统筹可作如下理解:城乡统筹即把城市和乡村放在一个系统内,统筹协调,平等发展。统筹城乡经济社会发展,就是要从国民经济和社会发展全局的高度,统筹协调城市和农村的经济社会发展,使城市和农村相互促进、协调发展。或者进一步讲,城乡统筹的基本内涵就是把城市与乡村、工业与农业、城镇居民与农民作为一个整体,统筹谋划、综合研究,通过体制改革和政策调整,促进城乡各种资源和要素的双向流动和优化配置,协调工农关系、城乡关系、城市居民与农民的关系,逐步清除城乡之间的隔离和界限,从根本上解决"三农"问题,促进城乡经济社会协调发展,推进城乡分割的二元结构向城乡一体的现代社会经济结构转变。①

如果读者注意的话,国家文件和报刊更多的还有一个名词即"统筹城乡","统筹城乡"与"城乡统筹"是不是同一概念,还是两者有不同内涵呢?我们认为,这两者之间在本质上是一样的,只是同一概念的不同表述而已,但仔细推究,这两者之间还是有细微的区别。城乡统筹发展体现的是一种关于城乡关系的愿望和要求,城乡统筹发展主要是针对城乡关系出现了失衡提出的,城乡关系失衡可能存在于城乡关系的任何一个方面。而统筹城乡发展是一种解决城乡问题的手段和途径,其目的是使城乡经济社会协调发展,最终实现城乡一体化。两者都把城市与农村的发展作为一个整体而不是割裂地加以考虑,它们的共性都牵涉城乡关系问题,但各有所指,意义结果是不同的。"统筹"二字,应该说是这一战略观点的价值核心。因此,在本研究中,会根据内容和要求的不同,在措辞上稍加区分。

(三)城乡统筹的目标

城乡统筹可具体分解为若干方面的目标,即所要达到的目标体现在城乡

① 方丽玲.城乡统筹发展研究——以辽宁省大连市为例[D].大连:东北财经大学,2011.

收入、消费、就业、教育和医疗卫生等多个方面，比如缩小城乡居民收入差距、消费差距、缩小城乡教育发展水平的差距、社会保障的城乡平等、城乡资源的优化配置等。但特别需要指出的是，城乡统筹发展并不是要绝对消除城乡差距，使城乡完全同等或同步发展，而是要解决城乡关系和城乡发展不协调的问题，其最终目标是要实现城乡一体化。

如何理解城乡一体化的目标，可以从四个方面解读：第一，从城乡关系看，城和乡在整体中相互依存。在一个国家或一个地区，整个社会是一个活的有机体。城与乡在这个整体中应该是平衡、协调、有机结合的。在资本主义工业化初期，城市统治农村、剥削农村，城乡关系是对立的。中华人民共和国成立后实现城乡分治，形成了城乡二元的经济社会结构，城乡发展不平衡、不协调，阻碍了农村发展，也不利城市发展。第二，从城乡关系发展的目标来说，实现城乡一体化是城乡协调发展的目标。城乡一体化要实现使城乡居民在政治权利、收入分配、社会福利等方面趋于公平、均等，使全社会共享改革发展成果。长期实行城乡分治的结果是城乡差距越来越大，也成为当前中国社会矛盾、社会冲突产生的重要根源。第三，实现城乡一体化是一个历史过程。我国城乡二元的经济、社会结构是从20世纪实行计划经济体制、建立户籍制度以来逐步形成的，根深蒂固，成为阻碍中国发展特别是农村发展的主要障碍。因此实现城乡一体化，将是一个较长的历史过程。第四，要实现城乡一体化，必须对城乡体制进行改革。“三农”问题的根源主要就在于城乡二元结构造成的深层次矛盾。因此，先要破除城乡二元结构，遏制住城乡差距继续扩大的趋势，然后通过“工业反哺农业，城市支持农村”，加大对农村的投入，加快农村经济社会发展，逐步缩小城乡差距，再逐步实现城乡一体化。①

（四）城乡统筹的基本内容和要求

作为一项巨大的社会系统工程，城乡统筹涉及社会、经济、政治、文化生活

① 方丽玲．城乡统筹发展研究——以辽宁省大连市为例[D]．大连：东北财经大学，2011.

的各个方面。城乡统筹发展的对象是与城乡区域之间经济社会发展相联系的社会、经济、资源、环境、教育、科技等相互影响关系的总称，它包含了与城乡经济社会有直接或间接联系的全部范围，可以从观念、制度、资源和保障条件等方面理解其基本内容和要求。

首先是树立城乡统筹的思想观念。思想指客观存在反映在人的意识中经过思维活动而产生的结果。观念指人们在长期的生活和生产实践当中形成的对客观事物的反映。思想观念作为一种由多种元素组成的系统集合，不仅是自然、社会现象中客观系统的反映，也对自然、社会和思维起反作用，必然与客观环境系统处于相互渗透和相互转化之中。推进城乡统筹的最大阻力首先是来自人们思想观念的僵化，长期以来“以城市为中心”的观念固化在决策者、管理者甚至广大人民的心目中。因此，我们必须首先在观念上树立城乡统筹的发展观念。

其次是统筹城乡制度。统筹城乡制度，即把影响城乡发展的各个方面制度统一起来，主要包括统筹城乡户籍管理制度、劳动力就业制度、社会保障制度、教育制度、财政分配和转移支付制度等。

再者是统筹城乡资源配置。城乡经济的协调发展，就是资源要素的合理配置问题。资源的流向、流量，直接决定着一个地区的经济繁荣程度和社会进步程度。我国城乡关系出现失衡，二元矛盾更趋尖锐，根本原因就在于城乡间资源要素流向不合理。因此，要推动城乡经济协调发展，就必须对各种资源要素的流向、流量及配置进行统一筹划。对此，城乡统筹政策应向“三农”倾斜，制定各种支持农业和农村发展的政策，促进其发展。

最后是统筹城乡发展基础与条件。城乡协调发展表现在政治、经济、文化、科技、教育等多方面的协调发展，其中，统筹城乡经济协调发展是城乡统筹的基础，统筹城乡政治发展是城乡统筹的根本，统筹城乡社会、文化、科技、教育发展是城乡统筹的保障。而在这些基础和条件中，教育又处于优先发展的地位，也是我们统筹城乡协调发展的重点内容。缩小城乡教育差距，依赖于宏观制度环境的变革与改善，更依赖于教育制度与教育政策自身的改革。要统筹城乡教育的共同发展，城市与农村教育在发展步骤与速度上、在办学条件与教育质量上应该达到同等相当的水平。同时，要加大对农村地区教育资源的投入，其中包括办学条件、师资力量和教育管理等方面。要从农村现实需要出发，大力发展农村职业教育，加强农村劳动力技能培训，促进农村劳动力转移落实，加强技能人才培养与社会需求之间的衔接。

总之，统筹城乡经济社会发展就是要把城乡作为一个整体，在制订国家事业发展规划、重大经济社会决策时，应优先考虑“三农”发展，协调城乡关系，实现城乡人民的共同富裕。

三、职业教育的战略地位与作用 

（一）职业教育的功能与作用

1.职业教育的经济功能

研究职业教育的经济功能，就是从经济发展的角度来研究职业教育与经济发展的关系，也就是把职业教育看作经济发展的重要影响因素之一，研究职业教育在经济发展中的功能与作用。

在20世纪50年代，一些发达国家的经济学家、教育学家开始对教育的经济功能进行了研究，并相继发表了一系列的研究报告。美国学者舒尔茨研究了美国1929–1958年间教育对经济增长的作用，认为在这期间美国国民收入增长额中有33%来源于教育，由此认为教育投资的收益率是很高的，约为17.3%；苏联学者研究也表明，苏联在1940–1960年间，国民收入的增长中有30%来源于国民受教育水平的提高。日本文部省则认为，日本在1930–1955年国民收入的增长中有25%得益于教育。由于这些研究的影响，许多国家都拟定并实施了众多的教育计划，力图通过教育的发展促进本国的经济增长。

（1）职业教育通过提高劳动者素质和劳动生产率来促进经济发展。对任何一个国家来说，经济发展都需要一支懂生产、会管理、善经营，能够掌握现代生产技术知识、运用先进生产技术和工具的应用技能型人才队伍。如果没有这样一支技能型人才队伍，即使有先进的生产工艺和生产设备，也不可能实施现代化的经营管理，也不可能产生现实的生产力，而要培养这样一支队伍，职业教育是必要的。

技术对于生产的重要性不说自明。技术与科学是有区别的，科学是阐明自然界的一般规律，科学要转化为生产力必须通过技术这样一个中介来完成。在科学向生产的转化中，必须要有一批技术人员。职业教育既可以培养技术人才，同时又能传播、推广技术成果，而且接受过职业训练的劳动者还是技术的发明者、创造者。通过职业教育培养一批有创造能力的技术人员和产业工人，是将科学转化为生产力的有效途径。①

职业教育根据人的身心发展规律，传授现代科学技术知识，训练现代生产技能，开发人的职业潜能，从而使人获得职业岗位所需要的知识、技能以及学习提高的能力，促进劳动者在职业岗位上不断创新技术、提高劳动生产率。与其他教育相比，职业教育与劳动生产的关系更为紧密，也更能直接地提高劳动生产率。职业教育通过提高劳动力的智能和技术水平，使劳动者掌握运用新技术、新设备的能力，促使技术革新和生产创新，塑造其思想品德和职业道德，提高其公民素质，从而来提高劳动者的劳动生产率、促进经济发展。职业教育还通过增强劳动者的安全意识、专业设备维修保养能力来减少生产事故，降低生产工具设备的损坏率。可见，职业教育从多方面有利于劳动者的劳动生产率的提高，实现职业教育对经济的促进作用。

(2)职业教育通过转变经济增长方式来促进经济发展。经济增长方式，实际上就是指经济增长过程中生产要素和资源组合配置的方式。由于生产要素的组合方式不同，以及不同生产要素在经济增长中的作用不同，经济增长呈现出了不同的特征。经济增长方式一般分为粗放型和集约型两种类型。经济增长方式的转变是指整个国民经济从粗放型经济向集约型经济转轨，其实质是实现社会经济的可持续发展。

① 周明星，等.职业教育学通论[M].天津:天津人民出版社，2002:65.

集约型经济增长方式中，人力资本类型和质量是一个重要因素。只有人力资本类型由“普通”型转变为“技能”型人力资本时，人力资本质量才得以体现，人口负担才会转化为人力优势，集约型经济增长方式才有可能得以实现。这也就意味着，以培养和训练提高人力资源技术水平、职业能力为核心的职业教育成为促进经济从粗放型向集约型转变的重要因素。职业教育是科学技术由潜在的生产力转化为现实生产力的“车间”。随着职业教育所培养、造就的适合市场需求的高素质人力资本不断地向各产业输送，各产业内部劳动密集型向知识密集型的转变也必将加速，各产业内部的劳动生产率和经济效益将得到快速提升，经济增长方式得以逐渐转变。

对任何一个国家而言，长时期依靠劳动密集型生产来实现经济的增长是不现实的。因为劳动密集型生产要通过投入大量的简单劳动来扩大生产，这受到劳动力资源和劳动工资的限制。在劳动力资源无限供给的情况下，随着经济的增长和国民收入的提高，劳动者的平均工资水平也提高了。工人工资提高到一定的程度，再依靠大量投入劳动力来进行生产，生产成本必然提高，产品也就缺乏竞争力，这时，生产就必然要通过提高技术含量，向技术密集型转变。技术密集型生产一方面要投入高技术含量的生产资料，另一方面则要有高生产率的劳动力。而职业教育可以通过培养人，来提高劳动生产率，促成这种转变。

(3)职业教育通过提高人力资源配置效率来促进经济增长。职业教育不仅能对人力资源进行培养培训，还能通过专业结构、专业培训来配置人力资源，提高人力资源配置效率，从而推动科学技术迅速转化为生产力，促进经济增长。产业结构调整升级客观上必然要求人力资源通过市场机制合理配置、多向流动，而职业教育有利于促使这种人力资源进行合理流动与重新科学配置，如果缺乏职业教育的合理引导，就会导致人力资源流动与配置的盲目无序，直接降低社会生产效率。职业教育正是通过自身调整，不断完善，间接地调整全社会人力资源的总体合理配置来满足社会生产对不同类型的人力资本的需要，以确保社会经济的协调发展。所以，职业教育的资源配置功能是十分重要的，具体说来就是国民经济增长方式的改变，经济结构的优化升级。“经济的不断发展要求职业教育结构更加灵活和开放，提供多样化、多层次的就业教育和转岗培训，所以，职业教育人才培养结构和模式面临不断的挑战。同时，职业教育结构又直接影响产业人力资本的层次和类型结构、影响技术结构和产业结构的形成。更深一层的意义是，社会经济的发展、技术的改进、新旧行业的更替必然要求劳动力进行重新配置，人力资源的合理流动，有助于社会经济的发展。”职业教育通过调整人力资源的合理配置来满足社会生产对劳动力的需要，实际上是从人力资源的开发和利用上促进了社会经济的发展。

2.职业教育的社会功能

(1)职业教育有助于促进社会公平。当前，我国居民的收入差距、贫富差距、城乡差距仍然很大，特别是社会分配体制存在不合理、不公平的地方，亟待调整。要妥善解决好收入差距、贫富差距和城乡差距问题，单靠简单的社会救济与补助是不够的，必须靠大幅度提高中、低收入者的劳动收入。那么如何提高他们的收入呢?这就要提高中、低收入者的劳动技能，把他们培养成拥有较好的专业特长、较好的综合素质的技能型人才，从而提高他们的劳动收入。弗雷德·弗卢伊特曼认为，“让一部分人接受职业教育，会使社会实现某种平衡”。所以职业教育具有提高中、低收入者收入，缩小贫富差距、城乡差距，促进社会公平与和谐的功能。

(2)职业教育有助于维护社会稳定。职业教育的对象是初高中没有继续升学的毕业生，这批学生大多数年龄在15~18岁，身心发展尚未成熟，常常缺乏自控能力，没有科学的世界观和固定的价值取向，如果让他们提前步入社会，加入四处流动的求职大军，极容易使他们受到社会的不良影响，受到不法分子的利用与拐骗，成为影响我们社会稳定的一大诱因。因此，通过各种职业教育和培训，加强对他们的价值观的引导和身心发展的塑造，使他们能够指导自己的言行，控制自己的情绪，规范自己的行为，遵守社会的法律和秩序，实现顺利就业，这是维护社会稳定的重要保障因素。其次，通过职业教育进行法制宣传，切实提高学生学法、懂法、守法的自觉性，减少学生的违法行为，疏导他们的不满情绪，防止社会冲突的激化和上升。最后，发展职业教育，将一部分初高中毕业生吸收到职业学校进行学习，既提高了毕业生的职业能力和就业竞争力，也有利于延缓就业，减轻就业压力，维护社会稳定。

(3)职业教育有助于降低犯罪率。在世界其他国家的工业化过程中，曾经因造成部分群体的绝对贫困而使得犯罪率上升。我国在工业化和城镇化过程中，绝对贫困和贫富的两极分化已经出现并有扩大的趋势，这也是妨害我国社会稳定并引发犯罪的直接原因。大量农村劳动力流入城市，使城市无业人员增多，城市绝对贫困人口数量上升。改革开放以后，新的社会分配方案导致收入差距悬殊，使得人们之间的社会地位差距拉大，社会分层显性化，社会矛盾更加尖锐，而且贫困人口逐渐在城市形成了较明晰的社会底层群体，他们脱离了原来的生活环境和社会关系，工作、生活又不安定，对新的工作、生活环境缺乏认同感和归属感。面对城镇的繁荣环境和自己的境况，在急于发财致富心理支配下，一部分人走上了犯罪道路。

而发展职业教育，可以有效地提高流动人口的就业能力，提高他们的生活收入；在职业教育的过程中进行法制宣传，提高流动人口包括转移农民的守法意识，使他们了解我国的基本法律、法规，熟悉与其所学专业相关的法律、法规和职业纪律，使其成为遵纪守法、能正确执行本行业规范的人；职业教育还可以转化流动人口的思想观念，提高其适应城市生活的能力，从而降低我国的犯罪率，维护社会稳定。

3.职业教育的育人功能

(1)职业教育培养人的职业道德。黄炎培先生《职业道德析疑》一文中明确主张职业教育中必须包括职业道德教育，他指出："主张职业教育者，同时必注重职业道德，而公民教育，实合公民道德与公民职业两者而成，彼此均有不可须臾离之势"。一个人如果缺乏职业道德，即使有一定劳动技能，也不可能促进社会经济的健康可持续发展。职业教育把职业道德培养放在首位，将使受教育者具有爱岗敬业、忠于职守精神，严谨务实的作风、谦虚谨慎的态度。

青年学生可塑性很大，在校期间的职业道德教育效果要比在社会岗位上接受职业教育效果好得多。

(2)职业教育锻造人的职业素质。职业素质的核心是专业技能和职业能力。职业教育作为就业准备教育，重点是培养人的职业道德和专业技能，提高人的职业素质和发展能力。当个体不具备必需的职业素质时，他只是一个可能的劳动者，只有通过职业教育培养个体的专业技能和职业能力，才能把可能的劳动者转化为能够满足各种社会职业需要的现实职业者。因此，职业教育在锻造人的职业素质方面优势独特，作用显著，这是其他教育形式远远达不到的。

(3)职业教育有利于人的个性发展。职业教育是以人的职业发展为目标，必须关注个体的差异与个性发展，关注个体的需要和选择，激发和张扬个体的特殊潜能。职业教育促进个人的个性发展主要通过不同的专业、不同的教育内容与形式来实现。首先，职业教育按专业进行专业培训，为不同个体提供个性发展的选择性。根据有关职业理论，人的个性发展和人格模式与其职业环境密切相关，一旦个体找到并进入与自身个性相适合的职业发展轨道，就如鱼得水，天赋潜能必然最大限度地发挥。其次，职业教育有利于激发个体的学习兴趣和发展潜能。在职业技术学校，学生选择自己喜欢、擅长、适合个体特点的专业进行学习，有利于发挥个人特长，调动学习积极性，使学习真正成为展现个性的自由活动，从而最大限度地激发发展潜能，促进个性发展。

4.职业教育促进教育均衡发展的功能

(1)完善教育体系，构建开放、灵活的教育体制。现代的教育理念突出以人为本。职业教育是一种灵活开放的教育类型，分为职业学校学历式教育和非学校式职业培训两种类型，毕业学生具有学历证书和职业资格证书两种证书。职业教育的发展，有利于形成和完善一套可以使受教育者实现多种选择、通过各种不同教育途径得到不断发展的教育制度，有利于构建一种更为开放灵活的教育体制。

(2)改变精英式教育,使教育向大众化转化。职业教育在精英教育模式下处于相对低下的位置。随着我国的教育由精英教育向大众教育转变,职业教育正逐渐改变其相对低下的地位,正从之前狭窄的专业技能训练,转向既注重专业基础知识学习又提高职业技能和综合素质的教育,从与普通教育隔离,发展到与普通教育相互渗透的教育。同时,也只有实现职业教育与普通教育在课程内容、升学就业等方面的沟通与渗透,才可能改变高考应试教育和选拔的弊端,促进教育由应试教育向素质教育转变、由精英教育向大众教育转化,实现职业教育为提高全民综合素质服务的目标。

(3)实现终身教育,构建学习型社会。在知识经济时代,知识和技术更新日新月异、不断发展,一个人在职业学校接受的知识和锻炼的能力不可能封闭停滞,必须在职业生涯中接受多次职业的培训和再培训,不断地充电提高,人们将寻求掌握多种不同层次、不同类型,适应社会也适合自己的职业能力,为提高就业能力和职业发展能力而终身学习,也就是"活到老、学到老"。所以,职业教育与培训将相伴一个人的终身,成为构建学习型社会不可或缺的推动力。

(二)职业教育的战略发展地位

"战略发展地位",是指政府在统筹推进经济、社会、教育和人的自身发展时,把职业教育放在大力、重点、全局的战略发展地位,政府既要从观念、规划和政策层面上予以重视,也要在经费、体制、人力、财力和物力上予以落实。主要体现在如下方面:

1.职业教育在经济建设和社会发展中的战略发展地位

职业教育直接为经济社会培养生产、服务、技术和管理一线的应用技能型人才,职业教育具有转化现实生产力的强大功能,是先进的科技、设备和人力资源转化为现实生产力的直接桥梁,是经济建设和社会发展的重要推进器。鉴于职业教育对经济建设的直接推动作用,英国经济学家巴洛夫认为,"发展中国家的职业教育与经济发展是相辅相成、相互促进的,教育与人力资本、科技、经济增长之间成正相关的辩证关系”。[①]宋乃庆等曾对职业教育在经济发展中的贡献进行了具体测度，认为职业教育对经济贡献度达到6.8%，并且将对产业结构的优化升级起到积极促进作用。[②]

职业教育是工业化的产物，发展职业教育是实现工业化的必然选择。纵观世界发达国家的发展历程，教育大致都是按照下面的规律演进的：在工业化初期，大力普及初等教育；在工业化中期，义务教育全面普及且质量不断提高、年限逐步延长，职业教育被摆上突出位置，提高劳动者素质，培养应用型技术人才受到广泛关注；到了工业化后期，职业教育规模扩大，办学质量和效益显著增强，职业教育的吸引力大大增强，职业教育的战略发展地位得以巩固和提高。可以说，职业教育是社会进步的体现，文明社会的标志。

基本实现工业化是“十二五”“十三五”期间我国经济社会发展的战略任务。目前我国已进入工业化阶段的重要时期，正面临着许多矛盾和问题，比如：我国现阶段的工业化是依赖高投入、高能耗、高污染的旧式工业化模式，必须改变这一旧模式，走新型工业化道路；我国现在是劳动力大国，大部分产业也是劳动密集型产业，必须推动技术进步和产业升级，提高产业的科技含量；我国现在是制造业大国，制造业约占全国国内生产总值的40%、财政收入的50%，吸纳了近一半的城市就业人口和农村劳动力转移人口，但我国并没有成为制造业强国，目前仍以低端技术制造业和劳动密集型产业为主，真正具有自主知识产权、掌握高端核心技术的产业还比较少。我国现正在推进城乡统筹改革，加快城镇化进程，但要避免大量圈占农田导致耕地减少、农民失地。所有这些现实问题都强迫我们必须转变经济增长方式，这是我国实现工业化的必由之路，也是迫切任务。因此，就经济发展而言，大力推动经济增长由粗放型向集约型转变，由片面追求经济增长向全面、协调、可持续发展转变，是关系国计民生的重大战略任务。就全社会而言，在经济发展的同时能否使广大民

① 欧阳河.职业教育问题的基本初探[J].中国职业技术教育，2005(12)：19-26.

② 温涛，彭智勇，许洪斌，等.教育对经济发展的贡献测度：重庆的证据[J].改革，2009(5)：81-87.

众真正享有发展所带来的成果，能否缩小贫富差距，切实改善生存环境，充分体现教育公平，关系到和谐社会目标的建设大局。因此，中国经济增长方式的战略转变时期，必然是中国教育发展的转型期，同时也是中国职业教育发展中最重要的战略机遇期。其明显特征是：建设全面小康社会，工业化水平的不断提高，现代服务业的快速发展，对技术人才的巨大需求，必将成为推动职业教育发展的巨大动力。因此，相比普通教育，职业教育与经济社会联系更为紧密，作用更为直接，功能更为强大，理应处于经济建设和社会发展的战略地位。

2.职业教育在国家教育发展中的战略发展地位

多年来，职业教育被看作一种地位卑下的从属于其他教育类型的教育，这不仅影响职业教育自身发展，也影响整个教育事业和经济、社会的发展。实际上，职业教育在教育体系中处于不可替代的同等重要地位。无论是我国还是世界其他国家，职业教育都是由国家教育法规明确规定的教育类型，英国早在1562年就颁布了《工匠、徒弟法》，这是从法律角度明确职业教育地位的最早雏形。在我国，1996年颁布的《职业教育法》，明确规定了“职业教育是国家教育事业的重要组成部分，是促进经济、社会发展和劳动就业的重要途径”。

当前，我国的高等教育的大规模扩张已经到位，国家已明确提出要将教育的重点放到职业教育上来，把职业教育放在加快发展的重要地位。2014年，《国务院关于加快发展现代职业教育的决定》提出“加快发展现代职业教育，是党中央、国务院作出的重大战略部署，对于深入实施创新驱动发展战略，创造更大人才红利，加快转方式、调结构、促升级具有十分重要的意义。”因此，职业教育是我国国民教育体系不可缺失的重要形式，与普通教育同等重要，在国家的教育发展中处于加快发展的重要地位。

3.职业教育在人的全面发展中的重要地位

职业教育的本质是培养人，通过对人的培养使其在社会生产生活中为社会经济、政治、文化服务，最终使人获得职业发展和全面发展。对接受职业教育的人而言，职业教育既促进他们的全面发展，又促进他们的职业发展，满足他们为就业做准备，为成为合格公民做准备，为人的全面发展做准备。普通教育是让人掌握语言、数学、逻辑和艺术等知识和能力，而职业教育则是在普通教育的基础上，促使人的个性发展，包括专业知识、实践能力等在内的全面协调发展。职业教育把教学与学生的兴趣和个人谋生及个体发展结合起来，能够使每个人的兴趣、特长、潜能和创造力充分发挥，学生能找到适合于自己学习和发展的空间。因此，职业教育可以帮助学生决定自己的职业并与其相伴一生，对人的全面发展产生重大影响。

职业教育有利于人的职业角色定位，能为个体社会化奠定一个良好的基础，在人的职业生涯和全面发展中处于重要地位。职业教育作为一种与就业直接相关的教育类型，担负着促进人和谐而全面发展的重要使命，肩负着使个体与社会和谐一致、个体社会化与社会经济发展相一致的使命。职业教育与人的发展之间是紧密相连、相互依赖的，发展职业教育不仅是个人社会化的需要，还是社会融合的需要。把发展职业教育放在更加突出的位置，就是要使教育能够满足全体社会成员的多样化的终身学习需求，使职业教育成为面向人人的教育。正如温家宝在征求对《国家中长期教育改革和发展规划纲要(2010-2020年)》意见的座谈会上所指出的：“职业教育是面向人人、面向全社会的教育，是实现人的尊严、择业自由和全面发展的终身教育。”

四、职业教育与城乡统筹的互动协调关系

“互动”，从字面上理解是指“互相作用，互相影响”。在社会科学中，互动应该是一种使要素对象之间相互作用而彼此产生积极改变的过程。“联动”，从字面上理解是指“联合行动”。联动一词最早应是数控机床术语，是指数控系统中能够联动的两个或两个以上的轴，在一个轴运动时，另外的轴做匀速或周期运动。社会科学中的“联动”是指若干个相关联的事物，一个运动或变化时，其他的也跟着一起运动或变化，产生合力。

本研究认为，职业教育与城乡统筹是一种互动联动的协调发展关系，即在内涵要素上是一种互动协调发展关系，在外部保障体系上又表现为联动共同发展。职业教育的内部要素如规模、结构、模式和质量之间是一种互动协调关系，只有这些内涵要素之间良性互动，才能达成职业教育的科学发展。

“职业教育城乡统筹发展”包含两层意思，即既是手段也是目的，是手段和目的的结合。首先，“职业教育城乡统筹发展”是我们追求的目的。从内部发展的要求来讲，我们追求的是有质量的发展，是内涵式的发展，这种发展有四个要素：规模、结构、模式和质量，或者叫四个方面的指标体系。也就是指在科学发展观指导下，围绕“规模稳定、结构合理、模式有效、质量提高”的要求，对城乡职业教育进行统一规划、全盘考虑，增强城乡职业教育与全社会在资源、能量方面的合理流动、互动协调，推动社会资源参与职业教育的能量充分释放，提高现有城乡职教资源的使用效率，达到优化配置，形成城乡职业教育资源的优势互补、协调发展的关系，促进城乡经济社会的协调可持续发展。

其次，“职业教育城乡统筹发展”是一种促进发展的手段。根据唯物辩证法的观点，发展需要外力的推动和保障，需要我们在外部予以积极的推动和有力的保障，在外部建立一个有力的职业教育保障体系作为发展的手段。“职业教育城乡统筹发展”涉及社会观念、发展规划、政策法律、管理体制、资源配置等各个方面，涉及国家和地方政府、教育部门、行业企业、职业学校等多个主体，需要我们进行有效的统筹协调和管理。比如在观念上明确职业教育的战略发展地位，统筹制订职业教育战略发展规划，在政策上统筹制定既有利于城乡协调发展又有利于体现区域行业特色的各项管理政策和法律法规，在管理上建立完善城乡统筹的管理体制，在资源配置上建立有利于城乡资源合理配置的机制。简单地说，就是“四个统筹”，统筹发展规划、统筹发展政策、统筹管理体制、统筹资源配置。

因此，“职业教育城乡统筹发展”是追求城乡职业教育协调发展和统筹建立外部保障体系两者之间目的与手段的统一，“促进内涵要素互动发展”是主体，是核心，是目标，“统筹建立外部联动保障体系”则是外壳，是基础，是手段。只有围绕内部核心要素，不断完善外部保障体系，推动机制创新，职业教育才能迎来城乡统筹发展，才能促进城乡经济的协调发展。

(一)城乡职业教育统筹的理论基础

职业教育与城乡统筹二者各自的理论基础非常深厚，理论流派也比较多，本文不作详细阐述，只是针对职业教育与城乡统筹互动协调关系，从教育学、经济学和社会学三个最相关的学科，来探寻它的理论基础。

1.教育学视角:教育内外部关系规律

1980年，潘懋元在湖南大学为原第一工业机械部所属的高等院校领导干部授课，正式提出教育内部关系规律和教育外部关系规律；1990年潘懋元发表了《教育外部关系规律辨析》一文，对教育内外部关系规律进行了丰富、发展和完善，正式形成了教育内外部关系规律理论。其基本思想如下：

(1)教育外部关系规律主要是指教育与社会互动关系的规律。首先，教育受一定社会的经济、政治、文化所制约并对经济、政治、文化的发展起作用，以此对整个社会的发展起作用。其次，教育要主动适应经济社会发展的需要，为区域经济社会的生产力与科学技术、政治制度和文化发展服务，推动经济社会的协调发展。

教育与社会互动关系的理论来自系统科学的“全息理论”。全息理论是研究事物间所具有的全息关系的特性和规律的学说，它具有部分是整体的缩影规律，反映事物之间的全息关系的全息等式，它本质上是事物之间的相互联系性。根据全息理论，教育与经济、政治、文化等子系统一样，是存在于社会大系统中的一个子系统；同时它又以“全息摄影”的方式包含了社会这个整体，即社会存在于教育之中。也就是说，教育系统也是一个小的社会，同时也是一个开放的系统，其中全息地包含着社会的各个部分。“正是在这一全息摄影的过程中，高等教育就‘生活’于各种与外部的关系之中”。[①]

① 刘小强.关系思维与高等教育内外部关系分析[J].江苏高教，2011(3)：14-17.

在社会大系统中，教育与经济、政治、文化等其他子系统共同生存、协调发展，处于同等重要的位置，也具有全息结构的特征。特别是在今天，教育对经济、政治和文化的作用越来越凸显，联系越来越紧密，其战略位置也日益重要。社会作为一个完整的大系统，其内部诸要素之间的联系表现为区域内的经济、科技、文化和教育的互动协调。而教育与社会的这种互动协调关系告诉我们，教育与社会是一种共同生成的关系，社会生成了教育，教育又生成社会。教育离不开社会，离开了社会外部关系的存在，教育就失去了其作为教育的本质和内涵，所以了解教育，必须认识这些外部关系。

(2)内部关系规律指的是教育作为一个系统，其内部各个因素或子系统之间的相互关系规律。潘懋元先生提出，教育内部基本关系主要有三个方面：一是教育和教育对象的身心发展以及个性特征之间的关系。二是人的全面发展和教育各个组成部分之间的关系。三是教育过程中诸要素之间的关系。这三方面的核心问题则是使得各个要素相互协调，取得最佳的教育效果。[①]

潘懋元先生最初在阐述内部规律时只强调了德、智、体、美诸育之间的关系，这主要是从教育系统区别于其他社会系统的特点是“人的培养”这一论断出发的。但是在后来的教育实践和研究中，他发现仅仅从这一角度出发可能不够全面，因为教育内部的因素很多，关系很复杂，比如，教育观念、教育主体、教育结构、教育模式、教育管理等，还有教育主客体的关系等，如果从这些角度来揭露教育的基本矛盾，则可能对内部关系的基本规律又有不同的理解与表述。

(3)两条规律同时存在、互相依赖、互相制约又互相促进，外部规律制约着内部规律，外部规律必须通过内部规律来实现。教育要通过培养全面发展的人来为政治、经济、文化服务，只有在社会主义的政治、经济、文化条件下，教育才能彻底实现人的全面发展。办教育既要遵循外部规律，又要遵循内部规律，应把内、外部规律很好地统一起来，不能把它们分割开。

教育内外部关系规律的存在使得教育成为一个既开放又封闭的系统。从外部关系看，教育是一个开放系统，教育必须保持其与外部的联系，这是教育

① 潘懋元.新编高等教育学[M].北京：北京师范大学出版社，1996：13-14.

的社会使命和责任。从内部关系看，它又是一个封闭的系统，它必须维持其内在结构和关系的稳定，防止外部对其过多的入侵和干预，以保证其作为一个相对独立的整体存在，并与其他社会系统发生各种关系。实际上，任何一个系统都是既封闭又开放的。如果只有封闭，没有开放，系统最后就会死亡。而如果只有开放，没有封闭，那么系统就不会成为一个整体的系统，而是在与其他系统的联系中瓦解、消失。莫兰提出了一个系统组织的悖论："一个开放系统之开放是为了封闭，它之封闭是为了开放，它在开放中封闭"。

2.经济学视角：二元经济结构理论

二元经济结构理论是研究城乡经济关系的重要基础理论，有学者对二元经济结构理论的清晰脉络进行了梳理，刘易斯首先提出了其著名的'二元结构模型'，之后费景汉、拉尼斯修正了'刘易斯模型'并形成了'费—拉尼斯模型'，乔根森、哈里斯特和托达等人对二元经济结构问题也进行了较为深入的研究，此后，更多的学者对该问题进行了不同视角的探讨，都试图探明劳动力及其转移在从传统农业经济到现代工业经济转变的作用及路径。①

在我国，二元经济结构主要是城市的现代经济与农村的农业经济之间的矛盾，这个矛盾已经成为制约我国经济发展、社会稳定的桎梏和顽疾，造成了我国职业教育城乡非均衡发展的困境；当然，职业教育又能以其独特的优势缓解与消弭城乡二元经济结构矛盾。

(1)城乡二元经济结构矛盾造成了我国职业教育非均衡发展困境。作为社会上层建筑之一，教育的发展必然要受到社会经济条件的影响。城乡二元经济结构反射到教育，必然形成城乡二元化教育，造成城乡职业教育发展不平衡，这种不平衡首先体现为职业教育资源的不平衡，大量的教育经费、办学设备设施、师资力量集中在城市，农村绝对匮乏、严重滞后；其次表现为城乡职业教育在政策、信息上的不对称；最后表现在城乡职业教育在就业、培训等方面存在差异。

---

① 朱德全，林克松.重庆职业教育城乡统筹发展理论研究——经济学的视角[J].教育与经济，2010(3)：34-38.

(2)职业教育能缓解与消弭城乡二元经济结构矛盾。消除城乡二元经济结构矛盾必须首先消除城乡二元教育,使农村劳动力掌握现代生产技能和具备市民素质,以便顺利完成向城市的劳动力转移,实现城乡经济的一体化。而在剩余劳动力从农村转入城市、从传统农业转入现代工业的进程中,职业教育在其中发挥着重要的作用。一是增加农村劳动力的收入,减少城乡收入差距;二是提高农村劳动力的劳动技能,促进城乡生产技术发展;三是改变农村劳动力的生活方式,使他们融入现代城市文明;四是增强农村劳动力的法律观念和市民素养,促进城乡和谐稳定。因此,职业教育对消弭城乡差距、统筹城乡发展而言可谓意义重大。

3.管理学视角:人力资本理论

人力资本理论的创立者是舒尔茨、贝克等人,他们的研究大大扩展了人力资本的内容。舒尔茨认为,对人力资源进行投资的结果,形成了人的知识和技能,从而形成了人力资本,这是促进经济增长的主要力量。人力资源具有主体性或能动性、资本性、高增值性以及再生性等特点,随着终身学习理念的普及,人力资源的价值将更加显著地体现出来。

社会分层研究从职业入手有它自身的视角,职业后面所代表的家庭、教育、文化等对于社会分层以及社会流动影响巨大,尤其在我国社会主义初期阶段,人民内部的利益关系十分复杂,而国家和政府正致力于追求社会公平,教育机会均等等,以实现社会和谐发展。因此,我们从以职业为基础的人的存在的多维性、社会成员需要的层次性、利益地位的差异性、生产力发展水平的不平衡性等多方面,较为具体系统地考察、分析我国社会结构现状下,社会分层与职业教育的互动关系,以及职业教育、职业资格证书对促进社会流动所起到的重大作用,具有非常重要的意义。

总之,对一个现代化市场经济国家来说,劳动力的市场价格不断上升,人力资本投资收益率也不断上升,同时劳动者的可支配收入也不断上升,与此同时出现了一种变动趋势,就是高质量人力资源与低质量人力资源的收入差距在不断扩大。无论是高质量人力资源如所谓的知识型员工为了维持自身的经济收入,维持自身的社会地位,还是低质量人力资源如一般技术管理人员,为了追求更好的生活,为了自我实现,都需保持人力资本的竞争优势,他们需要通过不断地培训和学习保持其创新能力和价值。因此,人力资源开发是任何国家、企业、教育界等都极为重视的问题。

(二)职业教育与城乡统筹的互动协调关系

职业教育的根本任务是满足个人的就业需求和工作岗位的客观需要,培养符合社会经济发展需要的应用技能型人才,进而推动社会生产力的发展。城乡统筹的关键是,在工业化、城镇化的推动下,实现农村剩余劳动力的合理有序转移,而实现农村剩余劳动力合理有序转移的前提和保障之一就是劳动者必须具备符合岗位需要的劳动素质和职业技能,而提高劳动者的素质和职业技能正是职业教育的根本任务和应有职能。因此,发展职业教育能够提高我国农村转移劳动力的职业能力和公民素养,同时推动城镇化、工业化,进而实现城乡统筹,推动城乡经济的协调持续健康发展。而城乡经济的协调发展又会为城镇创造更多的就业空间,吸引更多剩余劳动力向城镇合理有效转移,从而对职业教育的规模与质量提出更高的要求,促进职业教育办学水平和办学效益的提高。因此,不论从城乡统筹与职业教育发展的最终目的,还是从城乡统筹与职业教育的内在要求来说,二者是互为促进、互动协调的良性关系:职业教育在城乡统筹中具有重要的战略地位和特殊作用,职业教育是推动城乡统筹的重要力量和有效途径;城乡统筹为职业教育的发展提供了强大的发展机遇和平台,有利于扩大职业教育的需求、有利于调整职业教育的专业结构和布局结构、有利于深化职业教育的教育教学改革,推进职业教育的办学模式创新。

1.职业教育是推动城乡统筹的重要力量和有效途径

(1)发展职业教育是解决城乡统筹中的产业结构调整问题的有效途径。城乡统筹的重要特征是城乡经济协调发展,而产业结构的改变是经济发展的内在驱动力。城乡统筹中产业结构调整的重点是提高第三产业的比重,同时工业和农业的结构升级也依赖于第三产业的较快发展。交通、通信及商业的发展有助于解决工业生产所需的原料、产品市场问题,以利于生产集聚和生活集聚的进一步发展。金融保险、信息咨询、公共事业的发展为城市经济的持续稳定发展提供了良好的外部环境。教育、文化、广播电视、科学研究的发展保证了城市经济的发展有较高素质的劳动力资源。在这种条件下,只有大力加快第三产业的发展,才能带动工业化与城乡统筹的协调发展。而与第一产业不同的是,第二、三产业对劳动者的素质要求普遍较高,特别是第三产业的发展、产业结构的调整亟需大量的高素质、应用技能型人才。这就要求我们的职业教育为加快发展第三产业主动承担起应用技能型人才的培养任务。这是职业教育实现为经济建设和社会发展服务的一项重要职能,也是解决城乡统筹中产业结构调整问题的重要途径。

(2)发展职业教育是确保城乡统筹中的农村剩余劳动力有效转移的必要前提。城乡统筹的关键是农村剩余劳动力向城镇有效转移,这种有效转移必须是主动的、稳定的。之前,我国农村劳动力的迁移是一种因为城乡差距大,农村的经济收益和社会保障远远落后于城镇而促使农村人口向城镇主动迁移的行为,在我国城乡统筹和社会主义新农村建设深入推进的大背景下,农村的农业经济效益将逐步提高,一大批惠农政策陆续出台且不断强化,农村农民的养老、医疗等社会保障体系不断完善,农村的各项条件不断改善,农村与城市的各方面差距逐步缩小,甚至在某些方面还优于城市,这时就出现了很多农民不愿进城、不愿转为城镇居民户口的现象,甚至有些已经进城的农民又回到农村,或者出现了因为经济波动而出现的“两栖式”迁移现象,这都是缺乏持续性与稳定性的农村人口转移,必将对我国城乡统筹的深入稳定推进产生不利影响。而此时,职业教育的重要性就凸显出来。一方面,劳动力转移会受到受教育程度的重要影响,在城乡差距缩小,经济收益差距对农村剩余劳动力转移所起的推动力逐渐减弱的情况下,教育拉动农村劳动力转移的作用也将越发突出。有关研究表明,农村人口向城镇转移的倾向与其受教育程度有很大关系,农村劳动力的受教育年限越长，程度越高，对职业身份意识和职业选择的非农化倾向就越强烈，城镇对他们的吸引力也更加明显，进入城镇以后的“稳定性”也更高。另一方面，在城乡统筹进程中，职业教育除了能够提高农村劳动力的职业技能和公民素养外，还有一个重要作用，那就是作为劳动力存储器，延缓就业压力，在一定程度上控制农村低龄青少年过早进入劳动市场，而且通过对他们的职业教育培训可以提高他们的职业能力和整体素质，为下一轮经济发展提前储备高素质的应用技能型人才。因此，大力发展职业教育，通过职业教育有效增加广大农民受教育的机会，进而提高他们的劳动素质，提升他们的择业、就业与创业能力，能破除制约农村劳动力转移的内部“瓶颈”，是他们快速有效转移的必要前提，同时更是推进我国城乡统筹改革的重要保障。

(3)发展职业教育有利于解决城乡统筹中的教育供需矛盾。教育供给指在某一时期内，一个国家或地区各级各类学校教育和培训机构所能提供给受教育者的机会。教育需求从总体上受经济发展水平的制约：经济发展水平越高，对教育的需求就越旺盛；经济发展水平越低，对教育的需求就越疲软；经济发展水平对教育需求的影响，是通过教育的价格水平和居民的收入等因素表现出来的。同时，教育需求还受到人口、政府政策和社会环境舆论等非经济因素的影响。

从经济学的角度看，我国现阶段教育中的诸多问题都可以归结为教育中的供需矛盾，优质教育供给远远不能满足随着经济社会发展而日益增长的教育需求。在我国城乡统筹的过程中，这一矛盾进一步加剧，迫切需要加快发展职业教育，对城乡统筹过程中产生的大量的由农村向城市转移的劳动力进行培训，满足劳动力转移的职业培训需求。

随着城乡统筹和社会主义新农村建设的深入推进，不管是农村人口还是已进入城镇的农村转移劳动力，其收入水平不断提高，教育支付能力也随之增强。特别是对于由农村向城镇转移的劳动力来说，为了获得更好的工作以及更稳定、幸福的城镇生活，他们对教育的重要性意识会逐渐加强，个人的教育支付能力也不断提高，促使他们对优质教育的需求也逐步提高。因此，新转移到城市的农民收入及教育支付能力的提高，必然对教育产生巨大的需求。而就我国目前的教育供给总规模来说，明显存在很大的差距和缺口，尤其是优质教育资源十分缺乏，而城乡统筹过程中大量增加的农村劳动力及其子女的教育需求问题，就使得我国教育供需矛盾更加尖锐和突出。而当前，我国很多大中城市长期以来都是通过向进城务工人员子女征收赞助费等价格手段来抑制教育需求，缓解教育供需矛盾。不管是从维护教育公平还是从促进经济发展的长远角度出发，抑制教育需求的做法都是不可取的，根本的办法只能是扩大教育供给。

职业教育作为一种职业性突出、以就业为导向、以培养职业能力为首要目标的教育形式，比普通教育更能使受教育者获得一种更为明确、更为直接的教育预期。这几年高等教育跨越式发展，在学总规模超过2 500万人，成为世界第一。照理说，这个矛盾应该基本解决了。但是正相反，教育的矛盾非但没有缓解，反而愈演愈烈，还由此派生出许多其他问题。这说明，教育的主要矛盾的根本点在于教育结构单一，没有满足人民群众多样化的教育需求。因此，在当前我国高等教育的大规模扩张已经到位的形势下，国家已明确提出要将教育的重点放到职业教育上来，把职业教育放在加快发展的重要地位。因此，通过职业教育实现教育的合理分流既能在一定程度上满足人们特别是农村转移劳动力对教育的需求，进而缓解紧张的教育供需矛盾，又能提高国民的整体素质，满足国家经济发展的需要。

(4)发展职业教育有利于维护城乡统筹中的社会稳定。随着城乡统筹和户籍改革的推进，大量农民向城市聚集，由于经济收入的差距、社会保障体系的不完善、教育资源的不足和文化观念、法制意识等各方面的原因，容易给城市增加不稳定的因素。而大力发展职业教育，不仅能够提高居民的整体素质和职业能力，有利于增加居民收入，缩小城乡二元化差距，而且还可以维护社会稳定与促进和谐。

首先，职业教育有利于维护社会政治稳定。职业教育作为培养人的社会活动，它不仅要向学生传授专业知识、生产技术，培养学生的职业技能，还要承担社会政治功能,即培养符合社会政治需要的政治意识、职业道德和生活规范,以维护和巩固社会政治制度。在我国社会主义制度条件下,职业学校必须树立正确的中国特色的社会主义办学方向,以培养社会主义建设者和接班人为首要目标,对学生进行中国特色社会主义理论体系和社会主义核心价值体系教育,促进学生树立科学的世界观和人生观,成为有理想、有道德、有文化、有纪律的一代合格社会主义建设者和可靠接班人。因此,发展职业教育,不仅是提高劳动者的思想道德素质和科学文化素质的重要途径,而且对巩固完善社会主义政治制度、维护社会政治稳定、促进社会发展具有重要意义。正如《国务院关于大力发展职业技术教育的决定》所指出的,职业教育对于进一步巩固以工人阶级为领导、工农联盟为基础的社会主义制度具有特殊的重要意义。

其次,职业教育有利于民主法制建设。帮助公民树立民主法制观念,这是维护社会稳定的重要途径。职业学校是社会主义民主法制建设和精神文明建设的坚强阵地,职业教育除了进行思想道德教育和专业技能教育外,还要进行民主法制教育,增强受教育者的民主意识、公民意识和法律意识,提高参政、议政能力以及守法、用法和护法的自觉性,为城市民主、法制建设发挥作用。职业教育学生大多身心发展尚未成熟,常常缺乏自制能力和法制意识,如果让他们提前步入社会,加入四处流动的求职大军中,极容易使他们受到社会的不良影响,受到坏人的利用与拐骗,成为影响我们社会稳定的一大诱因。因此,通过各种职业教育和培训,加强对他们的价值观的引导和身心发展的塑造,使他们能够指导自己的言行,控制自己的情绪,规范自己的行为,遵守社会的法律和秩序,实现顺利就业是稳定社会的一个方式。其次,通过职业教育对转移进城务工人员进行法制教育和宣传,切实提高转移进城务工人员学法、懂法、守法的自觉性,完成其社会身份的市民化转换,促进转移进城务工人员适应城市现代生活方式,遵循城市的行为规范,真正融入到现代城市文明中。

2.城乡统筹为职业教育发展提供了良好机遇和广阔平台

长期以来,城乡二元结构造成了城乡职业教育的分离,即农村职业教育面向农村、服务农村，而城市职业教育主要面向城市、服务城市，这就加剧了城乡的分割与对立，这正与消除二元结构，缩小城乡差距，推动城乡和谐发展的城乡统筹发展目标相悖。在城乡统筹的发展背景下，职业教育迎来了良好的发展机遇和广阔平台，城乡统筹有利于增加职业教育的需求、促使职业教育进行专业布局结构调整、激发职业教育的办学模式创新，为职业教育创造宽松有利的发展政策和环境。

(1)城乡统筹有利于增加职业教育的需求。前面已经谈到，城乡统筹的重要特征是城乡经济一体化发展，是大量人口、企业和其他经济因素向城市集聚，是第三产业的快速发展。城市人口的聚集，扩大了城市消费市场的规模，增加了对工业制造品的需求，促进了工业和城市现代服务业的发展，城市现代服务业越来越成为吸纳劳动力的主渠道，而城市现代服务业对劳动力的职业技能的要求不断提高。工业企业向城镇聚集，企业内部和企业之间的分工与协作不断加强，又产生了越来越多的新职业、新岗位，使得专业化生产水平不断提高，要求生产者具有必需的专业素养和专业技能，这些都为职业教育发展创造了条件。为了丰富城市居民精神文化生活，需要发展文化、体育、娱乐等第三产业。第三产业的比例不断提高，社会化程度越来越高，社会分工越来越细，意味着劳动的专业化程度越来越高，不同专业岗位的劳动具有不可替代性，因而，城乡统筹扩大了对职业教育的需求，为职业教育发展提供了良好的机遇。

(2)有利于促使职业教育进行专业布局结构调整。城乡统筹对职业教育专业结构调整的促进作用主要体现在两个方面：一是从产业结构调整的角度来看，城乡统筹的重要特征是第三产业不断发展、产业结构不断调整升级，产业布局不断调整和完善，为了适应这种经济结构调整的需要，特别是新兴产业发展的需要，作为与经济社会联系最为紧密的职业教育必然需要主动及时地在专业设置和结构布局上作重大调整。职业学校必须面向社会、面向市场、面向企业和面向农村，积极推动职业教育从计划培养向市场需求转变，根据经济社会发展对技能型人才的类别、规格和数量等要求，根据地方产业发展的实际和趋势，科学统筹专业设置和调整，实现专业与产业、专业链与产业链的有效对接。二是从职业教育自身的角度来看，城乡统筹过程中，大量人口和企业的集中，也聚集了大量的职业院校，各职业院校通过分工和协作，走专业化发展道路，增强市场竞争能力。职业学校根据国家、地方经济社会发展和人口分布及其变动趋势，以确保职业教育资源合理配置为原则，通过合并、共建、联办、划转、撤销等措施，加强职业教育资源的重组和整合，增强城市职业教育的集聚和辐射效应，加大对农村职业学校的支持力度，实现职业教育城乡统筹协调发展。

(3)有利于激发职业教育办学模式创新。长期以来，我国的职业教育办学模式基本上是统一固定、长期不变的，办学定位、办学特色缺乏个性与活力，是一种完全的纯学历教育，职业培训几乎为零，校企之间缺乏有效的联系和协助，农村和城市职业学校之间缺乏统筹协调，职业教育与区域经济之间缺乏有效联系对接，随着城乡统筹改革的不断深入，这种模式的弊端逐渐显现，不再适应现实需求，难免会对区域经济社会发展目标的实现造成阻碍。

在城乡统筹的过程中，农村富余劳动力向城镇转移，农业农村人口逐渐减少是必然规律，而农村剩余劳动力的转移也呈现多向性和不稳定性的特征，既有从农村转移到城市的，(如果转移劳动力不适应城市生产生活)又有部分从城市返回农村。因此，必须搞好城市和农村各种类型人才的培养，这些人才的培养要面向农业、服务业或者工业的产业化、规模化、科技化、信息化等不同领域和层次。另外，城乡资源的合理流动、区域经济的协调发展，都客观上要求并促使职业教育根据自有基础和未来发展需求，不断进行办学模式创新。事实也证明，职业教育必须改变过去传统的主要面向学龄人口的学历教育办学模式，而应大力发展面向所有人群的非学历职业培训，满足大量低学历、低技能社会成员的再学习需求，通过服务全民终身学习不断创新职业教育的办学模式。

(4)为职业教育发展提供宽松的政策发展环境。造成城乡之间、区域之间职业教育发展不平衡和管理混乱的重要因素就是以前的职业教育发展政策不一致。以往政策过多地向城市、向重点职业院校倾斜。现在，随着城乡统筹的深入推进,各地政府对职业教育更加重视,认真贯彻落实国家制定的有关职业教育的方针、政策和法律、法规,并结合本地实际,陆续出台了一大批有利于农村经济社会和职业教育发展的政策,如招生就业、经费筹措、实训基地建设、师资聘用和培训等方面的政策体系不断完善,努力为职业教育的改革与发展创造良好的制度政策环境,从而进一步促进职业教育的良性发展。

五、职业教育城乡统筹发展的分析框架建构

(一)职业教育城乡统筹发展内涵要素

职业教育城乡统筹发展从内部发展的要求来讲,追逐的是有质量的发展,是内涵式的发展,这种发展有四个要素:规模、结构、模式和质量,它们之间相互协调与否直接决定职业教育系统内部协调发展程度,直接决定职业教育的水平和效益。

在职业教育内部体系“四要素”中,“质量”和“规模”是职业教育发展的首要要素,是衡量、把握和发展职业教育的两个基本指标。在职业教育内外部发展环境条件保持稳定的情况下,职业教育规模的扩张必然会带来办学成本的上升,生师比的增大,生均办学经费、实验实训机会的下降等问题,所以必然会造成教育质量的下降。因此,在职业教育领域中没有规模的质量是抽象的,同样没有质量的规模是毫无意义的。

适度的职业教育规模应该与区域社会经济发展相适应,而不能相背离,这是由职业教育的外部关系决定的。职业教育规模满足不了国民经济或社会发展需要,或者超越职业教育系统本身的承载能力,或者职业教育规模与普通教育规模比例失调,都将导致职业教育质量降低。可以说,没有足够的规模做基础,质量的提高无从谈起,规模太小,造成专业设置不全且专业平均规模不大,导致人力物力资源利用效率不高,培养成本过高;规模过大,现有的教育资源存量如果能满足需要,人力物力资源利用效率将提高,生均成本将下降,但由于教育资源超负荷使用,生师比下降,势必造成教育教学质量的下降。

提高教育质量是我们不懈追求的目标和当前教育改革发展的主题。影响职业教育质量的因素错综复杂，但就职业教育系统内部而言，取决于职业教育的结构与规模。合理的职业教育规模和结构从根本上奠定了职业教育质量提高的基础。要实现既有规模又有质量的“内涵式发展”，需要组织制度的合理安排，需要组织结构的合理调整。结构合理，事物的组织才能正常运转，才能发展，这就涉及职业教育的结构问题。结构是事物存在的方式，职业教育结构是指职业教育的内部构成状态，反映职业教育系统内各组成要素之间的比例关系、联系方式、相互作用形式及其变化规律，是一个复杂的、多维的综合构成体系。职业教育结构对发展水平的影响主要表现在结构的整体效能上，而职业教育结构整体效能的最大发挥取决于其与同期经济结构的适应程度，以及与其系统内部各要素间的比例是否合理。

促进职业教育“内涵式发展”的重要方式是有一个好的发展模式，有了一个科学有效的并且切合实际的发展模式，发展起来会事半功倍，发展的质量和水平才有保障，职业教育的结构才能更好地发挥效用，职业教育的规模才能产生成正比的质量和效益。这样才能形成“规模-结构-模式-质量”内涵式互动发展的动态循环系统（如图1所示），实现“适度规模、结构均衡、模式优化、质量提高”的可持续发展状态。因此，就职业教育内部系统的要素而言，规模、结构、模式和质量四要素之间存在很强的相互依赖性和互补性，它们是互动协调共生关系，它们之间是否协调发展，直接决定了职业教育发展的水平和效益。

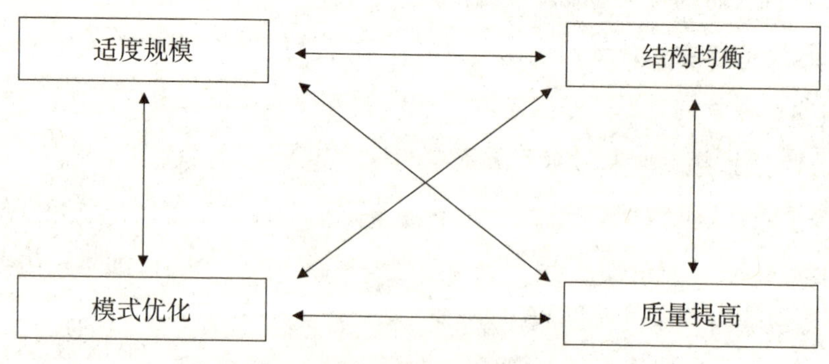

图1　规模、结构、模式、质量四要素互动关系图

1.适度规模

针对适度规模的研究,最早是在经济学领域。经济学理论认为,对于单个企业而言,存在着适度规模,规模合适有利于提高生产效率、降低生产成本,产生规模经济。同样,扩大到职业教育领域,也存在着适度规模效益现象,即,如果学校规模适度,则在其他条件不变的情况下,有限的教育资源可以物尽其用,有限的投入会产生较高水平的质量效益。当职业院校规模过小时,教学仪器设备、图书馆、实验室与实习场所使用效率肯定不高,生均固定成本较高,专业设置也不全,教师工作量不饱和、人力资源利用效率不高,学生可供选择的课程有限,学生知识面窄小、适应性差;随着规模的扩大,管理幅度的增加,管理难度加大,生均管理成本增加,教育资源和教师超负荷使用,必然造成教育教学质量的下降,教育资源的实际使用效率降低。因此,对于职业教育而言,必须有一个适度规模。

职业教育规模效应来源于经济学的规模经济理论,但又不能简单移植。职业教育必须有一个适度规模,那么,如何来科学确定职业教育的适度规模呢?笔者认为,必须做到三个“适应”:

一是要与地方经济、社会发展水平和要求相适应。总体上讲,不管国家还是地方,经济和社会总是在不断发展的,对职业教育的要求也是在不断增加和提高的,这就决定了职业教育必须不断发展。但随着我国经济社会发展的方式不再是以前的一味追求量的增长,而是转变到提高发展质量上来,这种经济发展方式的转变要求我们的职业教育也必须转变发展方式,要坚持走内涵式发展道路,走结构调整、提高质量的道路。数量的增长总有一个限度,如果一味地追求数量增长、规模扩张,就难免造成质量下降、后患无穷。

二是要与自身的办学条件和经济实力相适应。这些年来,政府对职业教育的投入有了很大提高,许多职业学校的办学条件得到明显改善,但发展很不平衡,不同地区、不同类型、不同层次的院校之间差距很大。一些西部农村中职学校还面临着生存危机,在发展的问题上,更是捉襟见肘。在扩大规模的同时,一定要顾及自己的办学条件和经济实力是否能够承受,一定要严格执行国家对职教生均占地面积、生均建筑面积、生均设备投入、生均运转经费等方面的指标体系，否则，不要说学校发展，就是维持学校正常运行，也将是一件难事。

三是要与地方产业结构和自身办学特色优势相适应。职业教育是与地方经济建设社会发展联系最紧密的教育类型，地方经济建设需要什么样的人才，我们的职业教育就应该努力去培养这些人才；必须清楚地了解地方产业结构调整升级的重点、未来地方的支柱产业、新兴产业是什么，围绕产业结构升级调整和新兴产业发展来培养造就人才。但同时，职业教育不应该一拥而上，不顾自身条件，盲目办一些大而全、与自身优势特色不相关的专业，这种专业培养出来的学生不可能保证质量，不可能适应经济社会的要求。

总之，职业教育的人才培养规模必须同经济发展需求、自身条件优势等相适应、相协调，否则人才短缺会制约经济和社会的发展，人才过剩又会造成浪费。

2.结构均衡

职业教育结构是指职业教育的内部构成状态，反映职业教育系统内各组成要素之间的比例关系、联系方式、相互作用形式及其变化规律，是一个复杂的、多维的综合构成体系，具有一般系统的整体性、层次性和结构性。从宏观层面来看，包括层次结构、形式结构、布局结构等；在微观层面上主要包括学科专业结构、课程结构、教材结构、教职工队伍结构等。

“职业教育专业结构的均衡是针对职业教育与产业结构之间的协调性而提出的，主要指各种不同类型、级别的学校和专业之间的比例和衔接状况。”① 职业教育结构能够反映职业教育系统内部各个构成要素之间的比例关系、衔接情况、联动方式及其变化规律，它是一个立体的、动态的、多元的体系。职业教育结构的均衡与优化在很大程度上决定着职业教育的整体质量和效益，从而影响产业结构调整的进程、区域经济发展的协调性和整体水平。

当前，我国职业教育在规模和质量上均得到了很大的发展和提高，但是，

① 朱德全，杨鸿.职业教育城乡均衡发展问题表征与统筹保障——以重庆市为例[J].教育研究，2012(3)：61.

我们在肯定成绩的同时，也要看到快速增长背后隐含着的结构失衡的矛盾和问题，如各级教育层次不清、各类型院校办学特色不明、职业教育结构趋同、职业学校“千校一面”、职业教育资源分配和职业院校分布不平衡的矛盾进一步加剧、社会需求不足与人才培养相对过剩，等等。高茜从知识发展、社会发展和经济发展三个维度探讨了教育结构中的问题，表现在：学科规模扩张和新兴和交叉学科发展缓慢的问题、学科结构无法满足多样化发展需求和学科结构不优与缺乏学科文化底蕴问题并存的问题、学科结构布局缺乏科学规划和学科结构不适应产业结构变化的问题。[①]正是基于我国职业教育发展的现实需要，职业教育结构均衡这一课题就摆在了我们面前，这就需要对职业教育的布局结构进行进一步调整与优化。

职业教育布局结构的调整与优化其实质就是对职业教育系统内部诸要素的整合与重构，从而促进职业教育系统内部诸要素的协调互动发展。因此说，职业教育布局结构作为职业教育系统的一个重要组成部分，其关系到职业教育资源配置是否合理，关系到为地方经济社会发展提供人才和智力支持的能力，也关系到教育的公平。

3.模式优化

模式，原义是模型或范型。关于模式的含义有不同界定：一是认为“模式”是一种方法，如《牛津字典》认为模式，即方式方法、样式风格；二是认为“模式”是一种模型、标准或范本，如《辞海》中认为“模式，亦译‘范型’，一般指可以作为范本、模本、变本的式样”；三是认为模式是一种对某种事物规律或现象的抽象或概括。

办学模式是教育模式的下位概念，二者既有联系又有区别，教育模式包括办学模式，办学模式是教育模式的中观层面。办学模式有广义和狭义上的区分：“广义上，可以把办学模式理解为一个国家或地区为适应经济和社会发展的水平而建立起来的组织体系、领导体系、管理格局、教育结构形式等；狭义

① 高茜.我国高等教育学科结构的优化研究[D].武汉：武汉理工大学，2007.

上,办学模式是一所学校为适应当地经济发展水平和人才培养需要而建立的一种人才培养的格式规范”。[①]

就职业教育办学模式这一概念而言,到目前为止尚无统一的界定。由于人们对办学模式的构成要素、制约因素的认识不同,对“职业教育办学模式”这一概念的界定也各具特色。例如,基于办学主体可以划分为学校模式、企业模式和企业加学校(双元制)的模式,基于运行机制可以划分为行政模式、市场模式、合作模式和学徒模式等,基于产业分类可以划分为农业类培训模式、工业类的普通型模式,基于发展阶段可以划分为第一次工业革命时期的职业教育社会化模式、第二次工业革命时期的职业教育标准化模式、第三次工业革命时期的职业教育多元化模式等。因此,本研究重点选择从办学主体这一核心要素来谈职业教育办学模式。而根据办学主体的不同,职业教育办学模式在国内比较普遍的观点可以分为五种模式:一是政府办学模式,二是企业办学模式,三是行业办学模式,四是校企合作办学模式,五是中外合作办学模式。

既然对办学模式的概念理解众说纷纭,不同的观点有不同的层次分类,我们就姑且暂放一边,但无论如何,针对不同的主体,在不同的发展环境下,肯定有一种最优的办学模式,或者叫最有效、最合理、最适宜的模式。就职业教育办学模式这一概念而言,由于人们对办学模式的构成要素、制约因素的认识不同,对“职业教育办学模式”的分类也各具特色。

职业教育的规模扩张和结构调整必须以一定的资源消耗(投入)为代价。职业教育作为“理性的经济人”的本质就是追求办学模式的最优化,追求投入效益的最大化。显而易见的是,即使规模扩张,结构合理,发展模式与经济社会需求不匹配,也会造成职业教育资源的巨大浪费和人才的大量积压。或者可以说,模式和质量是同一事物、现象的两个方面:如果模式优化,则表现了质量的优质性;高质量的职业教育,也一定具备有效的模式。职业教育人才培养模式是否科学、是否有效、是否最优、是否符合职业教育的规律,决定了所培养

① 唐林伟.职业教育办学模式论纲[J].河北师范大学学报(教育科学版),2010,12(5):96-100.

的人是否符合国家经济发展的需要、是否满足地区经济的发展要求、是否能为社会所用,教育模式的不正确和定位的偏离会直接导致培养的学生不能满足社会的需要。因此,不论学界如何划分办学模式,我们都必须探索到一种适应国际发展潮流、适应经济社会发展需求、适应自身发展实际的职业教育模式,只有具备了一个科学有效的并且切合实际的发展模式,发展起来才会事半功倍,发展的质量和水平才有保障,职业教育的结构才能更好地发挥效用,职业教育的规模才能产生成正比的质量和效益。

4.质量提高

《礼记·乐记》中说"中正无邪,礼之质也"。质与量一起构成事物的规定性。"质"是一种事物区别于其他事物的一种内部规定性,由事物内部的特殊矛盾规定。在国内,针对"质量"一词,《现代汉语词典》(第7版)给出了这样的定义:质量是"产品或工作的优劣程度"。在国外,国际标准化组织在《质量管理体系基本原理和术语》中将质量定义为"一组固有特性满足要求的程度"。从国内、国外对于质量一词的定义,我们发现:国内学者是从事物本身所具有的特性来定义质量,国外则是从事物的价值来定义质量。但是,二者实质上相互关联,"质量"与"价值"在本质上相通:一件事物(产品)或一项工作能否满足主体的特定需求体现了它的价值好坏,而价值本身又要基于该物质或工作的优劣程度(有效性程度),人类追求事物质量的过程实质上就是追求该事物价值的最大实现。所以,可以说,"质量"是"价值"的基础和前提,"价值"则是"质量"的终极目的。我们追求任何事物(或活动)的质量,都是以该社会条件下它的价值实现及其程度为目的的。

任何事物都有质量。发展也是一种事物,它也有质量,那就是发展的质量。可以说,有质量的发展,才是可持续的发展,才是科学的发展。根据辩证法的观点,发展是量变和质变的统一,事物发展的过程就是从量变到质变的过程,量变是质变的准备和基础,质变是量变的结果。但社会领域事物的质变不会自然发生,需要一定的条件,需要外力的推动,需要人们积极创造条件,促进事物朝着预期的目标变化。根据辩证法的思想,量的积累是发展的逻辑起点,职业教育发展的逻辑起点就是规模扩招，条件就是结构均衡、模式优化，没有这个起点和条件，也就没有职业教育质量的提高。当然，不论适度规模、结构优化，还是模式有效，最终还是要落脚到质量提高上来，提高质量才是我们的本质追求。

既然规模、结构、模式和质量四个要素都很重要，那么在职业教育的具体实践活动过程中，"四要素"究竟哪个更为重要呢?"四要素"之间是何种关系?系统论认为，系统中每一个要素都是不可或缺的，否则系统链就会断裂，系统就无法循环和发展。因此，就职业教育内部体系本身孰轻孰重的问题，实际上很难给出答案。在这些关系中，规模与质量、结构与模式之间的关系行同唇齿、相互依存:当我们谈论规模的时候总是有质量的规模，总是结构中的规模；当我们调整结构时，总是规模中的结构调整，总是结构的不断优化和均衡；当我们创新模式时，总是办学模式的创新，总是围绕质量提高的创新；当我们对质量品头论足时，总是以规模、结构和模式为基础，以适应经济社会发展的需求为尺度。四者之间既存在递进关系，表现为"规模-结构-模式-质量"的先后次序，又存在依存关系，任何一个要素环节都是不能缺失的。

(二)职业教育城乡统筹发展外部保障体系

从系统论的角度看，职业教育保障体系具有纵横交织的格局特征，纵向可分为宏观、中观、微观三个层面，横向可从观念、制度、服务、资源等层面进行构建(如图2所示)。

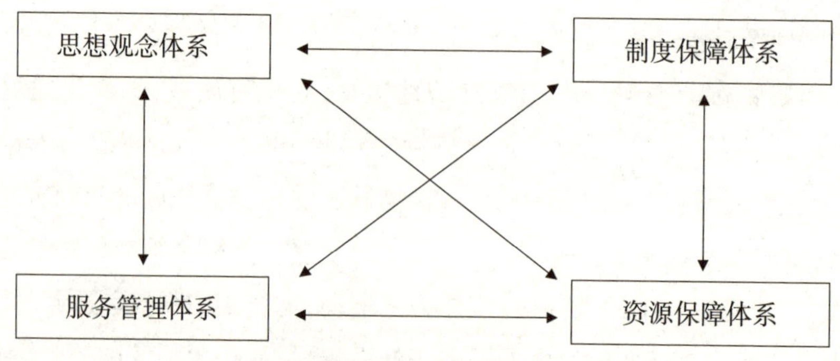

图2　观念、制度、管理和资源四保障机制联动示意图

1. 思想观念

思想指客观存在反映在人的意识中经过思维活动而产生的结果。观念指人们在长期的生活和生产实践当中形成的对客观事物的反映。思想观念作为一种由多种元素组成的系统集合,不仅是自然、社会现象中客观系统的反映,也对自然、社会和思维起反作用,必然与客观环境系统处于相互渗透和相互转化之中。这种开放性的交换对思想观念系统来说至关重要,恰如伯克莱所说:一个系统是开放的,其意义是说,它不仅与环境进行交换,而且这种交换还是使本系统能够生活、繁殖、存续以及变化的一个基本因素。

教育思想观念是个体和社会群体对教育所形成的系统化、理论化的认识。不同的教育观念意味着不同的价值目标和思想理论。在每个人的心中,一般有一套明确或不太明确、清晰或不太清晰的思想观念。而且,在一个稳定的、秩序良好的社会中,也一定存在一套社会成员普遍认同的,所谓的社会的主流思想观念。显而易见,社会的主流思想观念影响着个体的思想观念和行为选择,也影响着社会事物的发展。因此,一套有利于职业教育发展的良好的思想观念系统,通过大脑及五官与自然物质系统、制度保障系统、服务管理系统以及其他系统进行物质、能量和信息等的交换,有利于社会个体行为的规范或职业道德的形成,也具有动员和激励的功能,激发社会成员投身职业教育的信心与热情,坚定实现行动目标的决心,使职业教育对社会成员更具吸引力和影响力。

2. 制度保障

制度保障系统主要指有关职业教育方面的法律法规制度、政策体系、管理制度、组织制度等,是一种"物质的抽象和表征",具体可分为以下几个方面:一是职业教育行政体制,包括国家和地方的教育行政体制,目前我国实行的主要是"政府统筹协调管理、职业学校依法自主办学、行业企业积极参与"的管理体制。二是职业教育政策法规,指国家或政党管理职业教育事业的各项方针、政策、法律规范。三是职业学校的管理制度,主要包括职业学校领导体制、管理机构的设置与职责设定等组织制度，以及学校各项工作的具体管理制度等，目前我国大部分职业学校实行校(院)长负责制。四是职业学校教育制度，指规定各级各类学校性质任务、入学条件、修业年限以及它们之间相互关系的制度，包括办学体制、升学考试制度、招生制度、学校衔接制度、学校认定制度等。

3.服务管理

“服务”也就是我们经常说到的管理，也可称之为“管理保障系统”，之所以改为“服务保障系统”，主要是体现一种现代管理理念，也就是将管理转化为服务的理念，以此督促提醒政府管理部门增强为职业教育发展的“服务意识”。“服务保障系统”处于整个保障体系中的“中介”环节，它上承“制度保障”，下起“资源保障”，使整个系统按照既定标准运转。在“服务保障系统”中关键是要理顺管理体制和关系，建立一套符合城乡统筹发展要求的管理体制，提高政府管理部门的管理水平和服务质量。同时，还需要指出的是：这种管理和服务不仅仅是政府管理部门为职业学校提供服务，还包括职业学校的管理者和老师为学生的成长成才提供优良的服务，而且也包括社会、行业企业为职业教育系统所提供的服务，如社会赞助、企业支持、行业参与等；反过来也包括职业教育、职业学校为社会经济建设、行业企业提供人才资源服务，而且后者更为重要。缺乏社会经济和行业企业的支持、脱离了为社会经济发展服务的轨道，职业教育的发展将寸步难行。

4.资源保障

“资源”是指能支持开展职业教育教学设计活动，解决职业教育教学问题的、为提高受教育者职业能力和素质的所有人(包括办学主体、领导者、管理者、教师和相应的后勤服务人员)、财(教育经费等)、物(教育场所、教学设施、教学设备及图书资料等)和教育培训信息等资源，它是职业教育赖以开展的实体性基础。

职业教育的保障体系分为多个子系统，并且各个子系统不是封闭无关的，而是存在互动协调的紧密关系，这就需要管理者站在全局的角度，树立系统观念,实行统筹管理。统筹管理,就是把局部力量合理地排列、组合,来完成某项工作和项目。统筹管理是一种以系统环境为对象的管理理论体系。职业教育保障体系实质是一个由许多子系统组成的系统环境,统筹管理就是通过对该系统中各个子系统进行时间、空间和功能结构的重组,产生一种具有"竞争-合作-协调"的机制和效应,通过思想观念体系、物资设备、管理服务、制度体系等的协同创新来降低成本、实现规模效益,其产生的协同效应远远大于各个子系统之和。

(三)职业教育内涵互动发展与外部联动保障体系之间的关系

关于职业教育与城乡统筹的互动协调关系,从职业教育的内涵发展要素、外部保障条件等层面来分析,我们认为至少包含四个方面的互动协调战略发展关系:首先,内涵发展要素之间是互动协调的共生关系。职业教育内涵发展包括规模、结构、模式和质量四个要素,四要素之间行同唇齿、相互协调,直接决定着职业教育系统内部协调发展程度,直接决定着职业教育的水平和效益。其次,外部保障条件包括观念、制度、服务和资源,这四者也是联动共存关系,只有做到"统筹规划、统筹管理、统筹制度、统筹资源"四个统筹并协同创新、形成合力,才能确保保障机制的成效与作用。再者,内涵四要素与外部四条件是互动互补关系,保障体系是外在的手段和途径,发展要素是内在的需求和目标。两个系统之间是互相促进、互为补充,不可偏废的。最后,职业教育与城乡统筹和经济社会发展之间是互动联动关系,职业教育的发展,有利于也是为了城乡统筹好经济社会发展,反过来,城乡经济社会统筹发展了,也为职业教育提供了机遇和平台。

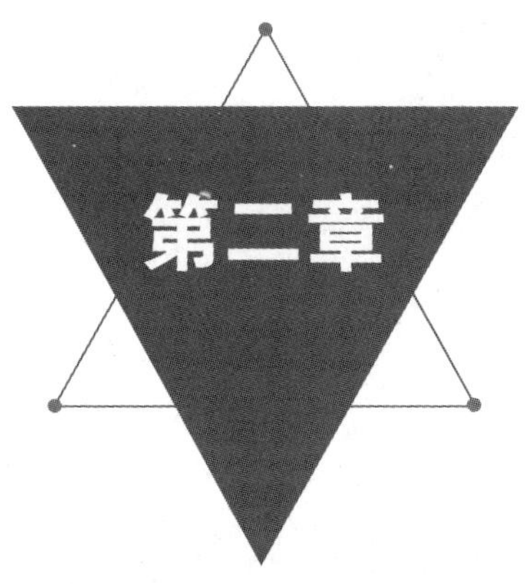

职业教育城乡统筹发展的典型经验及启示

通过大力发展职业教育，提高广大劳动者尤其是农村劳动者的素质和技能，为城乡统筹调整经济结构、加快人力资源开发、提高劳动者素质、转移农村富余劳动力、缓解教育结构矛盾、维护社会稳定等方面提供服务与保障，从而实现城乡经济社会的统筹协调发展，不少发达国家经历了长时间的尝试和探讨，形成了各具特色和优势的职业教育统筹发展模式，我国一些发达地区通过职业教育改革试验区建设，也有符合当地经济社会发展的成功经验。本章主要对中国职业教育的发展历程和发展趋势，国内职业教育改革试验区建设及其经验启示，国外职业教育城乡统筹发展的国际模式和主要经验等方面进行比较研究，为下一步探索重庆职业教育城乡统筹发展提供借鉴与参考。

一、中国职业教育发展的历史背景与发展趋势

(一)改革开放后职业教育的发展历程

改革开放以来，我国职业教育不断迎来发展机遇期，不断经历各种问题与挑战，从历史的粗线条上来观察，大致经历了“从停滞中恢复”“在调整中发展”和“在创新中跨越”三个大的历史时期，目前正处在新的历史起点，面临新的发展机遇。

1.从停滞中恢复：形成初步的职业教育规模

十一届三中全会后，政治上的拨乱反正，经济上的改革开放带动了我国职业教育在恢复中发展，在发展中提高。这一时期我国职业教育发展有三个明显的特点：

(1)政府开始重视和发展职业教育。政府开始对职业教育的重视主要表现在以下几个重要文件。1978 年召开的全国教育工作会议提出，要提高教学质量、提高科学文化的教育水平，使受教育者在德育、智育、体育几方面都得到发展，成为有社会主义觉悟的、有文化的劳动者。1979 年，我国对教育事业进行了调整，完善了高考制度，改革了中等教育结构，重新制定了研究生、留学生

制度,加强了基础教育以及改进了教育管理制度等。1979年,教育部和国家劳动总局提出了中等教育结构改革方案,经过试点,1980年10月,国务院批转教育部、国家劳动总局《关于中等教育结构改革的报告》,要求各地、各部门切实加强领导,充分调动各方面的积极性,根据中等教育结构改革的方针和要求,从本地实际出发,调整、整顿普通中学,积极发展职业教育。

(2)职业教育逐步恢复,开始形成规模。"文化大革命"对于我国职业教育是一场毁灭性的灾难,大量中职学校、职业中学停办,大批学校改为工厂,大量校舍被侵占,教学仪器设备和图书资料损失殆尽,许多老师蒙冤被武斗。到1979年,我国高中教育阶段的毕业生中,有普通高中毕业生726.5万人,而职业教育仅有中专毕业生18.1万人、技工学校毕业生12万人,约占高中阶段毕业生总数的4%。而绝大多数的高中毕业生不能升入大学,没有就业所需的技能;同时技能型人才更是奇缺,导致技术人员比例仅为2.9%,严重影响了企业劳动生产率的提高。

1978年,"文革"结束后,职业教育也迎来了发展的春天,邓小平同志高瞻远瞩地指出:"更重要的是整个教育事业必须同国民经济发展的要求相适应。"他还指出:教育事业"应该考虑各级各类学校发展的比例,特别是扩大农业中学、各种中等专业学校、技工学校的比例"。邓小平的这些讲话,指明了教育改革的方向。党和国家制定了一系列的方针政策,把改革教育机构、大力发展职业教育作为教育改革的重要内容。1980年10月,国务院批转教育部、国家劳动总局《关于中等教育结构改革的报告》,提出"应当实行普通教育与职业、技术教育并举……在城乡要提倡各行各业广泛举办职业(技术)学校",促进了职业学校的快速发展。几乎一夜之间,许多办学能力薄弱的高中学校,通过简单的换牌就变成中等职业学校。由此,我国的职业教育进入了前所未有的迅速发展阶段,职业教育制度得到重新确立和发展。

(3)农村职业教育改革首先突破。改革开放之初,虽然职业教育开始得到快速发展,但农村职业教育发展仍然滞后,城市与农村之间职业教育发展很不平衡,教育质量有待提高,教育改革亟待破冰。

20世纪70年代末，我国的经济改革首先从农村开始，农村的经济改革也需要农村的教育改革与之相适应，这时的农村教育改革也就应运而生，农村教育改革综合实验也就逐步展开，农村职业教育改革开始了“三教统筹”“农科教结合”的试点。“三教统筹”主要是在基础教育中引进职业技术教育，职业技术教育改革起到了教育改革的龙头作用，直接推动了农村经济的发展，“农科教”相结合，为农村培养了实用的“短平快”致富人才。在农村教育综合改革取得初步成效的基础上，国家又不失时机地推动了城市及企业的教育综合改革。

2.在调整中发展：确立职业教育基本体系框架

自20世纪80年代中期到90年代末，是我国职业教育不断改革、调整和发展的时期，大致形成以下特点：

(1)职业教育的地位更加突出，加快发展职业教育的思路更加清晰。20世纪90年代初，随着教育优先发展战略地位的确立，职业教育发展越来越受到国家和社会的重视。1991年，国务院作出《关于大力发展职业技术教育的决定》，明确了职业教育的发展任务。1992年，党的十四大报告明确提出，把教育放在优先发展的战略地位。1993年，中共中央、国务院印发的《中国教育改革和发展纲要》指出“各级政府要高度重视，统筹规划，贯彻积极发展的方针，充分调动各部门、企事业单位和社会各界的积极性，形成全社会兴办多形式、多层次职业技术教育的局面”。1996年，在调研美国、德国等国家职业教育立法发展的经验后，我国第一部《职业教育法》颁布实施，第一次用立法形式确立了职业教育的法律地位。当时的《职业教育法》还缺少相配套的执行性法规，但是，随后十多年通过有关职业教育政策积累，并把这些政府政策上升为法律，特别是明确规定了政府在职业教育发展中的责任，并把这种责任上升为国家意志，标志着我国的职业教育开始走上依法治教、规范发展的轨道。这些文件和法规，使得我国对于职业教育的定位更加明确，加快发展职业教育的思路也更加清晰。

(2)中等职业教育迅猛发展，改变了中等教育结构单一局面。这一时期我国中等职业教育得到迅速发展，到2000年，我国有中等职业技术学校(中专、技工学校和职业高中)14 410所,在校生967.2万人,专任教师数62.56万人(见表1)。中等职业学校在校学生数占高中阶段学生总数的比例由1978年的7.6%提高到1998年的57.4%,从根本上改变了我国中等教育结构单一的局面,基本形成了普教与职教双轨并行的格局。中等职业教育的发展,一方面对于欠发达地区农村劳动力的培养和义务教育的普及发挥了重要作用,另一方面也满足了经济建设对技能型人才的需求,促进了当地经济的发展,同时还缓解了普通高等学校招生的压力,为社会稳定做出了贡献。

表1 1980年与2000年我国中等职业教育的发展对照表

学校类型	时 间	学 校数(所)	在校生数(万)	专任教师数(万)
中等职业学校	1980年	2 052	76.13	9.10
	2000年	2 963	412.54	20.38
职业高中	1980年	–	31.92	1.65
	2000年	7 655	414.56	28.18
技工学校	1980年	3 305	70.04	6.14
	2000年	3 792	140.10	14.00
合计	1980年	–	178.09	16.89
	2000年	14 410	967.20	62.56
	增 加	–	443%	270%

(3)高等职业教育应运而生不断发展,基本形成职业教育的体系框架。长期以来,我国职业教育以中等职业教育为主体,中等职业教育也主要培养一部分初、中级专门人才。而随着改革开放和经济社会的发展,科技的进步,大量新技术、新工艺、新设备的采用和引进,急需要培养大量现代化建设所需要的更高层次的科技、工艺和管理等应用性技能型人才,即高素质、高层次的技能型专门人才。这单靠中等职业教育来培养是远远不够的,单靠高等教育传统的一种办学模式也行不通,势必要求形成多形式、多层次和多规格办学的路子,必须走大力发展高等职业教育的道路,这就为高等职业教育的兴起提供了

广泛而坚实的社会需求和思想基础,高等职业教育也就是在这种形势和需求下应运而生并不断发展。到1996年,全国已有高等职业技术学院37所、职业大学73所,高等职业技术专科学校3所,同时还有部分高等专科学校和成人高校也在进行高等职业教育试点。高等职业教育的兴起和发展,成为一种适应经济建设和社会进步的新型制度,不仅对中等职业教育的发展起着重要的推动作用,而且完善了我国的职业教育体系,打破了普通高校单一的办学模式,促进了高等教育的改革和发展。

3. 在创新中跨越:推动职业教育又好又快发展

当人类社会进入21世纪的时候,我国进入全面建设小康社会、加快推进社会主义现代化的新阶段。职业教育随着中国入世,不断与国际接轨,出现改革发展的新特点:

(1)职业教育战略发展地位得以明确,职业教育被摆在经济社会发展的重要位置。这一时期我国职业教育进入快速持续健康发展时期,国家从科教兴国的战略高度提出要大力推进职业教育的改革与发展,因此,在2002年、2004年和2005年三次召开全国职业教育工作会议,在会议上印发了《关于大力推进职业教育改革与发展的决定》《教育部等七部门关于进一步加强职业教育工作的若干意见》《国务院关于大力发展职业教育的决定》等一系列文件,把发展职业教育作为经济社会发展的重要基础和教育工作的战略重点,把建设有中国特色的现代职业教育体系作为新时期职业教育改革发展的目标。2005年颁布的《国务院关于大力发展职业教育的决定》,明确把职业教育确立为经济社会发展的重要基础和教育工作的战略重点。《国家中长期教育改革和发展规划纲要(2010—2020年)》提出“大力发展职业教育”。2014年,《国务院关于加快发展现代职业教育的决定》提出“加快发展现代职业教育,是党中央、国务院作出的重大战略部署,对于深入实施创新驱动发展战略,创造更大人才红利,加快转方式、调结构、促升级具有十分重要的意义。”2017年党的十九大报告要求

“完善职业教育和培训体系，深化产教融合、校企合作。”可见，职业教育作为经济建设和社会发展的重要支撑，其战略发展地位不断明确和深入人心。

(2)职业教育政策不断创新和完善，形成了现代职业教育体系和政策框架。进入21世纪以来，国务院及有关部门认真修订了《教育法》《职业教育法》等法律法规条文，出台了《国务院关于大力发展职业教育改革与发展的决定》《教育部等七部门关于进一步加强职业教育工作的若干意见》《国务院关于大力发展职业教育的决定》《国务院关于加快发展现代职业教育的决定》《现代职业教育体系建设规划(2014-2020年)》等文件，进一步明确了职业教育改革发展的指导思想、目标任务和政策措施。全国各省区市也相继出台了职业教育地方性法规和有关促进职业教育发展的政策措施，对加快本地区职业教育改革与发展进行战略部署和积极行动。可以说，经过多年的努力，中华人民共和国成立以来第一个体系完整、层次清楚、协调有力、科学合理的“国家职业教育公共管理政策框架”初步形成，为我国职业教育的快速健康可持续发展提供了战略指引、政策依据和行动指南。

(3)职业教育办学思想实现重大转变，职业教育改革发展的思路更加清晰。这一时期，我国职业教育的办学思想实现了重大转变，从计划培养向市场驱动转变，从政府直接管理向宏观引导转变，从传统的升学导向向就业导向转变，从学科本位向职业能力本位转变，职业教育改革发展的思路更加清晰。

在办学方向上，坚持“以服务为宗旨、以就业为导向”的办学方针，面向社会、面向市场、面向企业、面向农村，把加快职业教育发展与繁荣经济、促进就业、消除贫困、维护稳定和和谐紧密结合起来，进一步增强了职业教育发展的生机与活力。

在办学体制和机制上，坚持实行政府主导、面向市场、多元办学。充分发挥行业、企业的作用，大力推动职业院校与企业密切合作、共同发展。大力发展民办职业教育，形成公办、民办职业教育共同发展的格局。加强职业教育的国际合作与交流，借鉴其他国家和地区职业教育的先进经验，引进国际优质职业教育资源。

在办学模式上，积极推进职业教育集团化、连锁化和规模化办学。充分发挥城市和东部地区职业教育资源和就业市场的优势，积极推进东西部之间、城乡之间的职业院校联合招生、合作培养、联动发展。探索推行了中等职业学校学生“一年学基础、一年学技能、一年顶岗实习”和农村学生“一年在县级职教中心学习、一年在城市职业学校学习、一年在企业顶岗实习”两个三段式办学模式。近年来，先后在四川省、河南省、天津市建立了国家职业教育综合改革试验区，这是新时期推进职业教育体制、机制和办学模式改革的重要举措。

4.站在新的历史起点：推进职业教育可持续发展

经过前面“三个时期”的改革发展，中国职业教育事业正站在新的历史起点上，居高山之巅，览众山之小，迎来了职业教育改革发展的最好时期。我国将加快推进“人力资源大国”向“人力资源强国”转变，经济结构调整和经济增长方式转变的步伐将明显加快，城乡统筹和社会主义新农村建设将深入稳步推进，经济社会发展对技能型人才的需求将更加旺盛，职业教育的地位和作用将更加凸显，职业教育迎来新的更大发展机遇和环境。加快现代职业教育体系建设，构建职业教育适应经济社会发展的格局，建立完善中职、高职及本科层次的职业教育体系，促进职业教育可持续发展成为新共识。

但是，在面临重大发展机遇的同时，职业教育发展也存在诸多的矛盾与问题：在思想观念上，存在着国家宏观政策上的“高度重视”与现实社会行动落实上“鄙薄忽视”之间的矛盾；在供需关系上，存在职业教育“大力发展需求”与“办学资源供给”之间的矛盾，职业教育的办学经费非常紧张；在管理体制上，存在各级政府部门对职业教育“统筹管理”与“分散管理”之间的矛盾；在专业设置上，职业院校的专业设置缺乏市场导向性，与区域经济发展和行业需求“错位”，职业教育培养的人才在人才类型和层次上不能满足产业结构调整和技术结构升级的需要；等等。如果对这些问题不加以冷静分析、认真对待，我们将丧失机遇、陷入困境。

因此，总体看来，中国职业教育的发展还不能很好地适应经济社会发展的需求，职业教育仍然是最薄弱的环节，今后一段时期职业教育在扩大规模、优化结构、提高质量、发挥效益等方面的任务仍然十分艰巨，需要各级政府、社会和企事业单位等多方面群策群力、扎实工作。特别是要克服现实的突出矛盾，致力于解决基础性、关键性问题，采取有针对性的有效措施，强化政府责任，加大统筹力度，大力发展、不断提高，才能推进职业教育的可持续发展。

（二）新阶段中国职业教育发展的趋势特征

1.职业教育的战略发展地位将进一步明确，职业教育的吸引力将大大增强

客观地说，目前我国还有一些地方、一些部门还没有把发展职业教育放在突出的战略地位，推进职业教育改革发展的措施不够有力，在职业教育观念的转变和提高上还存在着不平衡的现象，这是职业教育发展必须要排除的障碍。随着今后经济社会的快速发展、经济增长方式的转变、产业结构的升级调整，经济社会发展对职业教育需求的日益显现，党和政府、教育主管部门、广大职业教育工作者的观念会进一步丰富和发展，各级政府推进职业教育发展的决心和力度会不断增强，职业教育在国家经济社会和教育发展中的战略地位将进一步得到明确和加强。随着各级政府、部门发展职业教育的信心增强，责任感加重，其在统筹教育事业的发展中，将会以更大的决心和力度解决普通教育与职业教育一手硬、一手软的问题。传统观念中不利于职业教育发展的因素会日益减弱，社会上鄙薄职业教育的观念将逐步消除。今后我国经济社会将会保持一定时期内的中速增长，经济社会发展对职业教育的需求将不断凸显，传统的鄙视职业教育的观念将逐步消除，职业教育培养质量将不断提高，再加上将要实施和已经实施的职业院校家庭经济困难学生资助政策、中等职业学校减免学费政策以及将日益严格推行的就业准入制度等职业教育政策措施，这一系列因素无疑将会促进职业教育吸引力的大大增强。

2.职业教育从规模发展转向内涵式发展,提高职业教育的质量成为发展的重点

最近几年,我国职业教育迎来了最好的发展时期。职业教育受到政府的高度重视。从1986年到2005年,我国先后召开了六次全国职业教育工作会议,职业教育逐步成为国家重点发展战略。特别是在2005年,国务院出台了《国务院关于大力发展职业教育的决定》,加强了对职业教育的领导和支持,标志着我国职业教育改革与发展进入了新的阶段,职业教育的办学规模也达到了历史最高水平。全国每年平均招收的中职生是800万。2005年和2006年,全国中等职业教育连续两年每年扩大招生100万人。2006年招生规模达到748万人,在校生规模达到1 810万人;2007年招生规模突破800万人;2008年中职教育招生规模达810万,普通高中的招生规模达837万,中职学校招生规模与普通高中教育招生规模大体相当,中职在校生规模已突破了2 000万。2009年,中职教育招生再扩招50万,达到了860万,总体上超过普通高中招生规模。这也是2000年以来,首次超过普高的招生规模。随后,中职教育的招生人数在2010年、2011年保持基本稳定,部分省区市甚至还有所下降。

由于我国会出现适龄人口逐年下降的一个趋势,这也会反映到学历职业教育上来,招生数和在校生数都有可能下降。但由于经济社会发展对职业教育的需求又在不断增加,尤其是我国统筹城乡改革和城镇化进程的不断加快,职业培训的规模会不断地扩大,这一方面促进了经济的发展和劳动者的就业增收,另一方面也可以弥补今后有可能出现的学历职业教育生源数量下降的问题。因此,国家和各地政府在规划中都明确提到在"十二五"期间,将保持我国中等、高等学历职业教育与普通高中和普通高校的招生规模大体相当的格局。

因此,我们可以这样判断,经过多年的努力,我国职业教育的发展在规模上取得了重大突破,但大规模的职业教育扩张将逐步到位,职业教育将转入促进内涵式发展、提高教育教学质量的轨道上来。自1998年高等教育大规模扩招以来,我国的高等教育规模已经位居全球第一,高等教育毛入学率超过

30%,步入高等教育大众化的阶段,但规模扩大的同时,带来了高等教育质量的下滑。当前,高等教育已经意识到这个问题,现在已停止扩招,将发展重点转移到了促进内涵式发展、提高高等教育质量的轨道上来。职业教育经过这几年连续扩招以后,规模基本稳定,扩招基本到位,也必将把重点放到促进内涵式发展、提高职业教育质量上来。

3.职业教育发展的类型和模式更加丰富多彩,互相合作的职业教育全球化趋势增强

从办学类型上看,不但有公办职业学校,还有各类民办职业学校,如行业企业办学、社会团体办学、个人办学等,更有股份制办学、公私联合办学、多法人联合办学、职教集团等。从结构上看,职业教育已从当时的初等、中等发展到了高等职业教育阶段,乃至研究生教育阶段。世界职业教育步入了中等与高等职业教育并行、学历教育与资格证书教育相通、学校教育与社会教育并重、普通教育与职业教育相交的时代。

20世纪80年代开始,一些发达国家的职业教育发展模式在世界职业教育舞台上相继脱颖而出,引起世人的关注,被认为是国家经济发展的“秘密武器”、社会进步的“助推器”。这些职教模式中,除了德国的“双元制”外,还有日本的产学结合教育、美国的合作教育、英国的工学交替制、加拿大的CBE教育以及澳大利亚的TAFE等。特别是德国的“双元制”,成为其他国家职教崇拜的偶像,就连英国、法国等发达国家也在考虑如何向德国学习。职业教育模式的发展,本身就反映出职教事业的进步,这种进步必然伴随着规模的扩大。第二次世界大战以后,西方大多数国家的中等职业教育入学人数几乎都超过了普通中学的入学人数,至今有些国家的职教规模仍占到整个教育的70%。

信息技术的出现、经济全球化发展,推动了职业教育的全球化。这种全球化主要表征为:发展中国家通过向外国学习和借鉴,本国特色的职业教育体系正逐步建立起来;国与国之间的职业教育合作机会进一步增多,职业教育输出成为教育服务输出项目的重要组成部分;职业教育的校企合作模式成为世界

性共识;政府对职业教育的支持力度加大;职业教育的质量评价再次成为关注的焦点;等等。

4.统筹城乡改革和城镇化进程将为职业教育发展增添新的动力,职业教育城乡统筹发展机制将不断健全

统筹城乡经济社会发展已成重大的国家发展战略。从2002年十六大提出“统筹城乡经济社会发展”,到2003年十六届三中全会提出“五个统筹”,再到2007年十七大报告明确提出统筹城乡发展,推进社会主义新农村建设,直至2010年中央一号文件再次提出“把统筹城乡发展作为全面建设小康社会的根本要求”。统筹城乡职业教育发展自然是统筹城乡经济社会发展应有之义,也是职业教育发展大势所趋。城乡统筹的重要特征是城乡经济一体化发展,是大量人口、企业和其他经济因素向城市集聚,是第三产业的快速发展。城市人口的聚集,扩大了城市消费市场的规模,扩大了对工业制成品的需求,进而促进工业和城市服务业的发展;城市企业的聚集,企业之间的分工与协作,相互之间产生需求、提供服务,必然促进商业、金融、贸易等第三产业的兴起。为了丰富城市居民精神生活,需要发展文化、娱乐、教育、科技等第三产业。第三产业的比例不断提高,城市的现代服务业越来越成为吸纳劳动力的主渠道,而现代服务业对职业技能的要求不断提高。工业企业向城镇集中,既促进企业之间的分工协作,同时也促进了企业内部的分工和协作。企业之间分工的不断细化,产生了越来越多的新职业;企业内部分工使得专业化生产水平不断提高,要求生产者具有专业素养和技能,这些均为职业教育发展创造了条件。城镇化的过程也是一个社会化的过程,社会化程度越来越高,社会分工越来越细,意味着劳动的专业化程度越来越高,不同专业岗位的劳动具有不可替代性,因而,城乡统筹扩大了对职业教育的需求,为职业教育发展提供了良好的机遇。我国2002-2006年城镇化率年平均增长1.2个百分点,2006年达到43.9%。采用简单外推法进行测算,2015年我国城镇化率可以达到目前东部

55%的水平，到2020年可能达到60%。[①]可见，未来我国职业教育的发展空间将随着统筹城乡改革和城镇化的推进而不断拓展。

我国一直以来坚持城市取向，即城市优先的职业教育发展模式，优质职业教育资源首先是满足城市职业教育以及市民发展的需要，乡村职业教育公共服务水平很低，城乡职业教育发展水平相差悬殊。所以，从根本上说，城乡职业教育发展水平之所以差距悬殊，是由于政府的特定制度安排和资源配置所致。实现城乡职业教育统筹发展，必然需要相应的资源、制度配置与政策创新。要改变农村职业教育弱势的状态，能够与城市职业教育和谐发展，那么，各级政府必须负起统筹发展的职责，必须摒弃包括教育制度、户籍制度、就业制度以及社会保障制度等在内的严重阻碍城乡职业教育一体化的相关制度，必须通过政府的统筹规划，以农村职业教育发展为重点，使城乡居民能够尽可能平等地享受职业教育资源，最终达到促进城乡职业教育协调发展、一体化发展，缩小城乡职业教育发展差距。因此，我们相信，在未来十年内，一套以农村职业教育发展为重点，城市带动农村，城市支持农村，在资源配置和政策制度等各方面向农村职业教育倾斜，城市与农村职业教育统筹协调发展的新机制将不断建立和完善，职业教育城乡统筹发展的春天必将来临。

二、国内职业教育城乡统筹发展及其经验启示

（一）国内发达地区职业教育城乡统筹发展

为推动职业教育战略地位的落实，促进职业教育改革发展，更好地服务于社会经济的发展，我国多个省区市在教育部的支持下，立足本地实际，启动了省部共建职业教育改革试验区建设。2003年，教育部与上海启动教育综合改革试验区。2005年8月，教育部与天津市政府签订协议，共建“国家职业教育改革试验区”，这是当时我国唯一的一个职业教育改革试验区。2008年5月，

① 马树超.对职业教育发展未来30年的展望[J].教育与职业，2008(27)：9-11.

教育部与四川省签署了“省部共建国家职业教育综合改革试验区”的协议。2008年7月，教育部与重庆市签署建设“国家统筹城乡教育综合改革试验区”战略合作协议。2008年8月，教育部与湖北省在武汉签订战略合作协议，共建“武汉城市圈教育综合改革国家试验区”。2008年10月，教育部与河南省签署了共建“国家职业教育改革试验区”协议。2009年3月，广西壮族自治区人民政府、教育部共同签署了区部共建“国家民族地区职业教育综合改革试验区”协议。2009年3月，教育部、国务院三峡办、湖北省、重庆市四方携手，共同签署了共建“三峡库区职业教育和技能培训试验区”合作协议。这8个教育改革试验区围绕“深化职业教育改革、促进职业教育又好又快发展”的主题，不断探求职业教育体制改革和制度创新，积极探索职业教育发展的新路子，努力建设面向全国、融入世界的教育发展高地，为本地区乃至全国提供宝贵的经验，从而促进职业教育改革和发展，进而推动社会经济快速健康发展。

除以上8个教育改革试验区外，我国沿海一些发达地区如广东中山、江苏扬州、山东青岛等地也根据本地实际，大刀阔斧地进行了职业教育城乡统筹的改革试验，取得了丰富的成绩和经验。

1.天津：探索“双师型”师资队伍建设，“工学结合”教学模式

天津市和教育部在联合共建国家职业教育改革试验区的过程中，首先实施了职业教育管理体制、办学体制、职业院校内部人事分配制度和教学管理以及学籍管理制度等四方面改革，在职业教育投资体制、建设“双师型”教师队伍、建设生产性实训基地和职业资格认证机制等四方面实现了突破性创新，形成了职教改革的“天津模式”。在职业教育体制改革方面，天津市认真研究分析政府与企业合作办学对经济社会发展的促进作用，不断深化职业教育体制改革，创新工学结合教学模式，扩大职业教育对外开放，推进就业准入制度和职工培训制度试验，探索东部地区支持西部地区职业教育发展的有效途径。在“工学结合”教学模式方面，天津推进校企合作，产教相融；在资源整合方面，天津市充分利用各类教育资源，统筹全市职业院校布局；在“双师型”教师培养

方面，率先在专业课教师中评聘第二专业技术职称，开创“双师型”教师培训制度之先河；在扩大职业教育对外开放方面，天津市组建数个行业性、区域性或跨行业、跨区域的职教集团；在投入方面，天津市政府将发展职业教育提上重要议事日程，财政性职业教育经费增幅高于职业教育经费总额增幅，也高于同期经常性财政支出增幅。

2.江苏扬州：做好四大统筹，构建具有苏中地区特色的城乡职业教育发展框架

江苏扬州位于苏中地区，具有良好的区位、资源和交通优势，近年来承接长三角都市圈产业转移和辐射的力度明显加大，服装、电子、食品、生物医药等一大批产业正逐步转移到扬州，这些现代产业的加速发展和新农村建设都要求职业教育城乡统筹发展以提供良好的人力资源支撑。因此，扬州市抢抓机遇，积极做好“四大统筹”，构建城乡职业教育统筹发展框架。

一是统筹城乡职业教育发展规划，坚持以城带乡、城乡共荣的发展理念。职业教育发展规划是职业教育城乡统筹发展的重要引擎，加强职业教育城乡统筹发展，就必须科学制订职业教育发展规划，坚持以城带乡、城乡共荣理念，保持职业教育与本区域产业结构、经济发展、社会发展相协调，谋划职业教育的城乡统筹发展战略。扬州市把优先发展农村职业教育，有效培育农村各层次劳动力队伍提上重要议事日程，从战略发展规划的高度予以确立、保障和运行，促使职业教育各类资源在城乡之间有序流动、良性互动，实现城乡职业教育公平、公正和办学效益最大化目标。

二是统筹城乡职业教育发展体系，构建高职中职互相衔接的职业教育立交桥。扬州市积极加强中、高等职业教育的有机衔接，科学确定中、高等职业教育比例，逐步扩大中职生升入高职院校继续学习的比例(从5%提高到20%~30%)。加强中、高等职业教育专业和课程体系的衔接，使课程体系建设协调、统一和有序深化，防止课程重复，实行学分互认。完善专转本、专接本等单独考试序列，探索普职教之间课程互融、学分互认、学籍互联、学生互转、证书互通的新机制。统筹高中阶段普职教的衔接,稳定中等职业学校招生规模,保持中等职业学校和普通高中比例大体相当,防止中等职业教育出现大起大落的严重状况。统筹中等职业教育与普通高中教育的课程改革,探索在高中阶段开展职业教育与普通教育相沟通的综合课程教育实验,在普通高中课程中开设职业技能课程等。

三是统筹城乡职业教育发展模式,坚持"开放式"办学之路。扬州市针对职业学校布局分散、数量众多、发展实力薄弱的现状,借助市、区、县和乡镇行政规划撤并机遇,打破行业、部门界限,整合多家学校资源,以合并、共建、联办、划转等形式实现整合和重组,加快职业教育科技园区建设,打造区域型职业教育发展高地,以集团化、规模化、园区化促进办学效益,发挥区域中心辐射作用。扬州市立足本地实际,把创新人才培养的途径、方式、模式作为统筹发展的内在要求,最大限度地发挥行业企业、民间组织等社会资源办学的作用,最大限度地为企业用工、经济转型、劳动力就业服务,努力实现政府、学校、企业、民间组织等各方面多赢局面。城乡职校以教改课题为合作载体,瞄准市场和企业需求,研究从专业设置、课程体系构建、实验实训到顶岗实习与企业的全面无缝对接,"柔性"安排订单式人才培养需要的技能模块、课程和课时,实行"工学交替""在工在学"的培养模式。

四是统筹城乡职业教育制度和政策供给,坚持公平、公正的保障原则。扬州市积极建立城乡统筹的领导和协调制度,努力发挥职业教育工作联席会议制度、职业教育发展指导委员会制度的职能。建立城市职教支持农村职教的对口合作制度,在师资、管理、实验实训设备、信息等方面建立资源共享平台。如建立城乡教师轮岗制度,城市教师下乡挂职锻炼,并作为职称评定硬性条件,农村教师进城进修;建立城乡职校合作办学制度,充分整合城乡职教各自的办学优势,或城市职校直接在农村职校设立分校;建立城市职教为农村培训专业课师资、提供实训条件、安置学生实习、开展技能鉴定等制度;建立农村职业教育优先发展的专项制度;重点建立完善农村职校教师绩效工资制度,吸引和稳定师资队伍;建立农村职校毕业生创业资助制度,从税收、贷款、资助基金等方面予以扶持;建立农业后备劳动力免费培训制度,并补助生活津贴;建立农村职校财政投入刚性递增制度、完善进城务工人员技能培训和鉴定制度、绿证培训制度等多项制度。

3.广东中山:实施七项统筹改革,促进职业教育科学发展

为了更好地适应经济社会发展的需要,广东中山市进行了一系列基于地市统筹的职业教育改革:积极调整职业教育的布局,改革职业教育管理体制,创建职业教育园区,组建职业教育集团,完善职业教育体系,创新职业教育发展模式,实现了职业教育与经济社会的协调发展。

一是推进职业教育管理体制改革。建立和完善在市政府领导和统筹下,部门协调,分级管理,社会参与的职业教育管理体制。市政府分管领导牵头,成立由教育、财政、人事、科技、经贸和农业等部门领导组成的中山市职业教育工作领导小组(领导小组办公室设在教育局),统筹协调全市职业教育工作,定期研究职业教育工作的重大部署和政策措施,解决重大问题。市教育行政部门负责全市职业教育工作的统筹规划、综合协调、宏观管理。市人力资源和社会保障局以及其他有关部门在各自职责范围内负责职业教育的有关工作。强化市、镇(区)两级政府发展职业教育的领导责任,按照事权与财权相统一的原则,根据区域经济发展趋势、就业需求预测和教育发展情况,制订职业教育发展规划,并纳入当地经济和社会发展总体规划,统筹职业教育资源配置,优化职业学校布局结构,落实政策和措施,提高职业教育整体水平。

二是深化职业教育办学体制改革。发挥公办职业学校在职业教育中的主力军作用,配合组团发展战略的实施,加强镇(区)际区域合作,进一步高效配置职业教育资源。重点职业技术学校要打破地域界限,骨干专业要跨镇(区)招生;积极推进职业技术院校与企事业单位、社会团体、民办职业学校及个人合作办学,形成"政府主导、依靠企业、充分发挥行业作用、社会力量积极参与、公办与民办共同发展"的多元办学格局。积极鼓励、大力支持民办职业教育发展,积极探索民办公助、公办民助、公民联办及私人办学等多种职业教育办学

模式，依法加强对民办职业教育的管理，进一步规范民办职业教育机构办学行为；推动职业学校资源整合和重组，走规模化、集团化、连锁化办学的路子，积极利用中山人缘、地缘优势，积极借鉴国外先进经验，引进国（境）外优质职业教育资源，鼓励国（境）外组织和个人按照我国法律法规，与中山市职业教育机构和其他社会组织合作办学。

三是加强实习实训设备和基地建设。市教育部门要会同劳动部门制定市级职业教育实训中心、市级重点建设专业及职业技术学校各专业实习实训设备设施配备标准，为全市职业教育实习实训设备和基地建设提供指南。要按照统筹规划、合理布局、多元投资、开放共享的原则，合理使用财政资金，扶强扶优，分别在数控技术应用、汽车运用与维修、机电技术应用、计算机应用与软件技术、印刷与包装技术、服装设计与工艺、旅游管理和物流管理等专业领域建成一批条件较好，适应技能型人才培养需要的实训基地。制定优惠政策，鼓励、引导全市大中型企业与职业学校共建互惠互利的实训基地，积极引进国内外著名企业在中山建立职业教育实训基地。引导、扶持职业院校建立实训内容与生产实际相结合，具有先进性、开放性的实训基地。积极吸引和鼓励企事业单位工程技术人员、管理人员和有特殊技能的人员到职业技术院校担任专、兼职专业教师，鼓励专业教师和实习指导教师通过参加相关专业技术职务资格的社会化考试或职业技能鉴定成为“双师型”教师。

四是创新办学和人才培养模式。适应全市产业结构调整和就业市场的变化，及时调整专业设置与结构，重点办好面向中山支柱产业、特色产业、装备制造业和现代服务业等领域的专业，增强其适应性。建立和完善企业与行业积极参与、教学与实践紧密结合，校企合作、工学结合的技能型人才培养模式。要全面实行学历教育与职业培训相结合、全日制与业余制相结合、职前教育与职后教育相结合的办学模式。积极组织不考大学的高中毕业生和进城务工人员接受职业教育和培训，把职业技术院校办成向社会开放的多功能教育培训中心。同时，根据不同专业、不同教育培训项目和学习者的需要，实行学分制等弹性学习制度，逐步建立和完善半工半读制度，满足求学者就业、创业、转岗、更新知识、增强技能等多种需求。建立高等职业教育与中等职业教育相衔接的课程体系,鼓励职业技术学院与职业技术学校联合(协作)办学,避免重复学习,优化培养过程。

五是建立和完善职业教育服务体系。加强市、镇(区)对职业院校的管理,配足职业教育专职管理及教研人员,加强职业教育管理和教学研究。建立职业教育工作定期巡视检查制度,把对发展职业教育的认识、措施和职业教育发展规模、水平等列入教育督导的重要内容,切实加强对职业教育的评估检查,并将各项指标纳入各镇(区)年度考核内容,建立以就业为导向的职业技术院校评价机制和以职业技能为导向的职业培训评价机制。加强职业技术院校教师培训基地建设,把中山职业技术学院、中山市技师学院建设成为省级重点建设职业教育师资培训基地,广泛开展以骨干教师为重点的全员培训。建立职业教育信息服务平台,加强对人才、劳动力市场的预测和分析,为职业教育改革与发展提供科学依据和导向;市人力资源和社会保障局、教育局等部门要建立健全职业技术院校毕业生就业服务机制,充分利用人才和劳动力市场,做好职业技术院校毕业生就业和创业的咨询、指导、推荐等服务工作。

六是实行学历证书与职业资格证书并重的现代职业教育制度。按照统筹规划、合理布局、发挥优势的原则,优先在具备条件的职业技术院校建立职业技能鉴定站(所)或职业资格考试机构,职业技术学院及省级以上重点中等职业学校都要建立职业技能鉴定机构。做好职业资格认证与职业技术院校专业设置的对接服务,加强专业教育相关课程与职业资格标准的相互沟通与衔接,教学内容要覆盖国家职业资格标准的要求。取得职业技术院校学历证书的毕业生,参加与所学专业相关的中级及中级以下职业技能鉴定时,免除理论考核,操作技能考核合格者可获得相应的职业资格证书。认真贯彻执行《劳动法》和《职业教育法》,坚持“先培训后就业”“先培训后上岗”的原则,完善就业准入制度,用人单位招收、录用职工,必须从取得职业学校学历证书、职业资格证书和职业培训合格证书的人员中录用或优先录用。

七是切实保障对职业教育的投入。市、镇(区)两级政府要逐步增加公共财政对职业教育的投入，2006年市财政安排1 000万元作为职业教育专项经费，重点用于支持镇（区）中等职业学校加强实习实训设备配备和实训中心建设，以及跨镇（区）招生中等职业学校的学生宿舍建设。认真落实“一般企业按照职工工资总额的1.5%足额提取教育培训经费，从业人员技术素质要求高、培训任务重、经济效益较好的企业可按2.5%提取，列入成本开支”的规定，足额提取教育培训经费，主要用于企业职工特别是一线职工的教育和培训。企业新上项目都要安排员工技术培训经费。市、镇（区）人力资源和社会保障、财政、审计等部门以及工会组织要对执行情况进行监督检查，对不按规定实施职工职业教育和培训，经责令改正而未改正的企业，当地政府可以全额收取其应当承担的职业教育培训经费，用于发展本地区的职业教育事业。

4. 山东省：推进东西部城乡职业教育合作办学

为了推进职业教育城乡协调发展，让山东欠发达的西部农村学生通过接受职业教育，实现转移就业，满足东部地区和城市对高素质劳动者的需求，山东省积极推进东西部城乡职业教育合作办学，其主要做法有：东部地区、城市办学有特色的骨干示范性中职学校，按照订单培养模式面向西部和农村地区单独招生，学生毕业后，按照用工协议在东部地区、城市就业；鼓励东部地区、城市办学有特色的骨干示范性中职学校与省内外西部、农村的中职学校采取“1+2”或“2+1”分段培养等方式开展联合招生、合作办学，学生毕业后主要面向东部地区和城市就业；由东部地区、城市选择组织一批重点中职学校，面向西部和农村招生，学生毕业后回生源地就业。

加快城乡联合办学的步伐，落实联合招生办学的扶持措施：实施30个强县对口帮扶30个欠发达县的招生培养工作；建立健全招生收费和助学制度，东部地区、城市中职学校到西部地区和农村招生，按照生源所在地标准收取学费；安排适当的专项补助经费；实行灵活的教学与学籍管理。联合招生合作办学招收的学生学制为2年制或3年制，招生学校可根据就业市场需求的变化，推行工学结合、半工半读的培养模式，优先招收贫困家庭子女半工半读，保证学生获得合理薪酬，补贴他们的生活、学习费用。实行弹性学习制度，在保证质量的前提下，允许调整教学内容和时间。根据农村学生的就业需求和阶段性特征，调整专业结构和课程结构及课程内容，增强农村学生的就业能力．推动农村劳动力向二、三产业转移。

加强农村职业教育培训，城乡职业教育将以各职教中心学校为龙头和骨干，建立县（市）、乡（镇）、村三级实用型、开放式的职业教育培训体系。依托各职业中心学校，统筹安排培训经费、培训项目、培训计划，把职业中心学校和成人学校办成人力资源开发、实施农科教结合项目、科技示范与推广、劳动力转移培训和扶贫开发服务等的基地；结合“农村劳动力转移培训工程”，有针对性地开展农民转移就业前的引导性培训和岗位培训，培养一批科技示范户、致富带头人、农民经济人。

青岛市是山东省职业教育发展较好的城市，其经验是抓好五个统筹，发挥政府职能。青岛市政府强有力的宏观统筹作用得到充分发挥。一是筹措使用好职教经费。青岛市实行按企事业单位工资总额0.8%筹措职教经费，城乡教育费附加20%用于发展职业教育的政策。早在2000年到2005年，青岛市每年投入到骨干中等职业学校的资金就达2 000万元。2006年户口在青岛市的城镇初中、普通高中毕业生被技工学校录取，3年内每年享受学费50%的政府补贴；五市三区农村应届初中毕业生被技工学校录取，学费由政府补贴。二是结合区划调整，统筹职业教育资源的配置。青岛市在城镇化进程中，新成立了三个区，在三个区内统筹建设了各自的职教中心。三是统筹技术等级考核。青岛市在全市城乡职业学校统一实施技术等级考核，实行职业学校毕业生双证制，比中央提出的时间早了近10年。四是统筹联合办学。政府加强宏观统筹，强化监管措施。政府对联办形式、领导体制、企校双方职责、评估与奖惩进行明确的具体的规定，将其纳入了法制化轨道。重视激励机制的作用，注意培养典型，实行典型引路，对成绩突出的行业、企业、学校和个人给予表彰和奖励。四是统筹实习基地。2003年后，青岛市根据中等职业教育发展的新形势，决定投资数亿元人民币，兴建汽车、数控等紧缺专业的公共实训基地，优化实训资源配置，减少分散投资，发挥规模效益，促进弱小职业学校技能教学质量的有效提高。五是统筹职教内部改革。青岛市坚持大力发展职业教育不动摇的方针，在招生上，坚持“控制比例，划线指导，加大宣传，稳步发展”的指导思想，保持普高与职校招生的适当比例，完善有利于职业学校招生的政策措施，指导初中毕业生的合理分流。青岛市制定中等职业学校的检查评估标准，并进行检查评估。通过抓教学基础建设，抓教学模式改革，完善课堂教学、生产实习实训和学生就业指导的教学体系；通过招聘技术职称高的专业骨干充实到技能教学一线，形成“双师型”的专业教师队伍；通过教学模式改革，实行“车间即教室，工人即学生，师傅即教师”这种“工学结合”的教学模式及其他模式。

（二）国内职业教育城乡统筹发展的启示与经验

通过对以上省区市职业教育城乡统筹改革的分析，结合一些课题和学术论文研究成果，根据职业教育城乡统筹发展的实际情况，可以给我们推进重庆职业教育城乡统筹发展以下启示：

1.统筹职业教育发展规划，是职业教育城乡统筹发展的重要前提

为了促进城乡职业教育统筹发展，政府首先必须制订一个城乡职业教育统筹发展的战略规划。首先，各级政府必须把城乡职业教育发展纳入经济社会发展总体规划，尤其要把职业教育发展与农村城镇化、农业产业化和农民市民化结合起来，与培养“有文化、懂技术、会经营”的新型农民、建设社会主义新农村结合起来。这是制订城乡职业教育统筹发展总体战略规划的依据。其次，为了统筹规划、综合协调辖区内的城乡职业教育工作，依据经济社会发展总体规划，各级政府必须制订城乡职业教育统筹发展的总体战略规划，并坚持与经济社会协调发展的原则，以乡村职业教育发展为重点。规划内容主要包括：重庆城乡职业教育资源现状、职业教育发展条件及形势（比如需求评估）的分析；职业教育发展目标（比如培养培训规模、通过技能考核及就业的人数预期）；职业教育发展重点（比如优先选择的专业领域、培训项目的设计）；规划实施的主要举措及对策（比如体制机制改革、资源配置及布局结构调整、实习实

训基地建设、师资条件保障)等。再者,为了科学地制订城乡职业教育统筹发展的总体战略规划,各级政府必须加强与相关职能部门的联系,采取切实有力的举措强化各级政府职业教育工作联席会议制度的统筹职能,充分发挥其作用。这是科学制订城乡职业教育统筹发展总体战略规划的组织保障。

在统筹制订职业教育发展规划时,应重点注意统筹职业教育与经济社会协调发展,统筹职业教育与基础教育、高等教育协调发展,其次应统筹职业教育城乡、区域协调发展,统筹职业教育优质特色发展。下面主要介绍两个重点统筹相关内容。

统筹职业教育与经济社会协调发展:根据重庆未来发展趋势和经济、社会、教育发展情况,根据重庆未来将要重点发展的汽车、摩托车、机械装备、电子信息、清洁能源等产业结构的调整,把职业教育纳入重庆统筹城乡改革总体规划,全面推动职业教育随着经济增长方式转变"动",跟着产业结构调整升级"走",围绕企业人才需求"转",适应社会和市场需求的"变",着力推进教育与产业、学校与企业、专业设置与职业岗位、教材内容与职业标准的深度对接,不断增强职业教育服务经济社会发展、服务经济结构调整、服务产业建设、服务城乡统筹、服务现代农业发展的针对性和实效性,主动适应重庆经济发展方式转变、战略性新兴产业的发展和产业结构优化升级的需要,为满足重庆经济社会发展和两江新区开发建设提供更大的智力支持、技能支撑和人才贡献。

统筹职业教育与基础教育、高等教育协调发展:切实把职业教育纳入重庆中长期教育改革发展纲要的总体框架下,统筹职业教育与其他类型教育的协调发展,统筹中等职教和高等职教的协调发展,统筹职业学校教育与职业培训、学历证书与职业资格证书协调发展,统筹职业教育规模、质量、结构、效益的协调发展,推动各类教育结构协调发展,促进职业教育多样化发展,实现城乡职业教育高水平均衡发展。

2.统筹职业教育发展政策,是职业教育城乡统筹发展的有力保障

统筹发展政策主要是指对经费投入、资源配置、基地建设、人事管理、师资

队伍建设、招生就业、资格证书等的统筹管理，这是适应经济社会和劳动力市场就业要求，真正实现职教资源的整合、重组和优化配置，顺利实现政府统筹的关键。[①]统筹职业教育发展不是“劫富济贫”“削峰填谷”的统筹，而是“追峰隆谷”的统筹，是既“雪中送炭”，又“锦上添花”，以优质教育引领、带动薄弱教育以及薄弱教育追赶、跟进优质教育的统筹。[②]为此，在制定城乡职业教育发展政策措施的制度支撑上，要尽可能公平地统筹。

首先，政府在引导城乡职业教育统筹发展的同时，要加大政府统筹力度和保障措施，强化政府在农村职业教育领域的领导力。政府要明确统筹职责，加强统筹领导，建立政府主导、行业指导、企业参与的政策环境，通过财政投入、税收等政策，调动行业、企业参与职业教育办学的积极性，建立起人才共育、过程共管、成果共享、责任共担的合作机制。要认真贯彻落实国家制定的有关职业教育的方针、政策和法律、法规，并结合本地实际，发挥政府统筹功能，加大政策统筹力度，协调处理职业教育发展所涉及的招生就业、经费筹措、实训基地建设、师资聘用和培训等方面的问题，制定统一配套的政策并予以解决落实，努力为职业教育的改革与发展创造良好的政策环境和社会氛围。

其次，建立健全城乡职业教育协调发展机制。政府要积极协调统一城乡之间、民办与公办之间职业教育发展的不平衡政策，加大对农村职业教育、民办职业教育等的扶持力度，在政策环境上予以协调、优先发展，促使城乡职业教育、公办民办职业教育在规划布局、资源配置、政策制度、水平提升上一体化协调发展。我们可以借鉴发达地区促进城乡职业教育协调发展的一些做法，例如实施集团化办学、城乡合作办学、设立城市职业院校农村分校等形式，还可以选送农村职业院校师资到城市职业技术学院学习培训，规定城市职业院校教师在职称评定过程中，必须有相应的农业职业院校任职经历等，以此达到

① 唐智彬，李永红. 论城乡统筹发展视野下的职业教育改革与发展[J]. 职教论坛，2009(13)：4-7.

② 梁成艾，朱德全. 中国职业教育统筹发展研究综述[J]. 中国职业技术教育，2010(3)：80-84.

强化城乡职业教育资源共享机制、帮扶机制的目的，推动城乡职业教育事业的均衡发展、协调发展和可持续发展。

3.改革职业教育管理体制，是职业教育城乡统筹发展的基本要求

管理体制不顺、多头管理一直是制约职业教育战略发展的瓶颈。为此，首先必须加强政府的统筹协调管理，建立职业教育战略发展领导管理机构，积极构建由教育主管部门统筹规划，由院校、基地、行业、企业等各方面多头参与、横向连接、分工负责、协调合作的高效运行的管理体制，探索建立由教育主管部门领导，教师教育专家、行业企业专家、师资培养院校负责人组成的专家咨询委员会，为职业教育战略发展提供改革思路与策略。

其次，要改革多头管理、条块分割的弊端，理顺管理关系，明确管理职责。教育部门牵头负责教育发展的统筹规划、学历教育管理和综合协调。人力资源部门综合管理职业教育的技能培训、技能鉴定、职业技能竞赛等工作，统筹非学历教育培训机构的管理。相关行业部门负责职业技能标准的制定。特别需要强调的是，行业企业参与职业教育的发展非常重要，将职业学历教育归口到教育部门管理，并不是要否定行业企业参与职业教育，相反，必须由政府出面制定出行业企业参与职业教育的相关政策，从制度上规定并强化行业企业参与发展职业教育的责任和任务，充分调动行业企业参与职业教育的积极性。

4.统筹职业教育队伍建设，是职业教育城乡统筹发展的关键因素

职业教育教师队伍发展不平衡，农村职业教育师资匮乏、水平不高是制约重庆职业教育战略发展的又一重要问题，可以说城乡职业教育教师资源的失衡严重制约了教育的发展和教育公平的实现，而职教师资失衡最根本的问题又主要在于缺乏优质职教师资，必须抓好职业教育城乡统筹发展的教师队伍建设。

为此，首先，要想方设法加快补充教师数量，要在体制机制上解决教师补充渠道单一、管理不畅问题，制定单独的职业教育编制标准，扩大中职学校用人自主权，改革职业教育师资准入制度，实现教师补充多元化。

其次，要加强“双师型”教师和“名师”队伍的培养力度，建立和完善职教教师培养培训体系，制订详尽明确的培训规划和计划，完善教师培训证书制度，建立高水平的教师培训基地，建立健全教师培训激励机制、保障机制、监管机制和评估督导机制，以确保培训工作健康、有序地开展。

最后，要统筹解决好教师待遇问题。为解决这个问题，美国、日本等国家都采取城乡教师统一待遇的措施。如日本实行公立学校教师定期调换制度。俄罗斯农村教师的工资待遇一直比城市教师高25%。美国普遍提高了农村教师的工资起点，建立了中小学教师职称晋升制度，使中小学高级教师都能获得大学教授一样的报酬等。虽然重庆实行财政统一发放教师工资制度，但由于区域城乡差异，重庆城乡教师之间的实际待遇差距非常大。为此，既要不断深化职业院校人事、分配和职称评审制度改革，建立和完善包括激励机制、政策导向、规范管理等在内的驱动系统和调控机制，强化职教师资队伍建设的保障条件，促使更多优秀人才投身职业教育。也要通过转移支付建立专项资金给农村教师适当补贴，对农村地区工作一定年限的教师在诸如福利住房、职称晋升、培训进修、交通旅行、子女升学等方面予以一定的照顾，消除城乡教师之间的“利益、质量、能力”等方面的鸿沟，提高教师扎根农村职业教育的积极性。

5.统筹职业教育资源共享，是职业教育城乡统筹发展的核心内容

由于受计划经济时代“剪刀差”效应和市场经济时期“效益至上”等城乡二元分割思维的影响，我国城乡间社会资源的配置都是先城后乡，忽略了公平性问题，导致我国城乡职业教育间存在着巨大差距。因此，职业教育资源配置分散不合理、城乡区域之间资源发展不平衡是制约重庆职业教育战略发展的又一重要问题，必须在统筹建立资源共享机制上寻求新路径。

一是要统筹职业教育经费，有针对性地加大经费投入，构建以政府投入为主体、行业社会为辅助的多元化投入体系。制定和实施职业学校生均公用经费标准、教师编制标准、职业院校生均综合定额拨款标准、职业院校校舍建设和维修以及设备配置标准。建立完善家庭经济困难学生资助政策体系和助学

贷款体制机制，使所有职业教育学生，都能平等地接受教育。

二是建立与职业教育城乡统筹相协调的教育资源配置程序，分步推进职业教育资源优化配置。优先配置农村职业教育资源，促进城市职教物力资源向农村覆盖，促进城市职教财力资源向农村延伸，促进城市职教人力资源文明向农村辐射；优先配置薄弱职业院校，促进职教物力资源向薄弱院校覆盖，促进雄厚职教财力资源向薄弱院校倾斜；优先配置特色职业品牌，为打造一流院校、重点学科、特色专业、精品课程提供坚强有力的财力、物力和人力支撑。

三是建立一个功能强大、资源丰富、信息共享的职业教育城乡统筹发展技术平台。以现代信息技术为支撑，选择与重庆产业规划及经济社会发展联系紧密、布点量大的专业，建设一批具有职业教育特色的标志性、共享型专业教学资源库，解决职业院校专业共性需求，实现优质资源共享，带动全市职业院校专业教学模式和教学方法改革，整体提升高等职业教育人才培养质量和社会服务能力。

三、职业教育城乡统筹发展国际模式的借鉴

（一）国外职业教育城乡统筹发展主要模式

纵观世界各国城乡统筹发展历程，已经完成了城乡一体化进程的国家和地区大体上经历了“以农补工”到“以工补农”两个历史阶段。在推进城乡统筹发展的战略选择上，美、日等发达国家选择了通过大力发展职业教育来促进城乡经济协调发展，最终实现城乡一体化的发展战略。世界各国政府在城乡职业教育统筹发展的过程中，经过多年的探索与实践，取得了丰硕的实践成果和丰富的操作经验，构建了自己独特的统筹发展模式。

1. 美国的“乡村复兴”模式

美国城乡统筹发展始于工业化中期，在完全市场经济体制下，城乡统筹发展进程源于经济发展的内生动力，政府不直接介入社会经济活动。但是美国

政府却高度重视农村职业教育的发展，试图通过农村职业教育的发展来推动经济社会的城乡协调发展。一是发展农业规模经营，提升农业生产率，鼓励农民发展农业以外经济，为农村职业教育发展创造良好条件。二是建立完善的职业教育法律法规和优惠政策，强调以法治教，通过立法的形式，对农村职业教育的框架、教学课程以及教育模式等多方面内容作出明确的规定，从而保证了农村职业教育质量。从1862年《莫雷尔法案》规定建立“赠地学院”或“农工学院”，用于培养农业机械技术人才，美国政府用法律手段支持农业技术的推广和农村职业教育事业的发展。自1917年美国联邦政府颁布《史密斯-休斯法案》开始，一系列的关于农村职业教育的法律相继出台，逐渐完善了美国农村职业教育法系统，为农村经济发展和农村职业教育改革提供了法律保障。[①]三是开展多元化的农民职业技术教育。如“工读课程计划”就收到了很好的效果。四是统筹城乡职业教育的课程设置，大力发展综合高中和社区学院。如美国的公立高中89%为综合高中，其余11%又分为地方职业学校（半工半读）和全日制职业高中。1998年有91%的高中毕业生取得了不同的职业教育学分。[②]在这些政策的强烈助推下，美国用了大约30年时间于20世纪中期就实现了城乡一体化。

2. 日本的“造村运动”模式

自19世纪80年代起，日本就积极探索适合本国农业发展的道路，创造出一系列适合国情的生产方法和技术，并采取农业生产经验的推广、建立试验场等措施促进农业和农村的发展。一是国家统筹规划推动城乡协调发展。日本在1962年就制订了第一次全国综合开发计划，至1977年实行第三次全国综合开发计划。提出进一步调整工业布局，大力发展中小城市，开发落后地区。为了推动落后山区和人口稀疏地区的经济发展，日本出台了《落后地区工业开发优惠法》和《离岛振兴法》等法律和政策。为了鼓励和引导工商产业向农村地

① 范安平，王勤．发达国家农村职业教育的质量保障及启示[J].上饶师范学院学报，2008（2）：71-74.

② 王文槿．谈美国的农村职业教育[J].职业技术教育，2004（22）：56-59.

区转移，日本先后推出了《向农村地区引入工业促进法》和《新事业创新促进法》等政策。为了保护城乡环境，日本颁布了《防止农田污染法》《自然环境保护法》等法律。二是实施“造村运动”，开展“一村一品”运动，大力发展各具特色的农村产业经济，为农村职业学校和涉农专业毕业的学生提供充分的就业门路。大力发展各类农业协会，建立与城市一体化的社会保障体系，解决了农村职业学校和涉农专业毕业生的后顾之忧。三是重视农民职业教育的基础设施建设，除职业训练所、经营经验农场外，还在每一个县开设一所农业高中，并在学校附设农场。日本农村建有许多现代化设施的实习场地，在教育教学和农技推广上，广泛使用计算机系统、卫星系统等现代化装置，大大地提高了农村职业教育的现代化水平，有力地促进了农民素质和农业技术现代化程度的提高。

3.德国的“双元制”与“城乡等值化”模式

德国的“双元制”职业教育是德国职业技术教育中一种比较先进、成功的办学模式，被誉为第二次世界大战后德国经济腾飞的“秘密武器”。“双元制”中的“双元”意指理论与实践相结合、思维与动手相结合、学校与企业相结合。这是一种将理论知识与实践操作能力紧密结合，以培养应用型专门人才为目标的职业教育模式。德国的“双元制”职业教育制度除了调整城市职业教育专业设置，改革城市职业教育课程内容，创新城市职业教育教学模式之外，还积极对农村职业教育进行改革，推行“城乡等值化”模式，如政府以制定法律，提供经费、资格证书等措施对农村职业教育实行国家干预，规定企业完成各项缴税义务后要交纳一定的经费用于本企业职工的在职培训和支持职业教育的发展，要求获得某一职业资格的受训者熟悉7~8个工种所要求的岗位技能，以此来增强受教育者的职业适应能力和应变能力。

4.韩国的“新村运动”模式

韩国在20世纪60~70年代创造了令人羡慕的“汉城奇迹”，但当时农村的经济和教育等也十分落后，城乡差距很大，城乡居民的收入差距曾高达3∶1。

为了缩小城乡差距,20世纪70年代初开始,韩国开始了长达几十年的“新村运动”,大大促进了城乡经济的协调发展。韩国农村职业教育就始于“新村运动”,就是在“新村运动”这种综合的社会变革中得以快速发展的。韩国农村职业教育着眼于为“三农”服务,以振兴农村经济为根本,对农业继承者提供免费学习和继续教育的机会。其基本经验和做法有:一是加快农村经济发展,提高农民经济收入,改善农村生活环境,提升农村职业教育的吸引力。二是大力发展“新村教育”,不断完善职业教育体系。如通过调整普通高中与职业高中的学生比例,在普通高中开设职业课程,对劳动者进行更广泛的职业培训等措施来发展职业教育。三是扶持农村职业教育,对毕业生到农村就业创业提供创业资助。如韩国政府明确提出培养新一代农民的目标,并在1981年开始组织实施“农渔民后继者培养工程”,通过农业院校或职业中学对他们进行有针对性的培养培训,使之成为合格的农渔民后继者。①四是推动农村文化的建设与发展,修建了村民会馆、敬老院、读书室、运动场、娱乐场、青少年活动中心等农村文化设施,通过举办文艺活动、各类培训来启发村民们的勤勉、自助、协同、奉献精神。

(二)国外职业教育城乡统筹发展的主要经验

从国外职业教育城乡统筹发展的经验来看,绝大多数国家将关注重心放在扶持农村职业教育发展上,并为此落实了许多重要举措,值得我们借鉴。

1.树立教育公平观念,真正重视职业教育

国外追求教育公平、重视职业教育的社会理念是推动城乡职业教育发展的社会基础。第一次世界大战前在西方就出现了占主导地位的起点均等论,关注贫困地区(家庭)儿童尤其是女童的入学机会公平问题。20世纪50~60年代西欧和北欧地区盛行的过程均等论,更重视让每个儿童有机会享受同样的

①《21世纪初我国中部地区农村职业教育发展理论和模式的研究与实验》课题组.发展农村职业教育的比较研究[J].中国职业技术教育,2001(3):42-43.

教育。20世纪60年代中后期以科尔曼为代表并推行至今的结果均等论则更强调学业成功机会均等。[①]这些理论研究推动了社会对教育公平理念的认可和支持,从而为各国城乡教育均衡发展奠定了理论与舆论基础。

除了理论的支撑外,在实践中发达国家也十分重视职业教育,瑞士全民重视职业教育,瑞士人从小就被灌输“一个健全的人必须掌握一技之长,并获得一份工作”教育理念,所以“在瑞士几乎有2/3左右的年轻人会选择在初中毕业后到职业学校进行技能学习”。“德国制造”的成功很重要的一方面是这个国家高水平的职业技术教育以及给予技术工人们的较高水平的工资待遇和较高的社会地位,年轻人以选择上职业学校为荣。

2.建立完善的法律法规

教育立法是各国发展职业教育,促进城乡教育均衡发展的重要保障。不管是美国、英国、日本、澳大利亚等发达国家,还是印度、巴西等发展中国家,都通过立法程序、建立完善的法律法规来保证和促进城乡职业教育统筹发展。如美国联邦政府于1917年颁布的《史密斯-休斯法案》就规定:在公立学校中必须开展中等农业职业教育。德国政府先后颁布《强迫职业补习教育法》等法律来保证城乡职业教育的发展。英国政府也通过《产业训练法》等来规定职业教育机构的设置和管理、职业培训的设施与质量控制。[②]法国政府先后颁布了《阿斯杰法》《职业继续教育法》等法律法规,法国的农村职业教育由政府农业行政主管部门(农业渔业部)直接管理,具有制定政策法规和实施督查的便利。巴西政府先后颁布了《教育框架法》等规定,建立了校外职业教育体系,将职业教育列入了义务教育内。[③]南非政府先后颁布施行了资格认证和技能开

---

① 郝俊杰,董珍.国外统筹城乡教育发展的经验及启示[J].重庆工商大学学报(社会科学版),2009(1):82-86.

② 范安平,王勤.发达国家农村职业教育的质量保障及启示[J].上饶师范学院学报,2008(2):71-74.

③ 浙江省赴巴西、墨西哥职业教育考察团.赴巴西、墨西哥职业教育考察报告[EB/OL].(2010-3-4).http://www.mexico-china.cn/html/201003/04/114130587_3.htm.

发等方面的法律法规，以规范和促进职业技术教育的发展。[①]另外，像日本、韩国、挪威等国也颁布了一些法律法规来保障城乡职业教育的统筹发展。

3.足够充分的经费保障

发达国家都非常重视从资金投入方面来协调城乡职业教育的统筹发展。如美国联邦政府出台的每一部有关职业教育的法案，几乎都有一部分内容规定配套专项经费的数额。[②]法国政府规定企业完成各项缴税义务后必须提出一定比例的经费用于本企业职工的在职职业培训和支持职业教育的发展。巴西政府规定职业教育机构的办学经费来自企业上缴国家的工资税（占企业工资总额的1%~1.2%），学生在与职业教育服务机构签订教育合同后可获得生活津贴。[③]就连欠发达的南非政府也通过《技能开发征税法》规定强制性征收职业教育和培训基金，征税额为每个雇员薪金的1%。[④]

4.推进职业教育内部改革

许多国家为了缓和日益恶化的城乡失衡局面，纷纷将改革目光转向农村地区，意图通过对职业教育的办学机制、教学模式、专业课程、师资队伍、实习实训等方面进行改革来充分发挥职业教育在城乡统筹发展过程中的作用。韩国政府及时调整农业职业教育结构，重点培养具有较高农业生产经营管理水平，具有国际市场竞争力的专业农业大户；法国政府注重发挥职业教育的作用，明确规定除了增设技术中学外，普通中学一律增设职业教育课，对在职工程技术人员、管理人员和技术工人等大规模地培训；日本政府制订了经济社会发展计划，始终把教育放在优先发展的战略地位；英国政府每年都要对农村职业教育机构的办学条件、师资力量、经费使用、教育效益等方面进行检查评估，

---

① 毛健.发展职业技术教育培养技能型人才—南非的经验和启示[J].现代教育科学，2005(1):36-38,88.

② 王文槿.谈美国的农村职业教育[J].职业技术教育(教科版)，2004(22):56-59.

③ 姜大源.巴西:长于本土的职业教育[N].中国教育报，2007-11-1.

④ 毛健.发展职业技术教育培养技能型人才—南非的经验和启示[J].现代教育科学，2005(1):36-38,88.

并公布综合评估结果，该结果将对职业教育或培训机构下一年度的经费划拨产生影响；德国政府针对农业职业教育专门颁布了相关法律，对职业教育的办学机构、专任教师和培训人员、教学过程及考核等均作了严格要求和规定；[①]南非政府在学校、学生、雇主之间确立质量保证框架，保证职业院校毕业生充分就业。

5.重视职业教育培训

为了满足本国经济社会发展的需要，许多国家对职业培训工作相当重视。如英国政府专门成立农业培训局，在全国设立多个地区培训中心，每年约有30%的农村劳动者参加各种类型的农业培训活动。[②]巴西政府也很重视职业培训的作用，据巴西教育文化部统计，1999年参加职业教育培训的人数达到280万。[③]印度政府在全国设立了多个高级职业培训机构，加强对包括农村劳动力在内的青壮年进行职业培训。[④]南非政府于1996年成立了一个从事继续教育工作的新组织，并从法律上规定了国家资格认证体系的目标，鼓励人们接受教育和培训。[⑤]德国政府采取“双元制”办法来进行职业培训。韩国政府制定了新的《劳动者职业培训促进法》，组织技术人员深入农村开办培训班，指导农民发展高附加值的农业。美国政府通过“工读课程计划”，在农村积极举办各类培训班，对青年农民进行系统培训。法国政府于1960年颁布了《农业教育指导法案》，建立农业教育培训体系。挪威和日本等国的政府也开展了一系列有助于城乡经济统筹发展的职业培训。

---

① 范安平，王勤.发达国家农村职业教育的质量保障及启示[J].上饶师范学院学报，2008(2):71-74.

② 丁国杰.朱允荣.欧盟三国农民教育培训的经验及其借鉴[J].世界农业，2004(8):51-53.

③ 吕银春，周俊南.巴西[M].北京:社会科学文献出版社，2004:375.

④ 国家劳动总局培训局.五国职业技术教育[M].北京:劳动出版社，1981:84.

⑤ 吴雪萍.南非的职业教育和培训[J].教育与职业，2001(1):55-57.

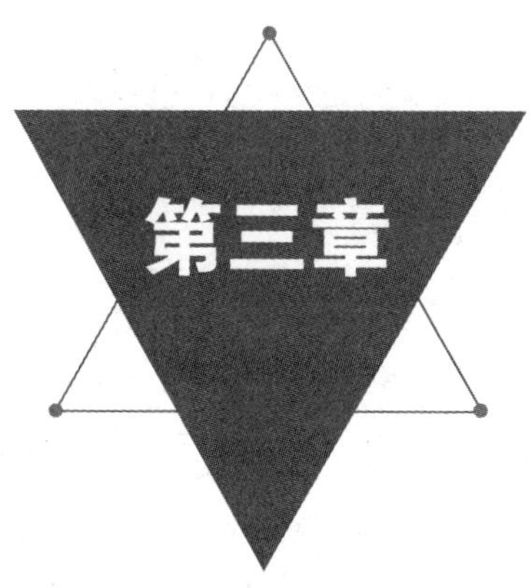

职业教育城乡统筹发展的问题表征及归因研究

理论研究是实践之本，同时，实践研究是理论之源。因此，职业教育与城乡统筹互动协调发展的理论研究又需要以实践为基础，离开实践的理论体系构建便成无源之水。因此，我们选择我国非常具有代表性的重庆中职教育发展为研究对象，对重庆中职教育城乡统筹发展的现状问题进行深入调查，采用大量问卷调查、数学统计、模型构建、文献研究等多种方法，从思想与观念、体制与机制、资源与配置、结构与布局、定位与模式、质量与导向六个方面，详尽分析了重庆中职教育城乡统筹发展中互动不足联动不够所存在的主要问题，为下一步有针对性地提出重庆职业教育城乡统筹发展的战略模型和对策奠定实践基础。

一、思想与观念问题

职业教育观念是指人们对职业教育的理性认识和态度，决定着人们对职业教育的认可程度以及投入的力度，因而对职业教育的改革发展具有促进和制约作用，是涉及职业教育发展方向的根本性问题。当前，影响制约职业教育发展的观念性问题主要有两个方面：一是缺乏教育公平观念，社会文化鄙视职业教育，地方政府忽视职业教育，职业教育存在“上热下冷”的尴尬局面，并没有被放在战略发展的地位上予以高度重视；二是缺乏职业教育均衡发展理念，长期以来忽视农村职业教育，职业教育城乡统筹发展的理念还没有深入人心。

（一）职业教育公平观念缺失，职业教育的战略发展地位并未落实

教育公平是社会公平的基础、前提和发展的逻辑起点，教育公平是一切公平的出发点和归宿点。教育是人类发展的正常条件和每一个公民的真正利益，只有教育首先公平才能有其他的公平可言，否则所有公平皆是空谈。教育既是社会大系统中的一个组成部分，其自身又具有相对的独立性。从形式上而言，教育公平意味着教育内部各组成部分之间结构的合理与协调，以确保教育本身能够公平发展。从实质上而言，教育公平意味着每个公民都能无障碍

地平等享有受教育的权利、机会和过程，最终真正实现教育带给众人的人生公平。然而，就我国教育系统内部各组成部分的结构而言，职业教育明显处于弱势地位，是我国教育结构中的短板，与其他教育形式相比较而言，明显处于不公平状态。接受职业教育的人，也并没有在社会中得到应有的承认和地位，影响到了人生公平和社会公平。

按理来说，职业教育应是义务教育后最具有“普遍意义”和“平民性”特点的教育，是一种人人都应该得到、可以得到和必须得到的教育。职业教育对国家的经济意义已被充分肯定，而且它的政治、文化和社会价值也进一步证明和越来越被重视。它是促进社会公平的强有力手段和途径，职业教育问题引起了政府和学术界的高度关注。面对我国职业教育发展的现实，政府部门对职业教育在我国社会和经济发展转型期所具有的使命有了新的认识，它被我国政府和领导人看作促进和实现社会和谐与公平的关键。社会的公平关键在于教育的公平，而教育的公平关键在于职业教育的公平。

职业教育公平观念缺失，职业教育不受重视，源自我国传统文化的影响。中国传统文化具有极大的历史惯性和思想的挟持力量，它至今甚至将来都会对人们言行产生深刻的影响。“万般皆下品，唯有读书高”“学而优则仕”这些传统观念在中国人的思想中已根深蒂固，使得许多人都非常重视普通教育而忽视职业教育。很多学生家长认为只有成绩差、没有发展前途，“命中注定只能打工”的孩子才选择职业学校，因此他们只有在百般无奈、无可选择之下才会把自己的孩子送到职业学校。因此，这种鄙视职业教育的传统文化观念是我们发展职业教育最大的障碍，在很大程度上影响了我国职业教育的健康快速发展。

当前，我国政府已经越来越重视职业教育的发展，已经把职业教育放在经济建设和社会发展的重要战略发展地位予以大力发展，国家也出台了《关于大力推进职业教育改革与发展的决定》《教育部等七部门关于进一步加强职业教育工作的若干意见》《国务院关于大力发展职业教育的决定》等一系列文件。重庆市委、市政府也高度重视职业教育，出台了《重庆职业教育发展条例》等一系列大力发展职业教育的文件，明确提出要把重庆建设成为西部职业教育高地、长江上游技能人才中心，要求打造职业教育品牌，使之成为重庆特色、成为重庆的软实力。但是，在重庆一些区县，由于区县政府财力紧张，加之长期以来“重普教、轻职教”的思想影响，部分区县政府和教育部门通常“刻意”地忽视职业教育，没有明确落实职业教育的战略发展地位，仍将职业教育放到整个教育的从属地位，没有将职业教育发展纳入经济社会发展的总体规划，在政策引导、经费投入、师资队伍建设、基础设施建设等方面支撑力度不够。有些区县政府对职业教育的发展出台过相关文件，却始终限于文件、流于形式、落实缺位，停留于一般性的号召和提倡。通过对重庆市的中等职业教育的调查结果显示，重庆市各级区县政府所制定的教育政策、规章及具体做法上仍然鼓励学生升学、考证，教育质量评估部门也将更多的精力用于对基础教育的检查、验收，针对职业教育的评估却并不多见。虽然重庆市政府文件中多次将中等职业教育放在经济社会发展的重要位置，但在人们的内心中，职业教育仍然是低于普通教育的次等教育，是普通教育的补充。部分区县政府领导虽然表面上、口头上、报告中大谈职业教育的重要性，但一旦落实到行动中，就无意识地偏向了普通教育，在行为上表现出了对职业学校发展的漠视，其根源是没有从根本上意识到职业教育对区域经济社会发展的重要作用。

可见，在我国，职业教育处于一种非常矛盾和复杂的状态：一方面，职业教育是一种被国家高度重视并把它放在重点发展战略地位的教育，它对于国家经济社会的协调发展、对培养个人的职业技能和全面发展都有着重要的作用和价值，它与普通教育同等重要、互为补充、不可或缺；另一方面，社会对职业教育存在着根深蒂固的认识上的偏见，现实中，职业教育还存在着很多与它的“战略地位”不相协调的地方，被看成次等教育，被学生和家长视为无奈的选择。

（二）城乡均衡发展理念缺失，尚未形成职业教育城乡统筹发展整体规划

长期以来，我国是“以城市为中心”，造成了城乡经济二元化结构，导致了城市与农村的二元价值对立，这就在无形中使得我们的教育政策价值偏向“城

市取向”,不论是政府管理部门还是中职学校,都缺乏城乡职业教育互动协调发展、城乡联动发展、校地合作发展等统筹协调意识,在教育政策的选择制定和教育利益分配等方面有意识无意识地偏向城镇,忽略农村,大量资源资金和人才优势向城市集中,而农村教育却长期投入不足,质量低下、发展艰难,城市与农村职业教育之间在师资队伍、办学经费、办学条件、实习实训基地、网络平台等方面,都存在着明显的资源配置错位;农村职业教育更是受到更多不公平的待遇,处于的困境更为艰难和矛盾更大,发展的任务更重和压力更为巨大。农村职业教育虽然市场广阔,但仍存在教育资源匮乏、办学条件差、师资不足、教学设备陈旧、图书资料短缺、实践基地薄弱等诸多不利问题。“据某省曾对13所农村职业教育学校抽样调查,生均校舍面积12.3平方米,生均图书16.9册,仅相当于教育部颁发的中等职业学校合格标准的一半”。①

推进职业教育城乡均衡发展的主要任务,就是要破除制约城乡职业教育协调发展的一些障碍和瓶颈,促进城乡职业教育资源的合理配置,打破城乡职业教育二元分割的格局,为城乡居民提供均衡化的公共产品服务,彰显教育公平。②而农村职业教育更需要政府进行有效的统筹,离不开政府的支持。无论是从本质属性上看还是从现实需求来看,政府都应该不断加强统筹力度,加大对农村职业学校的投入和支持力度。然而,职业教育城乡统筹发展、城乡联动发展的观念和意识却没有深入人心,直接体现就是缺乏职业教育城乡统筹发展的规划和政策保障体系,城乡之间互动不足、联动不够,导致整体发展混乱,各地发展不平衡。以重庆为例,主要存在三种发展类型:一是以万州、永川为代表的快速发展类型,万州、永川是相对比较发达的区域性中心城市,职业教育基础较好,中职教育资源相对富集。二是以黔江、开州为代表的稳步型发展,这类区县职业教育基础一般,但由于社会经济发展的需求和促进,职业教

① 魏萍萍.城乡统筹背景下农村职业教育发展研究[D].秦皇岛:河北科技师范学院硕士论文,2011:24.

② 钟光荣,廖其发.重庆市城乡统筹背景下发展农村职业教育的重要性及其对策[J].当代教育论坛(综合研究),2011(2):76-78.

育处于自给型平稳发展；三是以铜梁、渝东南少数民族地区、三峡库区附近区县等为代表的艰难发展型。这类地区职业教育基础较差，发展落后，财力拮据，难以落实规定的经费投入，融资更是十分困难，中职学校基础条件较差，实训设备较缺乏，中等职业教育发展举步维艰。

二、体制与机制问题

职业教育是一个整体的系统工程，只有将其纳入统一完整的体系中，形成统一的综合的管理体制，进行宏观调控，才能发挥其综合办学效益。然而，全国的中职教育管理体制都存在以下缺陷：一是政府管理职能交叉，条块分割、管理混乱、统筹乏力；二是职业学校权、责、利不明确，缺乏办学自主权；三是行业企业参与度不高，学校与企业之间缺乏互动协调。这种多头管理、职能交叉的办学体制与机制存在严重弊端，导致宏观上该统筹的却分散管理，微观上该放权的却不予放权，严重阻碍了职业教育的发展。

（一）政府部门：管理职能交叉，条块分割，统筹乏力

目前，重庆中等职业教育管理体制的基本格局是：中等职业学校大部分由重庆市教委或行业主管部门举办，职业高中、职教中心主要由各区县政府举办，这些学校在业务上都统一归口重庆市教委管理；技工学校则主要由行业和企业举办，由劳动人事部门实施综合管理，具有较强的行业背景，许多学校与行业、企业有着紧密的联系，其专业结构和产业结构的相关度也较高。中职教育的这种管理体制是一种“条块结合、以块为主”的管理格局，办学体制是谁办学、谁出资、谁管理、谁受益，办学与管理合二为一。这种管理体制在一定时期内对中等职业教育的发展起了促进作用，表现在二个方面：一是实行归口主办，多家管理，有利于调动政府有关部门和企事业单位办学的积极性；二是有利于行业企业办学，使职业教育的专业设置和办学形式灵活多样、适应性强。但随着形势的发展，特别是在社会主义市场经济不断发展和城乡统筹改革不

断推进的新形势下，重庆的职业教育由于分散管理，没有形成一个强有力的领导管理核心，不利于职业教育的统筹规划和整体管理，呈现出很多弊端：

一是管理分散、政策不统一。众多的管理部门对各自掌控的资源有权进行管理调控，但由于管理的责权划分不明确，管理的权益职责和政策标准不统一，造成每个部门都想管、都在管，都管不好的混乱局面，都不能很好地履行其职责。部门间的利益难以调和，政府、学校、市场之间关系不清，资源配置、质量评价、设置标准不能统一，学校布局缺乏统筹、专业重复设置，政府统筹乏力，不能形成职业教育整体的优势，办学效益不高。

二是办学重复、资源浪费。这种条块分割、多头部门管理的模式，由于体制和隶属关系的障碍，不同主管部门下属的职业院校无法实现整合，影响职业教育规模效益的发挥，同时也导致中职学校专业结构和布局不合理，部分学校专业设置重复，资源浪费；行业性过强的职业学校专业面窄，毕业生适应社会能力、综合素质差。如重庆某区县教委规划建立职业教育的实训基地，而劳动部门也打算建立实训中心，但由于两个部门没有统筹协调好，缺乏沟通和协调，重复建设造成了大量有限资源的浪费。

三是影响中高职的有效衔接。在教育部门内部，中职教育和高职教育又分属不同部门管理，给中高职衔接、统筹协调、一体化发展以及职业教育体系建设带来体制性障碍，两个阶段的教育在课程设置、课程内容和人才培养上难以有效衔接，中职教育成了“断头路”，中职毕业生不能在高职学校继续深造，造成了我国高技能人才的短缺。

（二）职业学校：权、责、利不明确，缺乏办学自主权

在我国现行职业教育管理体制中，政府和职业学校之间的权、责、利关系模糊不清，职业学校作为职业教育资源的所有者、使用者和投资主体，没有很充分地行使权利，承担义务，没有依法享有法律规定的办学自主权，而政府有关部门却集所有权、管理权于一体，大包大揽，对职业学校内部人事权、经费权下而不放。办学自主权是指依法设立的学校在国家法律允许的范围内，依法

自主决定学校各方面的事务。只有明晰职业学校的产权,确定法人,并使其充分行使办学自主权,依法明确政府部门、职业学校和行业企业之间的责、权、利,才能调动职业学校办学的积极性和主动性。我国《职业教育法》等多项法律法规明确规定作为职业教育办学主体的职业学校拥有办学自主权,但现实情况是,各级政府和教育行政部门集职业学校举办权、办学权、管理权于一身,通过制定一系列规章制度,对职业学校的专业设置、课程内容、教学改革、教师引进、师资培训、实训基地、经费使用等具体事务直接管理,职业学校的一切工作都得受各种政策和行政规章的约束,专业设置没有自主权,教师引进要通过人事局考核,实习实训基地建设更是完全依赖政府投入与管理,课程内容、教学改革必须接受政府评估,办学经费必须由政府统筹管理,使职业学校缺乏灵活性、积极性和办学的主动性。如果职业学校长期缺乏办学自主权,那么势必就会影响其积极主动性,导致职业学校因循守旧,缺乏创新和活力,不能根据经济发展的形势调整专业设置,不能适应社会的变化,不能为社会培养更多应用技能型人才。

(三)行业企业:参与度不高,学校与企业之间缺乏互动协调

在我国,目前还没有形成一套完整的职业教育主管部门、行业企业、职业学校等主体积极参与职业教育管理的科学机制。尤其是行业和企业参与职业教育的积极性不高、参与的面和深度都不够,企业与学校之间缺乏互动协调。按理说,校企合作、产学合作是职业教育的一条基本规律,也是职业教育发达国家中职教育运作的基本经验。而目前我国大部分行业企业对职业教育的参与度都不高,作用发挥有限,行业协会仅限于为职业学校建立人才培养标准,提供就业岗位和信息,在人才培养模式改革、职业学校课程改革、专业技能培训等方面的参与非常薄弱,存在着"参与形式单一、参与范围狭窄"的问题。主要原因是缺乏鼓励产学合作的保障与激励机制,企业缺乏参与联合办学的内在驱动力,即使有合作关系,企业考虑更多的是自身收益,而不愿意付出必要的成本,往往仅限于为职业学校学生提供实习岗位,而企业参与制订职业学校

的人才培养目标、专业设置和课程的开发等深层次的校企合作，少之又少。行业企业参与积极性不高归根结底的原因还是我们的职业教育管理体制和政策激励问题。另外，职业学校缺乏与行业企业之间的沟通与协调。通过调查得知，职业学校的人才培养方案、专业设置和课程内容等等往往是学校根据自身的条件决定的，与企业沟通不够，与社会需求联系不紧，这就忽视了社会和企业的实际需求，培养出的人才很难适应社会发展实际需求。这种学校与学校、企业、行业协会等之间的壁垒森严，各自为政，必然造成有限的职业教育资源大量浪费。

三、资源与配置问题

统筹城乡教育的发展首先要保证城乡教育资源的均衡，因此对于重庆职业教育的城乡统筹发展而言，职业教育资源的均衡分配是基础和前提。必须明确职教资源现状，统筹盘活现有职教资源，才能发挥职业教育在劳动力转移中的“杠杆作用”。作为整个教育资源的一部分，职教资源是指能支持开展职业教育教学设计活动，解决职业教育教学问题的、为提高受教育者职业能力和素质的所有人（包括办学主体、领导者、管理者、教师和相应的后勤服务人员）、财（教育经费等）、物（教育场所、教学设施、教学设备及图书资料等）和教育培训信息等资源，它是职业教育赖以开展的实体性基础。本研究主要从职业教育人力资源、经费投入和物力资源三个维度入手进行分析，以把握重庆职业教育资源的分布和配置情况。

（一）师资力量：教师队伍结构不合理，双师型教师缺口依然很大

师资队伍建设问题，是职业教育发展的一个关键要素。从本质上讲，师资队伍结构决定职业教育所培养的人才的结构、规格，决定职业教育能否适时地适应产业结构调整的要求，决定职业教育目标的实现程度。从现实来看，重庆职业教育师资队伍经过多年的建设，在规模、结构和整体水平上已有很大的提

升。下面,我们将从教师队伍结构分析入手,剖析重庆中等职业教育师资队伍建设中存在的问题。

2010年,重庆中职专任教师共16 288人,主要结构性数据如下(如图3所示):按学校性质:公办中职学校13 236人,占总数的81.3%;民办中职学校3 052人,占总数的18.7%。按教学任务:专业课教师8 022人,占总数的49.2%;实习指导教师957人,占总数的5.9%;公共课教师7 309人,占总数的44.9%。按工作年限:工作5年以内2 992人,占总数的18.4%;工作5年以上13 296人,占总数的81.6%。按专业职务:高级专业技术职务3 183人,占总数的19.5%;中级专业技术职务5 481人,占总数的33.7%;初级专业技术职务6 721人,占总数的41.3%;未评专业技术职务903人,占总数的5.5%。按学历程度:具有研究生学历的教师389人,占总数的2.4%;本科11 580人,占总数的71.1%;专科及以下4 319人,占总数的26.5%。

从以上数据,结合有关调研情况,发现重庆中职师资队伍的主要问题在于:

1.在编教师数量总体不足

2010年,重庆市中职学校在校生53万人,重庆中职专任教师共16 288人,师生比为1:32.5。在编教师总量严重不足,师生比远远高于国家规定的中职学校生师比标准,与其他省区市相比也有很大差距。随着职业教育持续扩招,重庆中职师资紧缺将日益严重。调研中,一些中职学校师生比高达1:40,在编专任教师数量严重不足,工作负荷过重,教师没有时间接受培训或实践锻炼,严重影响了中职学校教育教学质量。

2.教师专业水平不高

据我们调查了解,重庆中职学校的大多数专业课教师不是来源于职业技术师范院校的毕业生,没有系统学习过职业教育理论,教学观念和教学手段都比较落后,不能适应社会发展的要求;年龄大的教师对社会发展、专业知识更新不够敏感,对新东西反应较慢,教育教学改革中大量存在“穿新鞋,走老路”的现象。另外,重庆部分中职学校由普高转型而来,很多专业课教师都是由原来的文化课教师稍加培训后担任的，大多缺乏行业操作实践经验，专业动手能力不强。这些问题都折射出目前重庆中职教师的专业素质有待进一步提高。

3. 教师队伍结构不够合理

通过调查发现，重庆中职学校教师的年龄结构、职称结构、学科结构等都存在不合理现象。具体表现为：一是专任教师占教师总数的比例不够合理。重庆中职学校有专任教师 16 288 人，占教职工总数（重庆 2010 年统计数据为 24 294[①]，重庆市统计信息网）的 67%，比例明显偏低。二是专业课、实习指导课教师占专任教师总数的比例不够合理。调研时统计发现重庆中职专业课和实习指导课教师有 8 979 人，占专任教师的 55%；公共课教师有 7 309 人，占总数的 45%。从教育部规定要求的比例来看，重庆公共课教师超过了近 15 个百分点，相应的专业课和实习指导课教师却缺少近 15 个百分点。三是教师的学历、职称、年龄结构不够合理。高级专业技术职务教师少，骨干教师数量不足，“学非所教”现象严重。重庆中职教师高级专业技术职务仅 3 183 人，占总数的 19.5%，不仅远低于上海市、江苏省等省市的比例，也低于重庆市人力资源和社会保障局制定的中职教师职称结构比例（高级 30%、中级 40%、初级 30%）。

4.“双师型”教师严重不足

职业教育是培养符合职业、劳动需要的实用技能型人才的教育类型，它以职业需求为导向，以培养学生的职业技术、职业技能、职业态度与职业道德为目的。这就要求职业教育的教师必须具有理论教学的能力以及实践操作的能力，这也是职业教育需要大力加强“双师型”教师队伍建设的原因。而从我们调查的实际情况来看，重庆中职“双师型”师资队伍建设问题很大，主要在于数量不足、素质不强以及相关政策不到位。首先，重庆大多数中职学校专业教师尤其是“双师型”专业教师数量明显较少，整个重庆中职专任教师中“双师型”教师比例仅为 21.7%，其中所调查学校中比例不足 10% 的中职学校还占相当部分比例，最少的不到 5%。根据教育部 2010 年新颁布的《中等职业学校设置标

---

① http://www.cqdata.gov.cn/search.htm？ s=2010% 20% E9% 87% 8D% E5% BA% 86% 20%E6%95%99%E8%81%8C%E5%B7%A5.

准》规定，中职学校专任教师中的“双师型”教师应达到30%，可见重庆目前的“双师型”教师短缺的情况十分严重。其次，重庆大部分中职学校的“双师型”教师整体素质不高，要么缺乏实践经验和技能指导能力，要么缺乏学科专业基础知识。再次，重庆加强“双师型”教师队伍建设的有关政策不完善，政策的吸引力和促进作用仍需加强。

5.教师专业化培训力度不够

与其他省区市比，重庆在中职教师队伍职后培训方面存在明显差距，一是培训基地保障条件不够，调研时重庆仅有全国重点建设职教师资培养培训基地1个、市级基地8个，但都无专项经费投入，利用率和培训效果差。二是培训经费杯水车薪，对比不少省区市，重庆中职教师培训经费太少，调研时发现人均教师年培训经费294元，低于其他省区市（见表2）。三是培训方式单一，层次不高，效果不好，针对性不强，特色不明显，很多培训停留在基础文化知识、教育教学的基本技巧，与普通教育的教师培训并无太大差别，缺乏专业培训，对专业课及实践动手能力的指导价值不大。四是缺乏培训配套支持政策，尤其是培训考核机制尚未建立。

表2 重庆与部分省市教师培训经费差距对照

地　区	年教师培训经费(万元)	人均培训经费(元)	重庆与部分省市人均培训经费差距(元)
上海市	2 000	2 463	2 169
江苏省	6 730	1 246	952
福建省	900	407	113
厦门市	100	691	397
青岛市	400	513	219
重庆市	478	294	-

（数据为内部数据）

6.教师资源区域城乡分布不平衡

重庆中职教育有限的教师资源在城乡之间，在主城区与渝东北、渝东南之间分布不均衡。主城区的城市职业院校的师资相对饱和，而在渝东北、渝东南农村地区则比较缺乏职教师资。许多农村职业学校没有专业化的师资，严重缺乏英语、计算机、音乐、体育、美术教师，农村职业教育体系不健全，导致资源分散，难以统一协调发展。(见表3)

表3　2009年重庆市中职学校教师资源地区比较分析

项目		一圈中的主城九区	九区外的一圈	渝东北	渝东南
专任教师(人)	区域平均	501	361	321	167
	最多区县	636	1 419	1 220	241
	最少区县	283	25	84	58
专任教师占校本部职工比例(%)	区域平均	69.01	73.21	77.69	78.91
	最多区县所占比例	84.73	88.84	87.76	86.61
	最少区县所占比例	60.16	64.50	68.12	70.98
专任教师中专业课实习指导课教师(人)	区域平均	278	208	162	81
	最多区县	374	821	742	108
	最少区县	130	57	27	34
实习指导课教师占专任教师的比例(%)	区域平均	58.20	56.54	55.81	48.35
	最多区县所占比例	69.98	71.17	65.73	69.00
	最少区县所占比例	45.85	45.02	32.14	40.33
双师型教师(人)	区域平均	83	98	77	31
	最多区县	110	330	337	55
	最少区县	29	9	0	8
双师型教师占专业课实习指导教师比例(%)	区域平均	29.94	47.25	47.42	37.89
	最多区县	50.77	100.00	68.47	50.93
	最少区县	13.12	11.39	0	7.48

(二)教育投入:基数小、增速慢、差距大,经费划拨不合理

职业教育与生产实践密切联系,需要大量先进的教学设备设施、实习实训基地,每天都会产生大量的实验耗材、机械磨损,需要配备足够的教师进行指导,这无疑都增加了职业教育的培养成本,使职业教育培养成本高出同级普通教育培养成本的2倍以上,这就要求大量的经费投入与保障,也要求各级政府在教育经费预算时,职业教育的比例应高于同等规模的普通教育。然而实际上,重庆的中等职业教育经费虽然近年来增长较快,但与其他地区相比,呈现出基数小、增速慢、差距大,而且经费划拨不合理的特点。

1.生均教育经费:基数小、增速慢、城乡差距大

重庆市在响应国家相关政策的同时,制定了一系列与职业教育相关的政策并提出了符合市情的职业教育投入规划。2007年,制定并颁布实施《重庆市职业教育条例》,依法保障职业教育经费投入,自颁布起连续五年累计投入资金57亿元。重庆积极健全政府为主、多方投入的职业教育经费保障机制,加大对职业教育的经费投入力度,尤其体现在中等职业教育生均预算内教育事业费增长方面。2008-2009年全国四大直辖市的中等职业教育生均预算内教育事业费都有不同程度的增长,具体数据如表4所示。

表4 2008-2009年全国四大直辖市中职学校生均预算内教育事业费增长比较

直辖市	2008年		2009年	
	具体值(元)	增长率(%)	具体值(元)	增长率(%)
北京	11 127.10	46.35	13 123.39	17.94
天津	6 031.94	8.43	7 422.35	23.05
上海	10 078.47	13.41	10 825.45	7.41
重庆	3 006.39	8.74	3 135.36	4.29
全国平均	3 811.34	22.00	4 262.52	11.84

数据来源于作者不同渠道统计结果,或与他人统计结果有异,后同。

从表4数据来看，2009年，重庆市中等职业学校生均预算内事业费支出为3 135.36元，低于全国平均水平4 262.52元，更与上海（10 825.45元）、北京（13 123.39元）的生均预算费支出相差甚远。“在生均预算内公用经费支出方面，重庆职业中学生均费支出为788.32元，比上年还下降了11.06%；而从城乡区域分布来看，农村地区各级学校各类生均教育经费都明显低于城市，其中农村普通高中生均公用经费仅约为城市生均费用的54%，城乡教育经费支出差距明显”。[①]总之，重庆的生均预算内教育事业费不仅远远落后于其他三个直辖市，更低于全国平均水平，呈现出基数小、增速慢、差距大的特点。总体来看，重庆中职教育经费增长缓慢，农村职业中学投入经费严重不足，而经济落后地区农村职业教育的资金投入更是捉襟见肘。

2.经费投入划拨不合理

首先，以区县为主的经费投入体制在一定程度上制约了职业教育的均衡发展。我国《职业教育法》明确规定：县级人民政府是职业教育发展建设的责任主体。职业教育经费主要实行县级财政转移支付，以县为主进行投资和建设。应该说这一责任主体的界定，在特定的条件下，有利于落实地方政府发展职业教育的责任。但是，在重庆区县经济发展不平衡的现实情况下，特别是渝东南的秀山、酉阳等少数民族自治县和渝东北的巫山、奉节等三峡库区县，都是“吃财政饭”，只能勉强维持本县的人员经费，或者是将有限的财政首先考虑用于满足经济发展的需要，要抽出资金来发展职业教育经常是力不从心。即使政府重视教育，加大教育投入，在当前情况下可能更多地是投入义务教育，而不可能有足够资金来发展职业教育，除非上级政府和行业企业来投入职业教育。因此，一刀切的以区县为主的职业教育经费投入政策，忽视了重庆市情，不适合职业教育的城乡统筹发展，必须由重庆市政府统筹协调，加大支持力度。

① 邓燕勤.重庆农村职业教育发展探究——基于剩余劳动力转移视角[D].重庆：重庆师范大学硕士论文，2010:37.

其次，中职教育财政拨款办法不合理。目前政府拨款一律按有关部门批准的办学规模人数执行，不同行业、不同专业的拨款标准一致，没有体现文、理、工等不同专业的特殊性，没有体现不同专业办学成本不一致的特点。另外，拨款只核拨学校在职在岗人员的基本人头费，政府的投入仅能保证人员基本工资，其他项目和公用经费缺口较大，基本建设经费更不用谈。

(三)物力资源：城乡资源配置差异仍然明显，农村办学条件亟待改善

重庆市直辖以来，通过加大职业教育经费投入，物力资源配置不断加强和优化，但城乡差距仍然明显，农村办学条件亟待改善。本研究将分别从资产、校舍、图书资料和教学资源四个维度对中等职业学校物力资源的城乡差距进行统计分析。

重庆中职学校广泛分布于各个区县，并且各个地区的中职教育发展程度不一，因此研究重庆中职教育的城乡统筹发展离不开对各个区域的中职学校进行比较分析。本研究以2009年的数据为例，分主城九区、九区外的一圈、渝东北、渝东南四个区域做了划分，并进行比较分析。这种分析分为两个层次，一是对四个区域在各项指标上的区域平均值进行比较；二是对各项指标的区域平均数进行了差异显著性检验，分析各区域在资产、校舍、图书资料和教学资源四个方面是否存在统计学意义上的差异，以期全面深入地了解重庆职业教育的城乡统筹发展现状。

1. 在学校资产方面，本研究对各个区域学校的固定资产值和固定资产中教学仪器设备值两个方面进行比较分析

在固定资产值上，四个区域内的区域固定资产如图3所示，排名依次为主城九区、渝东北、九区外的一圈、渝东南。其中，一圈中的主城九区的区域平均固定资产值为21 412.13万元，主城九区的区域平均固定资产值是最高的，它分别是渝东北的1.96倍，是九区外的一圈的2.51倍，是渝东南的5.91倍。在固定资产中教学仪器设备值上，四个区域内的区域平均值如图所示，排名依次为九区外的一圈、主城九区、渝东北、渝东南。其中，九区外的一圈的区域平均固定

资产中教学仪器设备值为5 118.60万元，九区外的一圈的区域平均值是最高的，它分别是一圈中的主城九区的1.16倍，是渝东北的3.14倍，是渝东南的11.15倍。这些数据充分说明中职学校的资产分布情况存在城乡差异，尤其是渝东南地区的学校资产存在严重不足。而且从教学仪器设备值在固定资产值的比重来看，除九区外的一圈能占60.00%外，一圈中的主城九区占20.67%，渝东北仅占14.91%，渝东南也仅占12.67%。这也在一定程度上说明固定资产中的教学仪器设备比重很低，未来几年需要加大对教学仪器设备的投入，因为这与中职教育教学紧密相关，也关系着中职教育教学质量的高低。

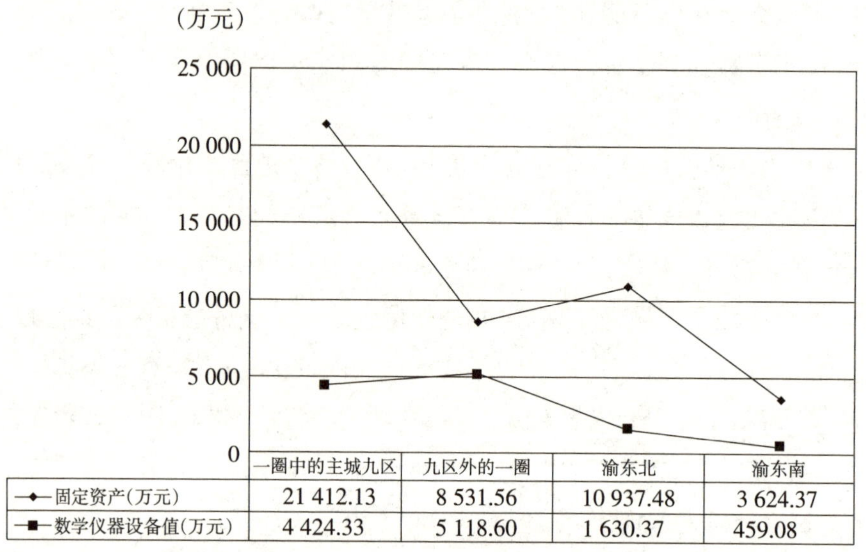

	一圈中的主城九区	九区外的一圈	渝东北	渝东南
—◆—固定资产（万元）	21 412.13	8 531.56	10 937.48	3 624.37
—■—数学仪器设备值（万元）	4 424.33	5 118.60	1 630.37	459.08

图3　2009年中职学校的固定资产区域平均数

2.在校舍面积上，分别对各个区域中职学校的占地面积和校舍建筑面积两个方面进行比较分析

四个区域内的区域占地面积平均值如图4所示。学校占地面积的排名依次为主城九区、九区外的一圈、渝东北、渝东南。就各个区域的差距来看，“主城九区”的区域平均占地面积是“九区外的一圈”的1.27倍，是渝东北地区的1.30倍，是渝东南地区的2.62倍。从这些数据来看，各个区域存在着一定的差距，尤其是主城九区与渝东南地区之间的差距比较明显。

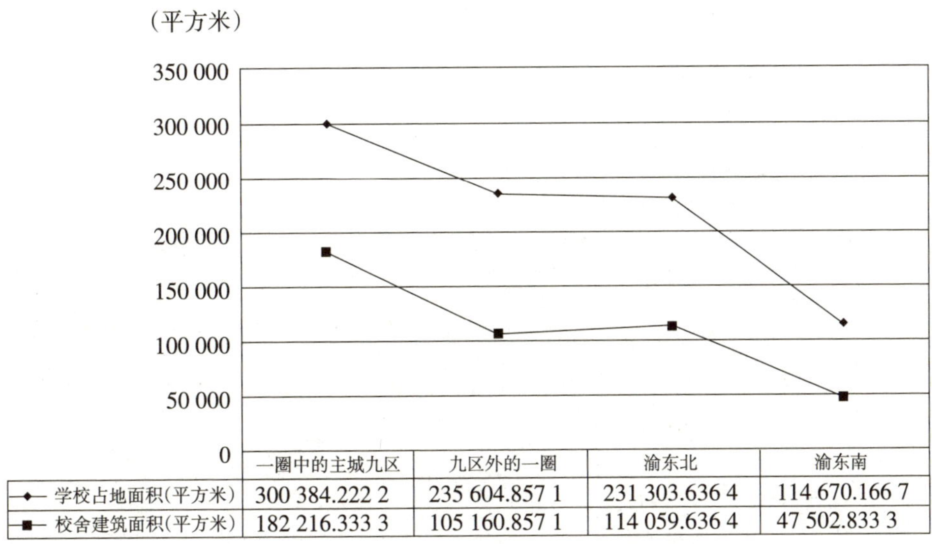

	一圈中的主城九区	九区外的一圈	渝东北	渝东南
—◆— 学校占地面积(平方米)	300 384.222 2	235 604.857 1	231 303.636 4	114 670.166 7
—■— 校舍建筑面积(平方米)	182 216.333 3	105 160.857 1	114 059.636 4	47 502.833 3

图4　2009年重庆区域中职学校的占地面积平均数

从图4可以看出，学校校舍建筑面积的排名依次为主城九区、渝东北、九区外的一圈、渝东南。就各个区域的差距来看，“主城九区”的区域平均校舍建筑面积是“九区外的一圈”的1.73倍，是渝东北地区的1.60倍，是渝东南地区的3.84倍。从这些数据来看，各个区域也存在着一定的差距，尤其是主城九区与渝东南地区之间的差距比较明显，但渝东北地区的区域平均校舍建筑面积要高于“九区外的一圈”。

3. 在图书拥有量上，分别对各个区域中职学校的一般图书和电子图书两个方面进行比较分析

四个区域内的图书拥有平均值如图5所示。一般图书拥有平均值的排名依次为主城九区、渝东北、九区外的一圈、渝东南。就各个区域的差距来看，“主城九区”的区域平均一般图书是“九区外的一圈”的1.70倍，是渝东北地区的1.66倍，是渝东南地区的2.05倍。从这些数据来看，各个区域存在着一定的差距，主城九区的平均拥有值最多，“九区外的一圈”和渝东北地区比较接近，主城九区与渝东南地区之间的差距比较明显。

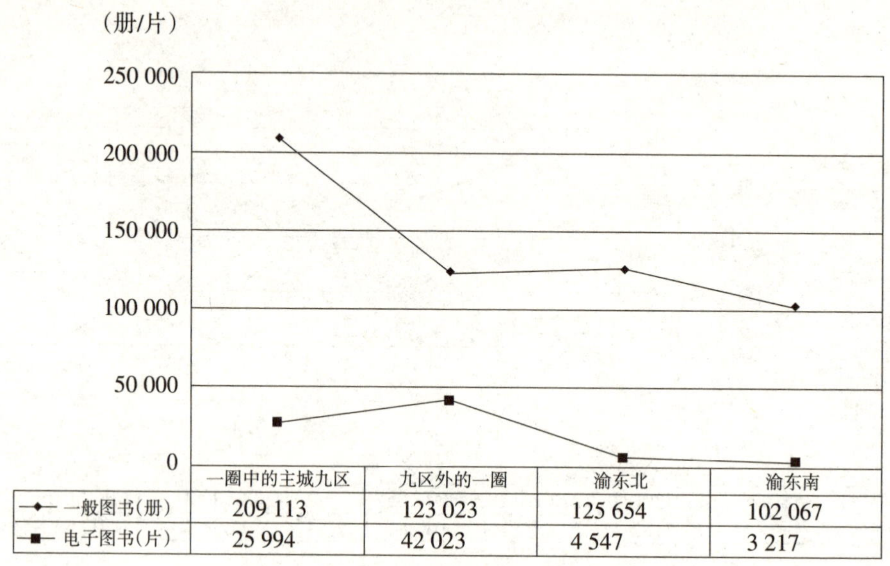

	一圈中的主城九区	九区外的一圈	渝东北	渝东南
一般图书（册）	209 113	123 023	125 654	102 067
电子图书（片）	25 994	42 023	4 547	3 217

图5　2009年中职学校的图书拥有的区域平均数

从图5可以看出，电子图书区域平均值的排名依次为九区外的一圈、主城九区、渝东北、渝东南。就各个区域的差距来看，电子图书区域平均值最多的是“九区外的一圈”，它是主城九区的1.62倍，是渝东北地区的9.24倍，是渝东南地区的13.06倍。从这些数据来看，电子图书区域平均值的差距是非常大的，而且“九区外的一圈”出人意料排名第一，这说明“九区外的一圈”的中职学校比较重视电子图书的建设，但渝东北地区和渝东南地区的区域拥有量却非常少。

4. 在教学仪器设备方面，对各个区域中职学校的教学用计算机、语音实验室座位数、多媒体教室座位数和网上教学课程数四个方面进行比较分析

四个区域的区域平均值如图6所示。教学用计算机和多媒体教室座位数的区域平均值排名依次为主城九区、九区外的一圈、渝东北、渝东南。就各个区域的差距来看，教学用计算机和多媒体教室座位数区域平均值最多的是“主城九区”，“主城九区”的教学用计算机是“九区外的一圈”的1.58倍，是渝东北地区的1.78倍，是渝东南地区的4.09倍。“主城九区”的多媒体教室座位数是“九区外的一圈”的1.65倍，是渝东北地区的1.87倍，是渝东南地区的3.96倍。

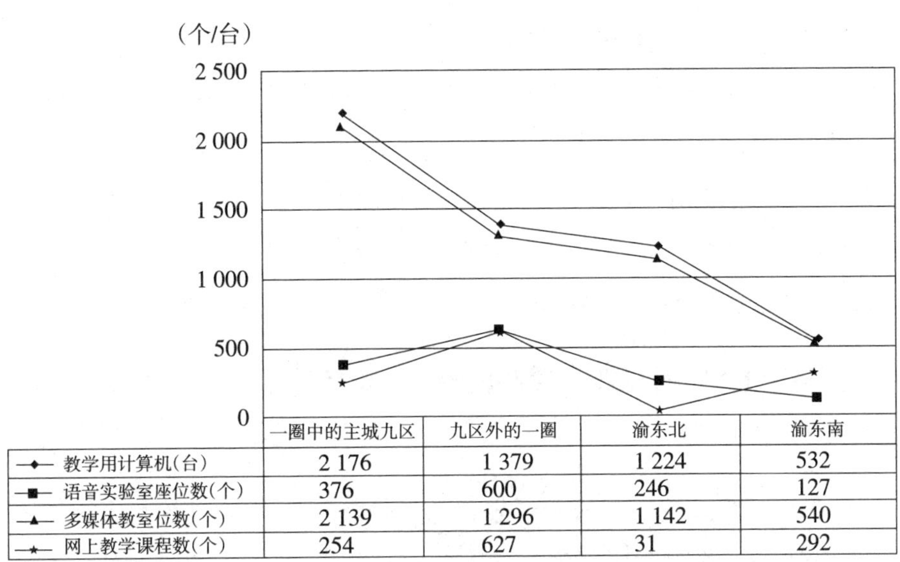

	一圈中的主城九区	九区外的一圈	渝东北	渝东南
教学用计算机(台)	2 176	1 379	1 224	532
语音实验室座位数(个)	376	600	246	127
多媒体教室位数(个)	2 139	1 296	1 142	540
网上教学课程数(个)	254	627	31	292

图6　2009年中职学校的教学仪器设备的区域平均数

综上，前面分别从四个区域划分的角度对学校资产、占地面积、图书拥有量、和教学仪器设备等方面进行了描述性分析，从数据和图表可以看出，各个区域之间存在着一定的差异。整体来看，近年来重庆市中职学校的物力资源得到较大改善。从区域比较来看，“主城九区”在多数情况下都引领着其他区域的发展，与前几年相比，渝东北地区的发展比较快，在某些方面甚至超过“主城九区”，由于历史的原因和基础比较薄弱，渝东南地区在大多数情况下都滞后于其他区域的发展，这也显出重庆市中职学校的城乡差距仍然存在。

四、结构与布局问题

职业教育结构是指职业教育的内部构成状态，反映职业教育系统内各组成要素之间的比例关系、联系方式、相互作用形式及其变化规律，是一个复杂的、多维的综合构成体系，具有一般系统的整体性、层次性和结构性。从宏观层面来看，包括层次结构、形式结构、布局结构等；在微观层面上主要包括学科专业结构、课程结构、教材结构、教职工队伍结构等。

本研究主要从职业教育的布局结构、专业结构和形态(类别)结构三个方面来研究。布局结构是从区域分布的角度,指农村职业教育与城市职业教育之间的关系和互动;专业结构是指职业教育涉及的学科门类和专业设置,以及各类专业的比例构成;形态结构是指中等职业教育、高等职业教育、各种非学历教育和短期培训等形态的职业教育之间的比例和衔接。其中专业结构和布局结构是职业教育的横向结构,形态结构是职业教育的纵向结构。

(一)专业结构:专业设置趋同性高,没有与区域产业结构形成良性匹配关系

专业是职业院校培养的人才适应社会的切入点,专业结构关系到培养的人才是否适合社会的需要。职业教育的专业结构应该是一个动态的、多元的、复杂的系统。它首先应该体现职业教育的功能和属性,即为社会各行各业提供技能型人才;其次要体现地方和行业、产业的需求,并具有一定的前瞻性;再次要有针对性、适应性和融合性,即能结合地方资源特点和学校学科优势。

随着社会经济的发展,国家教育部于2010年3月印发了《中等职业学校专业目录(2010年修订)》,在取消部分专业后,修订后的专业数由原来的270个增加到321个,新增专业85个,占专业总数的26%。新增专业中,属于第一产业的专业14个,属于第二产业的专业19个,属于第三产业的专业52个。在此目录中首次明确指出重点发展适应现代农牧业、装备制造业和战略性新兴产业的专业,如新增的循环农业生产与管理、宠物养护与经营、动漫游戏等专业。

重庆市现在正处于产业结构调整的关键期,以农业为主的传统产业结构转变为第二、三产业加速发展的新型产业结构。随之而来的变化就是岗位就业比重第一产业继续减少,第三产业继续增加。社会岗位既有分化,变得日益专业和精细,同时又有复合交叉的现象,变得更加综合化,并涌现出很多新兴岗位,如数据处理与系统分析岗位,机器人调控岗位,数控加工技术的操作、维护等第二产业发展需要的岗位,以及第三产业的众多相关职业岗位:保险、外汇、银行信贷、企业估价、证券咨询、信托服务、商务英语、涉外秘书等。

目前重庆市职业学校的专业设置都随着教育部的专业调整和重庆市社会产业结构的调整作出了相应的调整，并在一定程度上能体现地方行业、产业的需求，但与区域产业结构之间还未能形成一种良性匹配关系，专业设置的无序膨胀导致趋同性，专业设置的前瞻性还不够。

专业设置的无序膨胀是指学校根据市场需求盲目地新增各类专业，少数学校还运用非正常渠道对新增专业招收大量学生，对新增专业的课程建设、教材、实训设备、师资力量等配套条件不够重视，为人才培养的质量埋下隐患；同时，大量的专业设置存在趋同性和重复性。从表5可以看出，我们可以发现重庆市中职学校的专业设置趋同性较高，基本都集中在加工制造类、信息技术类和医药卫生等几大职业技术门类。

表5　重庆市2009年中职学校（含办学点）分科学生数（不含技工学校）

科类	毕业生数（人）	招生数（人）	在校学生数（人）
农林类	2 495	6 204	13 101
资源与环境类	72	489	2 058
能源类	288	146	308
土木水利工程类	3 234	3 973	9 461
加工制造类	43 349	41 934	129 246
交通运输类	1 970	7 466	13 865
信息技术类	37 182	43 717	124 780
医药卫生类	10 665	14 507	36 515
商贸旅游类	7 213	11 500	27 903
财经类	4 962	6 431	19 077
文化艺术体育类	6 609	10 970	29 827
社会公共事务类	1 793	1 808	5 837
师范类	1 993	4 976	10 678
其他类	395	782	2 614

2009年，全市中职学校（不含技工学校）在校学生总数425 270人。其中，信息技术类124 780人，占29.34%；加工制造类129 246人，占30.39%；医药卫生类36 515人，占8.59%；文化艺术体育类29 827人，占7.01%；商贸旅游类27 903人，占6.56%；财经类19 077人，占4.49%；交通运输类13 865人，占3.26%；农林类13 101人，占3.08%；师范类10 678人，占2.51%；土木水利工程类9 461人，占2.22%；社会公共事务类5 837人，占1.37%；其他类2 614人，占0.61%；资源与环境类2 058人，占0.48%；能源类308人，占0.07%。

科学的专业设置要求职业学校对社会经济发展、市场需求和人才结构等因素进行综合分析并提出具有预见性的专业设置规划。中职学校应根据区域优势产业和区域经济发展特点来设置专业，比如，可依据长寿化工园区、大足五金产业园区、永川工业园区、涪陵特色工业园、秀山的锰工业园区等园区的企业性质来设置相应的专业；也可根据各区县的农业产业化特点来设置专业，比如石柱的黄连、莼菜、长毛兔、辣椒产业，忠县柑橘、涪陵榨菜、江津花椒、丰都肉牛等。目前重庆市职业学校基本没有专门的机构部门对产业结构调整和市场需求进行分析，从而为学校专业设置提出参考意见，导致新专业开发力度不够、投入有限，加上职业院校自身的办学条件和思路制约了新专业的开发，其大多习惯于举办条件成熟，招生与办学相对容易的专业，而对老专业的改造和新专业的开发缺乏高度的自觉性和积极性，使得职业院校的专业设置显现出一定的趋同性和滞后性。

（二）布局结构：一体两翼布局基本形成，局部布局还需进一步调整

职业教育的布局结构事关职业教育发展的全局，布局是否科学合理，直接影响到重庆职业教育发展的可持续发展，甚至影响重庆全市经济建设和社会发展。布局结构主要指各级各类职业教育在农村和城镇地区的分布与发展情况，以及各个区域内部职业教育的布局。

重庆职业教育根据区域经济发展的布局，经过几年的调整，基本形成“一体两翼布局”，总体上比较合理。目前，重庆高职学校主要集中在主城区，中职

学校主城区占38%，永川、万州“两个基地”占16%，涪陵、黔江、江津、合川“四个中心”占17%，其他区县占29%。具体分布情况为：“一圈中的九区”平均每个区有12所中等职业学校，“九区外的一圈”地区平均每个区县有7所中等职业学校，渝东北地区平均每个区县有6所中等职业学校，渝东南地区平均每个区县有近3所中等职业学校。

我们应该看到，重庆的职业教育局部布局仍然存在一些问题。从办学层次来说，重庆市高等职业教育主要是高职专科层次，应用技术本科都是由本科院校开办，没有专门的应用技术本科院校，难以形成高职专科、本科协调发展的高等职业教育体系。从办学区域来说，重庆中职学校主要集中在主城九区和万州、涪陵和永川等中心城市，而在渝东北、渝东南的大部分县城，职业学校的分布太少，而且办学规模小、办学质量低。比如，农村职业学校的硬件设施设备、实习实训基地严重缺乏，“双师型教师”极度短缺，办学质量非常低。而同时一些城市学校又因为生源萎缩造成办学资源闲置，这种资源配置不合理和不平衡现象造成了严重的资源浪费。根据按照产业布局和城镇体系规划来展开学校布局和专业布局调整的原则，“一圈”主城区的职业学校布局结构，应该形成与汽车摩托车、电子信息、装备、化工、材料、能源以及轻纺等劳动密集型“6+1”支柱产业和通信设备、高性能集成电路、节能与新能源汽车等十大战略性新兴产业集群发展相适应的职业教育学校布局。渝东北、渝东南地区，也要形成与当地经济发展、产业优势、行业特色相适应的职业教育布局。然而，实际情况并非如此，因此，总体来看，重庆职业教育的一体两翼布局基本形成，但其布局要与支柱产业、优势产业和区域经济发展相适应的特点还没有得到充分体现。

（三）形态结构：各类职业教育稳步发展，衔接统筹还需进一步加强

职业教育的形态或形式，包括学校正规的职业教育形式和职业学校、社会培训机构提供的职业培训，其中学校职业教育又分为初等、中等和高等职业教育。因此职业教育的形态结构问题可以从两个方面进行探讨。

首先,职业学校教育和职业培训之间的结构有失均衡。任何国家仅仅依靠政府提供正规的职业教育都难以最大限度地保证每个公民接受职业教育的权利,因此利用职业培训来弥补职业学校教育的空缺和不足不失为一条有效的途径。在我国,非正规职业教育是农村职业技术教育的重点和核心,它是提高农村劳动力综合素质,实现劳动力转移的重要途径。大量进城务工人员从事各种社会工作,对城市乃至整个社会的发展都起着重要作用,同时新农村的建设、两江新区的成立,需要将大量农民转换成市民,这些都对农村当地劳动力的素养和技能提出了新的要求。不可否认,近几年来通过一些相关培训项目的实施,农村劳动力的综合素养得到不断提升,但整体上还处于较低的水平,因此对农村劳动力进行职前或者职后培训从而提高他们的专业技能和综合素养对于重庆市这样一个大农村、大库区的直辖市至关重要,然而现状是农村职业教育以及城市中对进城务工人员的职业培训在规模和质量上都没法满足社会对人才的需求。职业培训的规模不够,覆盖的进城务工人员面较小;一些职业培训有名无实,培训内容脱离进城务工人员生活和工作实际,不能满足进城务工人员进一步成长和发展的需要。

其次,初、中、高等职业教育之间的结构正日益完善,但统筹和衔接还不够。在职业形态构成中,初等和高等职业教育所占份额不大,中等职业教育是当前职业教育的主体。新时期中等职业教育培养目标是培养社会大量需要的具有专业技能的熟练劳动者和各种实用性人才,中职教育承担就业、升学双重任务,既要为经济建设和社会发展主战场培养大批应用性技能型人才,又要为高一级学校特别是高等职业学校输送合格生源。高等职业教育属于高等教育,因此“高等性”应是其培养目标定位的基准,同时它也属于职业教育,自然“职业性”应是其培养目标定位的内涵。而职后培训则是针对实际工作中的问题和不足进行的补充性教育。这三类职业教育虽然各司其职,但彼此又相互联系和影响形成一个统一的整体,只有三类教育协调统一,有效衔接才能共同发展。然而现状是中等、高等职业院校和职后培训学校的统筹发展失衡,不能满足产业结构的需求。三类职业院校没有进行有效的衔接统筹,存在培养目标、课程内容等方面的脱节和重复。同时,农村职业教育、成人教育和普通义务教育尚未真正结合,农科教统筹机构形同虚设,农村职业教育缺乏统一协调的运作机制作为保障,从而导致各类教育各自为政,优势不能互补,有限的教育资源难以整合。

需要补充的是目前在重庆市乃在全国范围内都存在以下的现象:职教资源正在非正常流失,有的地方将普通中专甚至技工学校改办为普通高中,改招高中生;有的职业学校以"跳楼价"被卖掉了;甚至有的示范性职业中学也被普通中学兼并。中等职业教育与普通高等教育在教学资源、资金投入等方面也存在差距,中等职业教育由于受到高考扩招等因素的影响,其发展规模较小和质量较低,因此职业教育与普通教育之间的结构还有待进一步优化和整合。

五、定位与模式问题

职业教育发展模式是职业教育发展的核心问题,它涉及的内容非常广泛和丰富,包括如人才培养定位、办学及管理体制、课程及教学模式、督导评估机制等多个方面。目前,重庆在职业教育发展方面提倡充分发挥企业自主创新的主体作用,推进产、学、研相结合的科技创新体系建设,加快建设长江上游的科技创新中心和科研成果产业化基地,还制定了《职业技术教育行动计划》,都涉及调整职业教育发展模式的重要内容。基于目前重庆职业教育发展的现状以及未来重庆职业教育的发展改革重点,本研究着重从职业教育的人才培养定位、校企联合办学和学校办学模式等三个方面探讨目前重庆职业教育发展模式的现状及问题。

(一)人才培养定位:应用性实践性不强,培养目标发展定位不准

职业教育的培养目标既是职业教育实践活动的出发点,也是检验职业教育质量高低的理论标准。人才培养定位是培养目标的具体体现,它决定着学校的专业设置、课程建设、办学模式等内容,是学校以人才培养为中心的一切

工作的核心，是学校以教学改革为首的各项改革不可须臾偏离的“主心骨”，是办学者第一要明确的问题。因此本研究首先探讨目前重庆城乡各类职业学校的人才培养定位现状，经仔细分析，发现部分中职学校培养目标应用性实践性不强，忽视人的全面发展，部分农村中职学校在培养目标上定位不准，城乡职业教育发展方向相背离。

1. 部分职业学校在培养目标上应用性实践性不强，忽视人的全面发展

目前很多职业学校的培养目标和专业设置旨在着力培养某种具有狭隘专业技术能力的职业人，往往局限于学科本位，以单一的产业需要为导向，针对特定职业岗位或者工种，进行特定类型的人才教育。学校将人才培养目标定位等同于专业培养目标，在培养规格即人的知识、能力、素质描述上各层次间的界定模糊，都在一味地强调知识，从而忽视了人的全面发展，忽视了人的职业发展能力的培养，忽视了学生职业道德、就业创业能力的培养。有的职业学校过度强调职业资格等级证书，学生为了考证而考证，学校忽视培养人的终身学习能力和可持续发展能力。在职业指导上，过度强调按着市场的需要去培养人才，忽视学生个人的兴趣和需要。部分中职和高职学校在培养目标上更是走向两个极端，有些高职学校培养目标模仿普通高校，过分强调理论培养，忽视了学生的技能和实践；有些中职学校又只注重技能培养，只要学生掌握一门技术、找到一份工作就行，把学生当作一种“工具人”在培养，忽视了人的全面发展和可持续发展。

2. 部分农村职业学校在培养目标上定位不准，导致城乡职业教育发展方向相背离

传统观念将城镇职业教育培养目标与农村职业教育培养目标人为割裂开来，认为农村职业教育在农村，主要培养为农业生产服务的农民，将培养目标定位在“为农”培养人才，培养“留农”的人才；农村职业教育就被定位为服务于农民、农业和农村，是为解决“三农问题”，促进农村经济社会发展需要而设计的。而城市职业教育在城市，主要目标是培养服务第二、三产业的技术人才。这种城乡职业教育培养目标的割裂导致了城乡职业教育发展方向的背离。首先，在职业教育城乡封闭分割的状态下，职业教育要么为城市服务，要么为农村服务，城乡职业教育缺乏必要的合作与交流，缺乏同时为城乡经济社会协调发展服务的共同点。而城乡职业教育统筹发展则要求打破原有的城乡职业教育分割状态，实现资源共享、优势互补，城乡联动，有利于城乡经济社会协调发展。其次，由于城乡职业教育培养目标的差异，必然使得城乡职业教育的专业设置、课程结构、教学内容、实习实训等都有很大差别，而职业教育城乡统筹发展则要求抛弃过去那种狭隘的人才培养观，以统筹城乡发展大视野，城乡职业学校各自发挥优势，联合培养适应城乡经济社会发展的职业教育学生。

（二）校企联合办学：配套政策和制度不完善，学校与企业对接不紧密

近年来，重庆市职业教育认真贯彻《国务院关于大力发展职业教育的决定》，积极深化人才培养模式改革，加强校企合作工作，取得一定的成效。为重庆各行各业输送了大批高素质的劳动者和技能型人才，有力支撑了经济结构的调整、产业的升级和经济发展方式的转变。比如，重庆市笔记本电脑基地对接80所中职学校；黔江区民族职业教育中心与江苏好孩子集团、重庆银翔集团，建立校企合作培训基地；巫山县职业教育中心构建的“园校互动，校企融合”，将职业学校和地方工业园区捆绑起来建设，等等。

但是，与职业教育改革发展的要求相比，仍然存在对校企合作认识不到位，配套政策和制度不完善，学校与企业、行业对接不紧密等问题。

首先，是对校企合作的认识不到位，企业认为校企合作只对学校和学生有利，对企业本身没有多大实质意义。学校认为校企合作是企业的职责，企业应免费提供相关服务。

其次，中职学校与行业企业对接不紧密。主要表现在以下几方面：一是缺乏众多企业的积极主动参与，即使有企业参与，更多的是职业学校的“一厢情

愿”或者是企业的“临时应付”。二是企业参与深度不够，企业为了满足其劳动力的需要，可能提供技术含量低的“劳力型”岗位供学生实习，没有主动地、积极地参与职业学校的专业建设、课程开发、人才培养、实习实训基地建设等深层次校企合作。三是校企合作期限一般比较短，许多校企合作是一次性合作，缺乏长期稳定的战略型校企合作。

最后，缺乏校企合作配套政策和长效机制。据我们调查，80%被调查者认为，法律法规不完善，是影响校企合作的最大因素。缺乏鼓励支持企业参与职业教育的优惠政策，该有的税收减免政策得不到落实。虽然企业投资参与职业教育，但培养的职业学校的学生没有被强制毕业后服务于企业，企业的投资得不到回报，利益得不到法律法规的保障。即使不参与职业教育，也没有法律法规来硬性约束或惩处企业。

（三）学校办学模式：单一性被动性有所改变，但多元化办学有待深化

目前重庆职业教育的发展已经明确“以服务为宗旨，以就业为导向”的办学方针，正在推进工学结合、校企合作的人才培养模式，并且在政策上提出“要建立健全政府主导、行业指导、企业参与的办学机制”。以永川职业教育为例，在推进城镇化和大城市建设过程中，结合永川区域经济和城市特点，永川职业教育确定了“城市以职业教育为特色，职业教育以城市为依托，校区建设与城市发展融为一体”的“城校互动”的发展模式。坚持面向市场，走多元发展之路，推进职教基地建设，实现投资主体多元化。[①]

就重庆职业教育发展模式的整体情况而言，虽然办学体制的单一性被动性有所改变，但还未真正意义体现多元化办学，职业教育整体发展模式与普通教育的培养模式的差异性还不太显著。

① 肖红梅．永川区职业教育的现状分析及其对策研究[D]．重庆：重庆大学硕士论文，2007：13.

1.办学主体仍然不够多元

目前教育部门和其他部门举办职业学校仍然占大多数，居次位的是企业举办学校，来自工商企业、用人单位的支持甚少，社会团体和个人举办职业学校所占比例相当少（占学校总数的5%），如教育股份制、国有民办、民办公助等试点还未全面展开。

2.办学模式缺乏衔接与统整

校企结合型集团、城乡合作型集团以及区域合作型集团的培养模式尚未形成。城市优质职业教育机构和农村职业学校、成人学校之间缺乏一体化的职业教育培训网络，中、高职职业学校的优质教育资源尚未整合，没能形成相互融合、相互补充、相互促进的局面，优质职业学校与农村成人学校、中等职业教育与成人技能培训、长期培训与中短期培训、公办学校与民办学校相辅相成的培训体系还不够完善。库区与主城区县间、库区内各区县间的职业教育与技能培训尚未平衡和协调，职业教育培训体系本身存在沟通与衔接不畅的问题，与世界发达国家的多元培养模式还存在很大的差距，如德国低工资的学徒培训、行会组织跨企业的培训、金融系统鼓励企业进行长期投资等；与国内发达地区的职业教育培养模式也存在一定差距。

六、质量与导向问题

质量问题是职业教育发展中的关键问题，质量问题解决了，其他问题也就迎刃而解了。我们主要从职业学校教育教学改革和人才培养质量两个方面来评价分析重庆中等职业教育的质量问题。

（一）教育教学改革：教学内容滞后，有限的实习实训资源缺乏共享性

影响中职学校教育教学质量的因素很多，如专业建设、课程设置、教学内容、师资队伍、经费投入、实习实训等，这些因素我们在其他章节已经谈到，这

里不再赘述，我们重点选择教学内容和实习实训这两个点来反映和研究重庆中等职业教育的教学质量问题。

1.教学内容滞后于经济社会发展对技能型人才培养的需求

教学内容的选择是一所学校教育质量的基本体现和重要保障之一。一所学校教学内容的选择反映了该校是否重视学生的基本素质培养，是否主动适应经济建设和社会发展对人才培养的新要求和产业结构调整对专业发展的实际需要。在这一体系中，我们主要考察各个学校公共课占总学时的比例、专业课教学内容参照职业岗位群任职要求的情况及教材选用情况。在参与调研的中职学校中，67.8%的学校所开设的公共课占总学时的1/3，23.9%的学校该比例为1/2，其余在1/4以下。由此可见，大部分学校都能够严格按照教育部"公共基础课学时一般占总学时的三分之一"的要求开设公共基础课和专业课，这既保证了学生基础文化素质的培养，同时也保证了学生专业知识及技能的学习。但是，仍有少数学校未充分认识到职业教育的特殊性，因过于注重基础文化知识的传授而轻视了专业知识和技能教学。如果按照这样的比例继续开设下去，易造成职业教育的方向发生偏离。在"专业课教学内容参照职业岗位群任职要求"这一方面，44.4%的学校有50%~60%的专业课教学内容参照了职业岗位群的任职要求而进行选择，37.1%的学校该比例在40%以下，18.5%的学校该比例在60%以上(其中3.2%的学校该比例在80%以上)。该项数据表明，要培养真正能适应社会发展和市场需求的实用型技能人才，必须从职业教育的特殊性出发，加强专业课教学内容与职业岗位群任职要求的关联。

教学内容是否能主动适应经济建设和社会发展对人才培养的新要求和产业结构调整对专业发展的实际需要，这除了体现在内容结构和岗位匹配率上之外，还体现在具体教材的选择上。全市共辖38个区县，各地具有不同的经济、社会背景和教育环境，这决定了各地区对职业教育的需求以及为职业教育提供的资源条件都不尽相同。那么，能否在遵循国家统一规定的基础上依据本校所在的地方实际开发和采用更为灵活的校本教材，这是各个学校教育质量的重要影响因素。在参与调研的37所学校中,仅有2所学校敢于大胆采用自编的校本教材,这在一定程度上反映了重庆中职学校在教材使用上缺乏独立性和创新性,没有做到因地制宜,难以完全适应当地经济建设和社会发展对人才培养的具体要求。

2.实习实训资源不足、缺乏共享性和开放性,导致城乡职业教育资源共享不够,人才实践技能水平不高

与普通教育相比,职业教育是直接服务于经济社会建设的教育,它坚持"以服务为宗旨、以就业为导向",努力培养大批从事生产工作第一线的实用型技能人才。学校不仅重视学生综合素质的提高和文化基础知识的学习,同时也注重学生职业技能的熟练掌握和创业就业能力的培养。因而,对于中等职业学校来说,学校的实习实训是教育质量保障的关键。调查发现,16.7%的学校在专业课程设置中理论课与实践课的比例高于1:1,出现了重理论轻技能的偏差;22.1%的学校专业实验实训开出率在70%以下,41.7%的学校学生顶岗实习岗位与所学专业面向的岗位群匹配率在60%以下,22.2%的学校毕业生获证率低于80%。以上数据表明,重庆市仍有大量中等职业学校对于学生的技能学习不够重视,在实践课学时、实训实习开出率、实习岗位安置等方面力度不够,定位不准确,从而导致学校培养的人才技能掌握水平不高、市场适应能力不强。

(1)校内实训、实习设备场所不足。对于中等职业学校的实训实习设备场所标准,重庆早已在2008年就制定了《重庆市中等职业学校教学工作水平评估指标》(以下简称《指标》),在"教育教学条件保障"一栏中对实习实训设备场所作了明确规定:根据该项目的建设水平将学校分为ABC三个等级,A级学校校内实习实训设施设备可满足专业实习实训需要的90%以上,B级可满足80%以上,C级可满足50%以上。我们对重庆部分中职学校的实习实训作了问卷调查统计,此次随机抽取的37所学校中,2所学校该指标在90%以上,14所学校在80%~90%,16所学校在50%~80%,另外5所学校在50%以下。通过用百分比

来进行转换，可推知重庆仍有56.8%的中职学校校内实训实习设施处于C级。这一指标，如不加以提升，将影响学生在校内的实习实训机会，从而影响到产出人才的技能掌握水平。

(2)校外实训基地不达标。《指标》规定，A、B、C三级学校校外实训基地可分别满足专业实习实训需要的95%以上（A级）、70%~95%（B级）、50%~70%（C级）。经统计，参与此次调研的37所学校中，处于A、B、C三个等级的均有7所，其余16所学校的校外实训基地只能满足专业实习实训需要的50%以下，低于C级。由此推断，全市校外实训基地建设处于A、B、C三个等级的中职学校大致各占19%，其余43%的学校在校外实训基地建设上尚未达标。针对这一校外实训基地建设整体力度不够的现状，如政府主管部门和各学校不引起高度重视，必将影响学生在校外企业、行业进行实践学习的机会，进而难以培养出真正能适应社会需要的实用型技能人才。

(3)职业教育有限的实习实训资源缺乏共享性和开放性。城乡职业教育的实习实训资源有很强的互补性，建立城乡实习实训资源共享基地是实习与实训工作的重要载体。而当前重庆有限的职业教育资源却缺乏共享性和开放性。各区县和各职业学校各自为政、独立建设、重复建设“小而全”的实习实训基地，各实习实训基地也独立使用，相互之间缺乏共享性和开放性，缺乏统筹管理与合理使用，大量的设备闲置，造成资源浪费，阻碍了城乡职业教育的统筹发展。

(二)学生培养质量：在校学生学习满意度不高，用人单位满意度不高

为全面了解重庆中等职业教育学生培养质量，我们进行了中职教育培养质量问题问卷调查，共设计了3套问卷共59个问题，分别在重庆7所中职学校和部分用人单位，对中职在校学生、毕业（实习）生、用人单位进行了问卷调查和分析统计。在调查中，共发放调查问卷1 389份，收回有效问卷1 067份。通

过对问卷的分析统计，我们发现中职学校在校学生学习满意度总体不高，生源质量和毕业生质量都比较低。

1.在校学生学习满意度总体不高

"在校生的学习满意度是学生基于对所接受教授服务的认知形成的一种态度，是教学质量的重要反映。"[①]按照服务质量差距分析模型，差距SQ表示学生对学校提供服务的感知值与期望值之间的差距(公式表示为SQ=P-E)，即学生对职业院校服务质量的评价，也即学生对职业院校的满意度。本研究对重庆市中等职业院校服务质量的调查结果之一——学生对中职院校提供的教育服务的感知值与期望值之间的差距如表6所示。

表6 学生对职业院校服务质量的满意度评价

服务质量维度	指标	感知(E)均值	期望(P)均值	差距(SQ即满意度)
对学校和教师的期待、信赖与认同度	A1	2.81	3.73	-0.92
	A2	2.72	3.75	-1.03
	A3	3.13	3.82	-0.69
	A4	2.83	3.69	-0.86
	A5	2.64	3.36	-0.72
	A6	2.87	3.56	-0.69
学校的专业设置教学内容、教学方法、教学实践、设备实施等方面的可靠度	A7	3.14	3.78	-0.64
	A8	3.08	3.76	-0.68
	A9	3.06	3.70	-0.64
	A10	3.11	3.82	-0.71
	A11	2.84	3.72	-0.88
	A12	2.94	3.79	-0.85

① 李萍.新形势下民办中等职业教育质量问题研究[D].武汉：中国地质大学硕士论文，2011：14.

（续表）

服务质量维度	指标	感知(E)均值	期望(P)均值	差距(SQ即满意度)
学生在知识、能力、个性、职业技能方面发展的认可度	A13	2.86	3.79	−0.93
	A14	2.89	3.74	−0.85
	A15	2.87	3.76	−0.89
	A16	2.98	3.84	−0.86
学生对学校在学习、生活、就业等方面提供服务的感受度	A17	2.97	3.91	−0.94
	A18	3.02	3.87	−0.85
	A19	2.80	3.78	−0.98
	A20	2.93	3.89	−0.96

这说明在对学校和教师的期待、信赖与认同度，学校的专业设置、教学内容、教学方法、教学实践、设备实施等方面的可靠度，学生在知识、能力、个性、职业技能方面发展的认可度，学生对学校在学习、生活、就业等方面提供服务的感受度等四个维度20个问题上，学生感受到的职业院校提供的服务都未能达到其期望的水平。即从学生满意度的角度看，学生对中职院校提供的服务与其期望值有一定的差距，表明学生对职业院校服务质量的感知与期望之间存在差距。

2.生源质量和毕业生质量均不高

人才培养质量差首先反映在中职生源质量差。近年来，重庆的中职招生规模不断扩大，在校学生已经达到55万人以上，每年招生和在校生分别占高中阶段教育的47.4%和48.1%，实现了普通高中教育与中等职业教育在招生和在校生规模上的“大体相当”。虽然中职招生规模不断扩大，但带来的是一系列堪忧的质量问题，从学校层面来看，教育教学资源更显紧张，在师资、设备、教室不足的情况下“来者不拒”，盲目招生。另一方面，有些中职学校还“吃不饱”，到处抢夺生源，掀起“生源大战”，每到招生季节，职业学校的招生工作人员全员出动、分片包干，到各初中学校游说，大量散发宣传单，有些学校还用

“招生费”“回扣费”来争夺生源。从学生层面来看,职业学校的学生与普通高中学生相比,学习能力差、品德意志差、行为养成差,综合素质普遍不高。更为严重的是,中职升学是被动的,是“不情愿”“不了解”“不高兴”的,是带着“情绪”进入学校学习生活的,这肯定给职业学校的教学、管理工作带来负面影响,直接造成了中职教育办学质量低。

毕业生的质量是教学质量的根本反映。我们可以看到(表7),学生的学习感知、自我感知、工作感知和对比感知都非常低。学习感知是学生对自己在校所学知识、掌握技能、提高能力的感知,重庆中职学生总均值只有1.25。自我感知是学生在一段学习过程结束后,能否实现自我目标、把握未来的信心指数,从数据上看,学生对自己能否适应社会和职业岗位的判断是消极的,总均值只有1.76。工作感知是学生毕业参加工作后,将在校学习收获与工作岗位技能需求进行对比的结果,总体的得分也不高,只有2.02。对比感知,是与同类学校毕业生或者其他类型毕业生在工作中表现的对比,整体上也处在比较低的水平,总均值为1.80。

表7 毕业生满意度测评数据

	问题编号	均值	方差	总均值
学习感知	B1	3.51	1.724	1.25
	B2	4.33	0.460	
	B3	3.41	0.984	
	B4	3.15	0.390	
	B5	4.53	0.771	
	B6	4.71	0.522	
	B7	3.89	1.903	

（续表）

	问题编号	均值	方差	总均值
自我感知	B8	2.41	1.072	1.76
	B9	3.64	2.115	
	B10	3.49	0.712	
工作感知	B11	4.15	0.862	2.02
	B12	3.12	0.759	
	B13	3.11	1.210	
	B14	4.01	0.573	
对比感知	B15	3.01	1.930	1.80
	B16	3.65	1.310	
	B17	3.55	0.751	
	B18	4.67	0.656	

表8　用人单位(实习单位)满意度测评数据

	问题编号	均值	方差	总均值
整体素质感知	C1	3.01	0.973	1.58
	C2	4.33	0.690	
	C3	3.83	1.732	
	C4	3.50	1.590	
	C5	3.17	1.674	
	C6	3.70	0.900	

（续表）

	问题编号	均值	方差	总均值
具体素质感知	C7	3.78	0.912	1.47
	C8	3.22	1.330	
	C9	3.88	1.050	
	C10	3.01	1.227	
	C11	3.77	1.221	
群体之间感知	C12	2.93	2.310	2.53
	C13	3.04	2.881	
	C14	2.31	1.001	
合作意向感知	C15	3.77	0.831	1.81
	C16	4.43	0.551	
	C17	3.43	1.990	
	C18	3.88	1.667	
政府政策感知	C19	3.21	2.010	1.42
	C20	3.52	0.390	
	C21	4.01	1.030	

中职学校人才培养质量不高还体现在用人单位对毕业生的满意度方面。从表8中我们可以看出，用人单位对职业教育毕业生的质量评价是比较消极的。从整体素质感知角度看，总均值只有1.58，属于非常低的水平，具体素质上分值也不高；合作能力方面尽管略微高，但也不令人满意。

(三)质量评价与管理：缺乏科学统一的质量评价标准和管理体系

当前，我国职业教育的发展正处在由规模扩张向质量效益提高转变、内涵式发展的关键时期。教育质量的提高是职业教育实现可持续发展的灵魂，教育质量是职业院校谋求长远发展的核心竞争力。当前我国各级政府和学界已逐渐认识到职业教育质量的重要性，具备了较强的质量意识，但是，由于政府、企业、社会、学校等不同的立场和视角，各群体的质量标准并不一致，并因为自身各方面的差异而产生不一样的质量追求。比如，政府主管部门所追求的教育质量是经济效益和社会效益的统一，也就是说，政府认为，职业教育的质量不仅要体现在职业院校培养的人才能够适应社会经济需求，促进经济发展，创造社会财富，而且还要体现在职业教育对于提高公民素质、繁荣文化教育事业所做的贡献上。因此，政府所遵从的质量标准是最为宏观的，它包括办学方向、教育教学条件（师资、教学设备与场所、信息资源、经费保障）、教育教学运行与管理、学生培养质量（思想素质、文化素质、专业素质、综合素质、毕业生质量）等各个方面。企业作为职业教育的最直接受益者，其关注更多的是产出人才的质量规格，因此，企业所持的质量标准是中职毕业生的职业能力，即职业规范、职业道德、职业情感、职业态度、专业知识、专业技能等。职业学校作为质量活动的直接从事者，其质量标准因学校自身的办学方向、教育理念、资源条件等的不同而有所差异，一部分学校以传统的课程考试作为描述教学质量的标准，一部分以技能竞赛获奖率作为衡量标准，还有一些学校以就业率、工资高低、就业稳定率、提拔率（含技术提拔和管理提拔）来作为衡量标准。总之，在质量标准的依循方面，政府、企业、学校根据自身的特定立场各取所需，迄今为止没有形成一个科学统一的质量评价标准，进而严重影响到质量管理、质量评价等一系列活动的有效组织与实施，这是造成职业教育人才培养目标模糊、人才培养质量不高的重要因素。

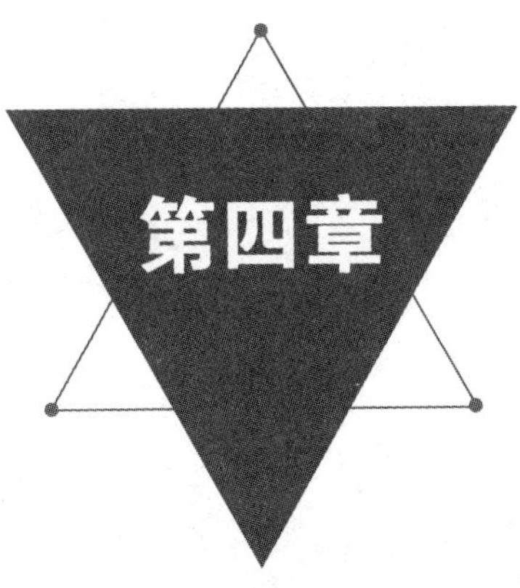

职业教育城乡统筹的内涵式发展战略构建

职业教育与城乡统筹是一种互动联动的协调发展关系,即在内涵要素上是一种互动协调发展关系,在外部保障体系上又表现为联动共同发展。统筹发展包含外部保障和内涵发展两个核心要素,并且两个要素之间互相促进、互为补充,不可偏废。统筹发展是一种强调整体性、综合性和内在性的发展聚合,它不是单个系统或要素的增长,而是多个系统或要素在统筹这一必要手段和目标下的综合发展。“职业教育城乡统筹发展”包含两层意思,即既是手段也是目的,是追求城乡职业教育协调发展和统筹建立外部保障体系两者之间目的与手段的统一,“内涵发展”是主体,是核心,是目标,“外部保障”则是外壳,是基础,是手段。只有围绕内部发展,不断完善外部保障体系,推动机制创新,职业教育才能迎来城乡统筹发展,才能促进城乡经济的协调发展。因此,本研究也就是从“内涵发展”和“外部保障”两个方面来探究职业教育城乡统筹发展的战略对策(如图7所示)。本章首先研究职业教育内涵式发展战略。

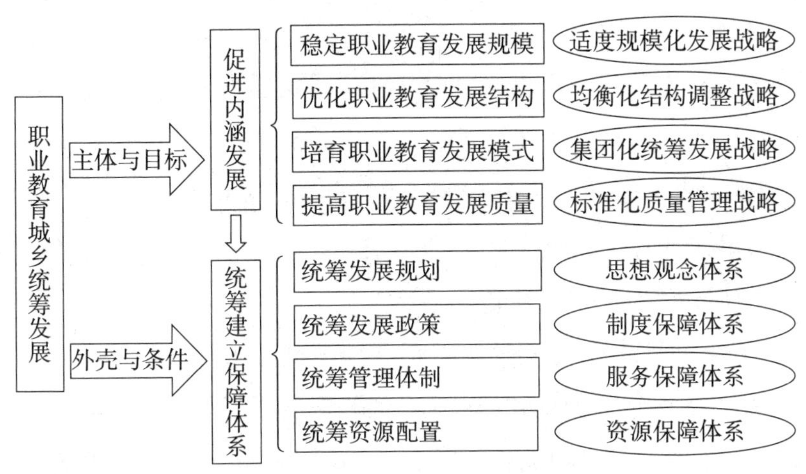

图7 职业教育乡统筹发展战略研究模型

本章主要从“内涵发展”的视域来探讨职业教育的内涵式发展要素,即规模、结构、模式和质量。评判职业教育发展的依据就是根据教育规模的大小能否满足经济社会发展的需求,教育结构是否均衡、教育模式是否最优化、教育的质量和水平能否为社会和经济发展提供高质量的人才服务,也就是职业教育的规模、结构、模式和质量,它们共同组成职业教育的规定性。促进职业教育的内涵互动式发展就是要探究其内涵构成要素及其互动关系的科学、协调发展。职业教育内涵式发展战略就是在职业教育战略思想和战略目标的指引下，为了探寻内涵式发展要素的互动协调发展而相应采取的战略举措。

如图8所示，职业教育的内涵式发展分为“规模”“结构”“模式”和“质量”四个要素，其中“质量”和“规模”是职业教育发展的首要要素。规模与质量、发展之间存在着直接必然的联系，没有规模或规模不稳都谈不上质量提高，更谈不上发展，但是并不是规模越大，质量就越高，发展就越快，规模过大反而会影响质量和发展，质量和发展必须建立在一定的合适规模基础之上。要实现既有规模又有质量的理想状态，也就是说要实现“内涵式发展”，需要组织制度的合理安排，这就涉及职业教育的结构问题。结构是事物存在的方式，结构合理，事物的组织才能正常运转，才能发展。职业教育规模再大，如果结构不合理，只会导致资源浪费和效率低下，质量更无从谈起。职业教育“内涵式发展”的重要方式是有一个好的发展模式，有了一个科学有效的并且切合实际的发展模式，发展起来会事半功倍，发展的质量和水平才有保障，职业教育的结构才能更好地发挥效用，职业教育的规模才能产生成正比的质量和效益。这样才能形成“规模-结构-模式-质量”内涵式发展的动态循环系统，实现真正意义上的“规模稳定、结构合理、模式有效、质量保证”的持续发展状态，达到内容(规模、质量)与形式(结构、模式)的完美结合。

为了实现这个目标，达到完美状态，根据战略目标的要求，必须采取相应的发展战略。为达到“规模稳定”目标，实施“适度规模化发展战略”，提高职业教育规模效益；为达到“结构合理”目标，实施“均衡化结构调整战略”，优化职业教育的专业结构和布局结构；为达到“模式优化”目标，实施“集团化统筹发展战略”，培育适应发展要求的职业教育新模式；为达到“质量提高”目标，实施“标准化质量管理战略”，提高职业教育发展质量。

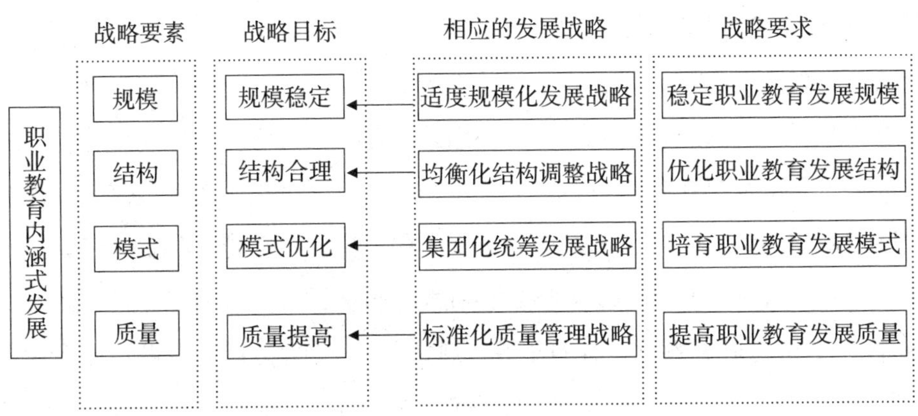

图8 职业教育内涵式发展要素及战略对策模型

一、从适度规模中催生效益:实施“适度规模化发展战略” 

(一)职业教育规模及其影响因素分析

职业教育规模是指职业教育机构及其所拥有的人、财、物数量的总和,主要包括职业院校数、在校学生规模、教职工规模、学校运转经费,以及仪器设备、基础设施和实习实训基地等。其中,在校学生规模是衡量职业教育规模的一个最主要的绝对指标,能较好地反映职业学校按一定生师比配备的教师规模和所需的固定资产规模。[①]当然,规模是一个数量概念,是绝对与相对的统一。我国目前的职业教育规模从绝对数量上看,应该是世界上在校生规模最大的,但从学龄人口比、生师比等来看,却相对低于世界上很多国家,还有很大的发展潜力。

影响职业教育规模的因素很多,这里重点考察经济水平、学龄人口、教育需求和经费投入对职业教育规模的影响。

1.经济水平

经济水平是职业教育发展的基础,经济发展的水平决定着职业教育发展

① 王全旺.高职教育与劳动力市场需求协调发展研究——以天津为例[D].天津:天津大学博士论文,2010:40.

的规模，经济发展的速度决定着职业教育发展的速度、经济产业结构决定着职业教育的结构和人才培养的类型。经济越发展、社会生产越发达，生产技术越先进，生产的社会化程度和社会分工程度越高，对职业教育的需求就越大，经济水平与职业教育规模的关系就越密切。经济水平与职业教育规模之间存在的这种密切的关系，主要反映在劳动力市场需求这一关键要素上。劳动力市场人才需求状况是反映经济发展水平和速度的重要指标，是经济结构、技术结构、产业结构与资本劳动要素的比值。通常而言，劳动力市场需求与经济发展规模、经济增长速度呈正比关系。[①]也就是说，当经济发展规模不断扩大、经济发展速度加快时，劳动力市场对职业教育培养的人才的需求量就增大，而当经济衰退或经济发展速度放慢时，劳动力市场对人才的需求量就减少，职业教育应相应减小规模。

2. 学龄人口

学龄人口是职业教育规模发展的基础和来源，充足的学龄人口有利于职业教育学生规模的扩张，职业教育规模发展，能够为社会发展和经济增长提供强大的人才支撑，进而通过经济增长促进职业教育自身的发展；相反，如果学龄人口减少、学龄人口比例失调，则会影响职业教育规模的扩张，也会延缓社会和经济的发展。一般而言，学龄人口规模越大，受教育的人口也就越多，接受职业教育的学生也就越多。从全国来看，目前我国人口发展进入“低出生率、低死亡率、低增长率”新发展阶段，并且今后各层次学历教育的学龄人口呈现不断下降的趋势，这必然会对职业教育发展规模产生直接影响。以重庆中等职业教育在校学生数为例，2009年为54.53万，2010年为51.53万，2011年为50.01万（数据来源于重庆市统计信息网），连续三年呈下降趋势，这一方面与普通高等教育扩招吸引生源有关，另一方面也是近年来重庆学龄人口下降趋势的必然反映。

① 王明伦.高等职业教育发展论[M].北京：教育科学出版社，2004：36.

3.教育需求

教育需求是影响教育规模的重要因素，包括社会需求和个人需求两个方面，也分为现实需求和潜在需求。“教育的社会需求是指，在一定时期内国民经济各部门以及社会各方面对各类专门人才和受过一定教育的劳动者的数量、质量和结构等方面的要求。教育的个人需求是指，个人和家庭为满足某种精神和物质需要，对接受各类教育的要求。前者由一定社会的政治制度、经济发展水平、科技发达程度等社会环境决定，反映社会发展对人才培养的客观需要，是制订教育发展规划的依据。后者受个人精神充实的欲望、就业与收入的选择、家庭经济条件和对子女未来的期望等因素的影响。”[①]教育需求是影响教育规模发展的重要因素，教育需求增大，必然要求扩大教育规模，相反，则延缓教育规模扩张。

4.经费投入

教育投入是制约职业教育规模非常关键的因素。职业教育经费投入总量、经费投入的结构、经费投入的稳定性都影响着职业教育的规模发展，客观上要求职业教育规模必须与教育经费投入的总量、结构和稳定性相适应，职业教育规模首先必须适应教育经费投入的总量，经费投入的总盘子确定以后，职业教育规模只能在经费总盘子下适度扩张，否则必然引起职业教育办学条件设施等各方面不能满足需要而造成质量下滑；其次，职业教育规模受经费投入结构的影响，政府部门在下拨经费预算时，已明确经费使用范围，如师资队伍建设、实习实训基地建设、课程专业建设、日常行政管理经费等都有严格区分和限制，只能专款专用，这就势必影响职业教育规模的发展；最后，经费投入的稳定性、可持续性也必然影响职业教育规模的发展。20世纪80年代以来，我国经济平均增长速度接近10%，但是我国教育财政性投入占GDP比例一直不高，远远低于发达国家，也低于部分发展中国家。

① 陈明昆.影响职教规模可持续发展的因素分析及政策考量[J].职教论坛，2010(1)：49

(二)职业教育规模预测模型

前面已经谈到,在一定条件下和一定范围内,中职教育规模与GDP存在着成正比的关系,GDP增速越快、总值越大,对职业教育培养的技能型人才的需求就越大,要求职业教育的规模扩大。职业教育规模与人口也存在成正比的关系,学龄人口增加,中职在校生人数增加,学龄人口减少,中职在校生人数减少。这只是一种理论上的定性研究,下面,我们试图用数学统计的方法进行定量研究。从数据的科学性来说,应该选择中职学校年招生人数、人均GDP和学龄人口数,但由于数据收集难度,我们只能选择重庆年鉴公布的中职在校生人数、GDP和常住人口数三个方面的数据来分析研究。(见表9)。

表9 重庆市2004-2011年GDP、常住人口和中职在校生人数数据

年份	GDP(万元)	常住人口(万人)	中职在校生人数(万人)
2004	3 034.58	2 793	32.18
2005	3 467.72	2 798	36.87
2006	3 907.23	2 808	44.09
2007	4 676.13	2 816	49.41
2008	5 793.66	2 839	54.53
2009	6 530.01	2 859	55.05
2010	7 925.58	2 885	51.53
2011	10 011.13	2 919	50.01

注:2010年重庆市GDP重庆市统计局官网数据为7 894.24万元,2011年为10 011.37万元,与表中数据略有差异,另中职在校生人数在重庆市统计局官网未能核查到相关数据,以作者统计值为准。

1.职业教育规模与GDP的关系

首先对中职在校生人数和GDP二者进行回归分析如下:

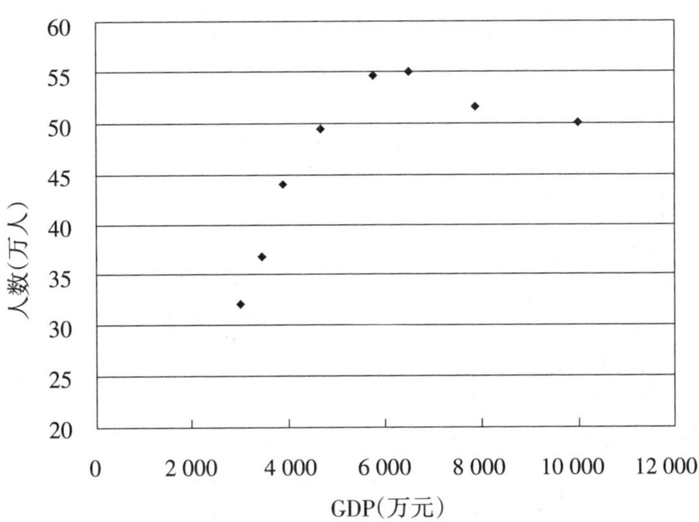

图9 重庆市GDP与中职在校生人数的散点图(各点从左到右依次为2004-2011年数据)

从散点图(图9)中可以看出,GDP与中职在校生人数呈一定的关系,接下来用SPSS对二者的相关性进行曲线评估。结果如图10和表10。

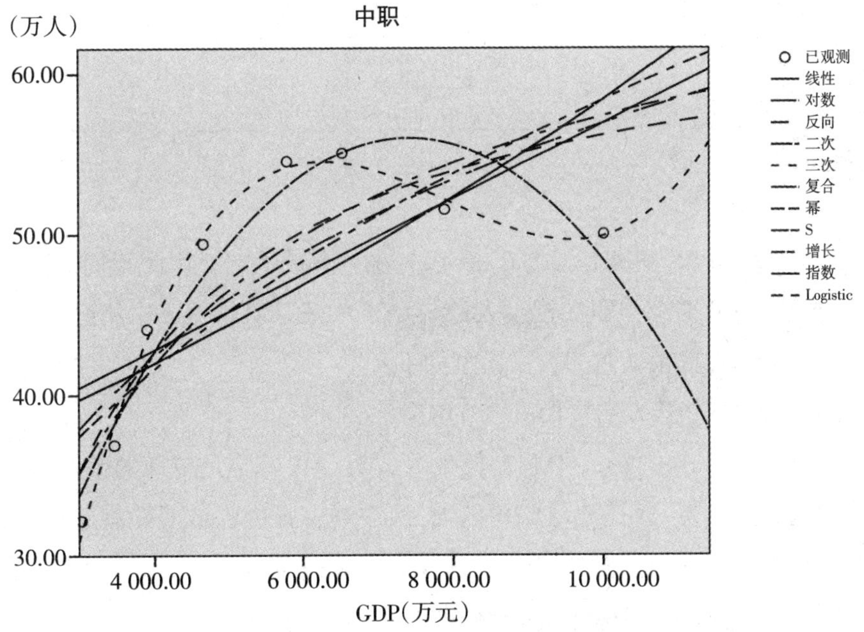

图10 重庆市GDP与中职在校生人数的曲线评估图

表10　GDP中职在校生人数的参数估计值

方程	模型汇总					参数估计值			
	R^2	F	df_1	df_2	Sig.	常数	b_1	b_2	b_3
线性	0.459	5.094	1	6	0.065	33.390	0.002	–	–
对数	0.623	9.935	1	6	0.020	−88.772	15.817	–	–
倒数	0.768	19.847	1	6	0.004	65.180	−90 102.614	–	–
二次	0.924	30.509	2	5	0.002	−6.794	0.017	−1.140E−6	–
三次	0.992	173.294	3	4	0.000	−63.855	0.048	−6.357E−6	2.671E−10
复合	0.462	5.153	1	6	0.064	33.679	1.000	–	–
幂	0.625	10.012	1	6	0.019	1.946	0.369	–	–
S	0.772	20.279	1	6	0.004	4.260	−2 105.539	–	–
增长	0.462	5.153	1	6	0.064	3.517	5.498E−5	–	–
指数	0.462	5.153	1	6	0.064	33.679	5.498E−5	–	–
Logistic	0.462	5.153	1	6	0.064	0.030	1.000	–	–

因变量:中职。

自变量为GDP。

从表格中得知,三次方程的R^2最大,二次方程的次之。因此我们选取三次方程的回归模型拟合中职在校生人数与GDP的关系。根据表中所给数据,得到GDP与中职在校生人数的关系模型如下:

$$y=2.671*10^{-10}*x^3-6.357*10^{-6}*x^2+0.048*x-63.855$$

从回归模型分析得知,中职在校生人数与GDP并不是单纯的单调递增或者单调递减的关系,而是随着GDP的增加,中职在校生人数开始有起伏变化,但当GDP增加到一定值时,中职人数呈规律的缓慢增加趋势,这说明经济发展的好坏,势必会影响职业教育的人数。

2.职业学校规模与重庆常住人口的关系

同样,先对职业教育在校生人数和重庆的常住人口数做散点图:

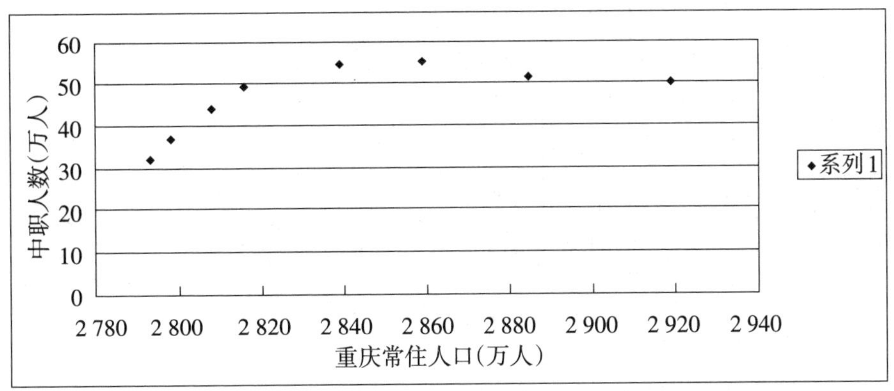

图11　重庆市常住人口数与中职在校生人数的散点图(各点从左到右依次为2004-2011年数据)

从散点图(图11)中可以看出,重庆常住人口数与中职在校生人数呈一定的关系,接下来用SPSS对二者的相关性进行曲线评估,结果如图12和表11。

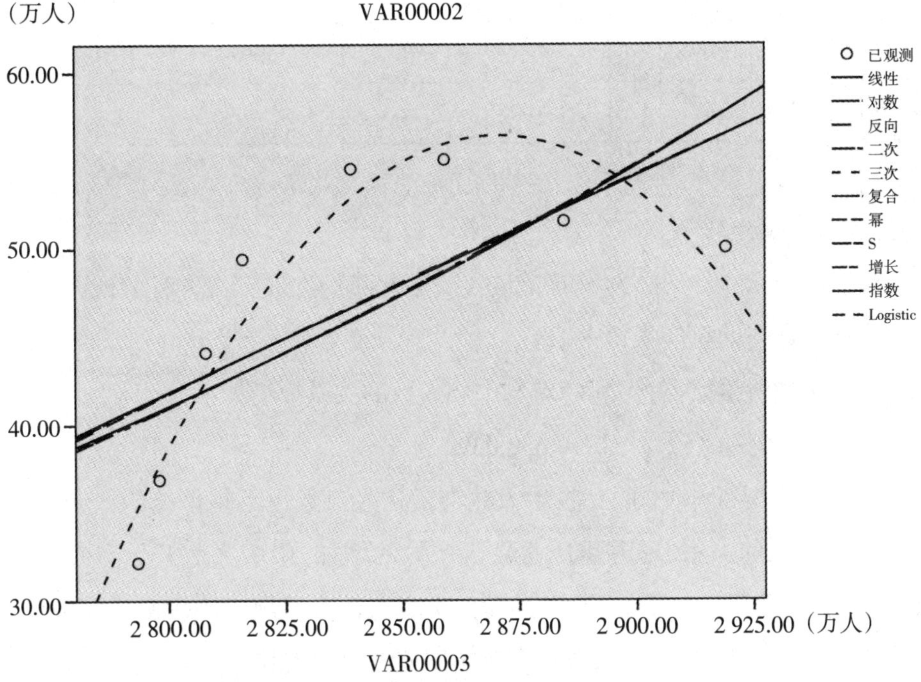

图12　重庆市常住人口数与中职在校生人数的散点曲线评估模型

表11 常住人口数与中职在校生人数的参数估计值

方程	模型汇总					参数估计值			
	R^2	F	df_1	df_2	Sig.	常数	b_1	b_2	b_3
线性	0.438	4.682	1	6	0.074	−302.219	0.123	–	–
对数	0.444	4.789	1	6	0.071	−2 758.109	352.749	–	–
倒数	0.449	4.898	1	6	0.069	403.314	−1 012 402.281	–	–
二次	0.438	4.682	1	6	0.074	−302.219	0.123	0	–
三次	0.896	21.519	2	5	0.003	−19 630.039	10.287	0	-4.162E−7
复合	0.439	4.695	1	6	0.073	0.013	1.003	–	–
幂	0.444	4.799	1	6	0.071	1.781E−27	8.228	–	–
S	0.450	4.906	1	6	0.069	12.145	−23 609.717	–	–
增长	0.439	4.695	1	6	0.073	−4.312	0.003	–	–
指数	0.439	4.695	1	6	0.073	0.013	0.003	–	–
Logistic	0.439	4.695	1	6	0.073	74.563	0.997	–	–

因变量:VAR00002。
自变量为 VAR00003。

从表11中得知，三次方程的R^2最大。因此我们选取三次方程的回归模型拟合中职人数与的重庆人口关系。

根据表中所给数据，得到GDP与中职人数的关系模型如下：

y=10.287*x^3−4.162*e^{-7}*x−19 630.039

从回归模型得知，中职在校生人数与常住人口数也不是单纯的单调递增或者单调递减的关系，随着重庆常住人口数的增加，中职人数开始有起伏变化，但当重庆常住人口增加到一定值时，中职人数有呈规律的缓慢增加趋势，这说明重庆常住人口的增加，势必会影响职业教育的人数。

3.职业教育人数与GDP和重庆常住人口数的综合关系

前面分别分析了职业教育在校生人数与GDP、职业教育在校生人数与重庆常住人口数的关系，但是影响职业教育在校生人数的不单纯是GDP的变化，也不是重庆常住人口数的变化，而是这两个变量共同作用影响着职业教育在校生人数的变化。下面我们就对这三个变量一起分析，应用多元统计方法，找出GDP、重庆常住人口数变化与中职在校生人数变化之间的关系。

“多元回归分析法是对受多因素影响的某一事物的发展所采用的分析和判断其未来趋势的一种研究方法。采用多元回归分析对于受多种因素影响的某一事物的未来发展做出分析、判断、评价和预测，具有较为准确而科学的效用。”[①]前面谈到，我国职业教育的发展规模会受到经济水平、学龄人口、教育需求、经费投入等多因素的影响，因此，我们就采用多元回归分析法来进行研究。

(1)多元回归分析法的基本方程

$Y_t=a+b_1X_1+b_2X_2+\cdots+b_mX_m$，式中：$Y_t$为因变量，即$Y$的估计值，$t$为预测时间周期，$X_1,X_2,\cdots,X_m$为自变量，$a,b_1,b_2,\cdots,b_m$为回归系数。由于我国职业教育规模发展主要与两个变量即GDP与常住人口总量具有较强的相关关系，因此选择二元回归法较为适合此问题的研究。

二元回归方程为：$Y=a+b_1X_1+b_2X_2$，式中：Y代表因变量；X_1、X_2代表自变量；a、b_1、b_2为回归系数。

根据观察期资料，Y为因变量，X_1、X_2为两个自变量，自变量与因变量为线性关系，则预测值$Y_t=a+b_1X_1+b_2X_2$；求解二元回归方程，建立预测模型。

首先求解方程的a、b_1、b_2之值，即运用最小二乘法求b_1、b_2、a的公式为：

$$S_{11}b_1+S_{12}b_2=S_1Y, \quad (1)$$

$$S_{21}b_1+S_{22}b_2=S_2Y, \quad (2)$$

$$a=\overline{Y}-b_1\overline{X}_1-b_2\overline{X}_2, \quad (3)$$

① 姚小英.江西高等职业教育规模研究[D].厦门：厦门大学硕士论文，2007：36.

式中：$S_{11}=\sum x_1x_1$，$S_{22}=\sum x_2x_2$，$S_{12}=S_{21}=\sum x_1x_2$，$S_1Y=\sum x_1y$，$S_2Y=\sum x_2y$，$X_1=X_{i1}-\overline{X}_1$，$x_2=X_{i2}-\overline{X}_2$，$y=Y_{ai}-\overline{Y}$

然后对模型进行检验：①方差分析；②标准差分析；③相关分析；④显著性检验。最后确定置信区间。[①]

(2)二元回归方程结果分析

把职业教育人数看作因变量y，GDP是自变量x_1，重庆市常住人口是自变量x_2，下面运用SPSS中的多元统计分析，找出y与x_1和x_2的关系。

设$y=a*x_1+b*x_2+c$，应用SPSS统计分析所得结果如下：

表12　SPSS统计分析系数表[a]

模型		非标准化系数		标准系数	t	Sig.	共线性统计量	
		B	标准 误差	试用版			容差	VIF
1	（常量）	1 523.468	2 337.851	–	0.652	0.543	–	–
	VAR 00001	0.012	0.016	3.607	0.783	0.469	0.005	212.117
	VAR 00003	–0.545	0.855	–2.936	–0.637	0.552	0.005	212.117

a. 因变量: VAR00002

从表12中清晰得到方程中的a，b，c，这样我们整理出来的关系式就是：

$y=0.012*x_1-0.545*x_2+1\ 523.468$

表13　残差统计表[a]

	极小值（万人）	极大值（万人）	均值（万人）	标准 偏差	N
预测值	39.033	57.709	46.709	5.900	8
标准预测值	–1.302	1.866	0	1.000	8
预测值的标准误差	3.290	5.509	4.207	0.809	8

① 姚小英．江西高等职业教育规模研究[D]．厦门：厦门大学硕士论文，2007：37.

（续表）

	极小值（万人）	极大值（万人）	均值（万人）	标准 偏差	N
调整的预测值	41.322	70.422	47.887	9.444	8
残差	−7.699	8.137	0	5.900	8
标准残差	−1.103	1.166	0	0.845	8
Student化 残差	−1.796	1.404	−0.061	1.124	8
已删除的残差	−20.412	11.799	−1.178	10.840	8
Student化 已删除的残差	−2.696	1.613	−0.170	1.389	8
Mahal距离	0.680	3.485	1.750	1.022	8
Cook距离	0.009	1.775	0.343	0.593	8
居中杠杆值	0.097	0.498	0.250	0.146	8

a. 因变量: VAR00002。

又从残差统计量（见表13）中观察到调整后的预测值的最大为70.422万人、最小为41.322万人，均值为47.887万人，结果表明随着GDP和常住人口的增加，职业教育人数并没有呈迅猛增加的趋势，而是呈现减速放缓、相对稳定的趋势，其原因，我们认为有两点：

一是未来几年重庆的GDP虽然仍能保持平均10%以上的增速，但常住人口增速明显放缓，近年来重庆的人口自然增长率下降到3‰，且老龄人口急剧增加，而学龄人口却呈下降趋势，据专家推测，“2010- 2020年重庆市初中学龄人口规模逐年下降，整体分析，2003-2020年，初中学生进入退出比值为1.48”①，真正对职业教育人数起作用的是学龄人口。GDP要求中职人数增加，而学龄人口却影响了中职人数的增加。因此，表面上看起来，GDP和常住人口

① 朱勇，刘强. 学龄人口变动与人力资源——基于重庆市2005-2020年学龄人口变动的探讨[J]. 西北人口，2007(2)：14.

数都在增加，中职在校生人数应该相应增加，但实际上中职在校生人数却呈增速放缓、趋于稳定的态势。

二是国家大力扩招职业教育规模的政策效应正在逐步失效。前几年，我国职业教育规模人数的大幅增加，并不是经济社会发展对中职规模内在的完全驱动，更多是国家和地方政府积极扩大职业教育规模的政策效用。在国家和地方政策的强力驱动下，激励和保障职业教育的生源，限制普通教育的招生数量，降低职业学校招生的录取标准，实行职业教育免费政策，扩大职业教育的入口等，极大地促进了中职在校生人数规模的扩张，但随着时间的推移，政策的激励性总有一定的限度，不可能无限制地产生效应，激励政策的效应正在减弱并逐步失效，因而必然造成了中职在校生人数的增速减缓且趋于稳定。从长远看来，这种政策性激励具有不确定性的风险，虽然勉强保证了职业教育的规模数量，但运动式政策激励必然导致职业教育办学能力不足、办学条件滞后、师资队伍跟不上，如果不追加经费投入、提高教学质量和就业质量，增强职业教育内在吸引力，一旦政策松动，职业教育的规模就很可能出现倒退，职业教育不可能可持续发展。我国各地政府在扩大职业教育规模上的刺激保障政策到底还能走多远，所产生的效用如何，实在令我们担忧。因此，我们的职业教育规模扩张应该停止，我们必须加强对职业教育规模的战略性预测和研究，实施“适度规模化战略”，将战略重点从追求规模扩张转移到提高质量效益的轨道上来。

（三）实施“适度规模化战略”的对策建议

从以上职业教育规模预测模型研究可以看出，重庆的中等教育规模已实现了跨越式发展，随着学龄人口的下降，数量的规模扩张已基本到位并转化为次要矛盾，提高质量将成为职业教育发展中的重点和主要矛盾，今后将转向相对平稳的内涵式发展轨道。职业教育发展的方式分为内涵式和外延式两种，两种发展方式都会导致办学规模的扩张，但发展水平和质量是截然不同的。

单纯走外延式规模扩张的道路，学校规模可以得到迅速扩大，具有一定的规模优势，但这种优势不是绝对和长期的，超过了一定的条件界限，规模过大反而会使成本上升、质量下降，整体优势减退。而职业教育内涵式发展，不仅可以降低生均教育支出、提高办学效益，而且更为重要的是，随着学校开设的专业和课程的增多，促进了各个专业的融合渗透，拓宽了学生的知识面，增强了学生的实践能力，更有利于学生综合素质的全面发展。因此，未来5~10年内，重庆的职业教育应该因时因势及时做出科学、合理的决策，实施“适度规模化战略”，保持发展方向、规模、质量、速度的协调一致，将发展的重点转移到调整结构、优化模式、整合资源、提高质量的内涵式发展道路上来，并据此进行整体战略规划和设计。

1.科学规划，准确预测，加强职业教育规模的宏观调控

任何事物的发展都需要经历一个波浪式前进、螺旋式上升的过程。在这一发展过程中，必须要科学规划，准确预测，使职业教育能主动适应经济社会发展的需要，及时把握劳动力市场人才需求的趋势。目前，职业教育的驱动机制正在发生着变化，“内在需求驱动”正逐渐取代“外在政策驱动”而成为职业教育发展的一种主要驱动力。职业教育在发展过程中，要准确预测经济社会发展和劳动力市场需求。要科学准确预测职业教育与劳动力市场需求的关系，关键是要建立符合发展规律的预测监控系统。建立这一预测监控系统，应从以下几方面着手：

(1)建立动态预测监控模型。国外发达国家和地区都建立了一套完善科学的教育发展动态预测监控模型，包括对未来短缺职位的预测、对不同学历层次人才需求的预测。我国香港地区由教育统筹局和职业训练局负责日常性预测，或者委托一些研究机构来预测。

(2)建立预测监控管理机构。组建由教育、人事、劳动、经贸、科研等相关部门参与的一套预测监控管理和工作机构，主要负责本区域内职业教育人才培养与劳动力市场人才需求的预测监控，同时负责将本区域的信息及时向高层监控管理机构传递，并在传递本区域信息和接收高层最新信息的同时，根据实时监测数据，提炼出劳动力市场高技能型人才供需数量、质量及结构等信息，以便为中职学校的决策预算、专业调整等提供准确、可靠的参考依据。

(3)建立预测监控管理制度。建立联席会议制度和信息披露制度，定期召开联席会议，将劳动力市场人才需求信息及时传递给教育部门和学校，同时教育部门也将监测结果及时向政府有关部门反馈并向社会公布，充分发挥监测和预警的功能。

重庆应制订职业教育发展规划，根据学龄人口规模的变化规律，进行教育规模与结构调整，要根据学龄人口的减少情况及时调整稳定中职招生计划，通过政策引导和免费措施，保证中职学校生源，普职比维持在大体相当的水平，避免出现在人口大幅度减少的情况下普职比的严重失衡。各中职学校要根据社会的需求、学校的培养能力、承载能力、师资力量，测算本校本年招生结构和人数，招生计划一旦确定，各职业院校的招生都不能随意扩招。但从长远着想，重庆职业教育应对学龄人口减少的根本措施还在于提高职业教育的吸引力。

2.注重办学特色定位，避免专业趋同化

(1)要注重专业和人才培养模式的特色。各中职院校，必须对自己的办学目标、培养目标和专业特色有个准确定位，要大力加强内涵式建设，提高教学质量，切忌搞趋同化，大家一窝蜂地上同一个专业，甚至什么专业都上，盲目扩大规模，不求质量，只抓外延不重内涵。各中职学校以学生实用技能和就业能力为主要导向，要集中自己的师资、财力、物力，办好自己的优势、特色专业，不能办教育超市。美、德等发达国家职业教育发展的一条成功经验就是形成具有鲜明特色、适应市场需求的办学模式和人才培养模式，也只有形成了自己的办学特色，才能赢得更快发展。因此，重庆职业教育必须准确定位，形成自己的办学特色，避免专业趋同化。

(2)确立合理的专业规模。当前相当多的中等职业院校设立的专业较多，但又大多没有使它们达到一定的规模，从而导致较高的生均占有人力、物力、财力水平。那么，这类中等职业院校改变其专业规模对学生与各类人力、物

力、财力资源占有比例的影响，远比学校规模变化所产生的影响要大。也就是说，当一所学校的总体规模在适度范围内，如果该校专业平均规模过小，仍然会导致总体办学效益较差。因此，中等职业院校应致力于提高专业规模，这样有利于提高办学的内部效益。同时，通过拓宽专业面，扩大专业规模，改变专业划分过细、过窄及课程设置单一、过偏的状况，扩大学生的知识面，改善学生知识结构不合理的状况，就会有助于学生从容应对劳动力市场、就业结构的变化，增强他们对劳动力市场的适应性，提高职业院校办学的外部效益。

3.改变投资方向，将投资重点转移到农村职业教育和师资设备投入上来

面对经济发展和学龄人口下降的趋势，如果不及时调整，未来重庆职业教育将出现阶段性低质量供给规模过剩和高质量供给不足并存的局面、城乡发展不平衡等结构性失衡的矛盾。因此，在未来重庆职业教育的战略发展中，要及时改变投资方向，注意两个转变。一是由原来的重点投资城市职业教育转变到重点投资农村职业教育上来。要考虑各层次教育适龄人口规模变动趋势的城乡差别，适时调整教育规划，加强对农村职业教育的投入，缩小城乡差距，为城乡统筹奠定基础；充分利用学龄人口规模变小带来的“增容效应”和经济增长的黄金时期带来的投资增长，推进职业教育改革步伐，实现教育资源均等化，消除原有教育格局中的位差，促进区域之间、城乡之间以及区域内部学校之间的区域内动态均衡发展，形成职业教育发展的统一平台。二是要由原来以校舍等基础设施投入为重心转到以师资设备投入为重心上来。教育经费投入应审慎地选择，避免过多地流向校舍等基础设施建设，应更多投向教师培训、人才引进，尤其要加强“双师型”教师队伍和实习实训基地建设。

4.加强职业教育招生宣传，规范招生办学行为，提高中职入学率和巩固率

面对中职生源数量下降的局面，中职学校必须走出校园，加强招生宣传，出台优惠政策，吸引更多更好生源。但在实际工作过程中，又出现了许多违规招生、恶意竞争的现象，对职业教育的形象和健康发展带来了不利影响。对此，职业教育一方面要加强招生宣传，扩大招生范围，除了在重庆市内积极吸纳生源外，还要充分利用重庆职业教育在周边省市甚至中国周边国家的优势，想方设法走出去。通过多种方式，吸引广西、贵州、云南等省市生源报考重庆中职学校，通过一些职业教育和职业培训国际合作项目，加强对越南、老挝等东南亚国家职业教育的辐射，充分发挥重庆职业教育的办学效益。另一方面更必须规范招生办学行为，不能依靠提供"生源费"等短期行为吸引学生，而要依靠自身的办学实力、教学质量和就业质量来吸引生源，另外也要积极利用国家扶持职业教育、实施中等教育免(减)费政策的有利契机，提高职业教育的入学率和巩固率。除了提高入学率外，还要想方设法提高中职学校的巩固率，不但要让中职学生愿意来，还要留得住，以后送得出。

总之，重庆职业教育健康、可持续发展，必须走内涵式为主的发展道路，继续稳定现有规模，提高规模效益，充分挖掘现有潜力，整合办学资源，深化教学改革，提高教学质量，应是重庆职业教育战略发展的必然途径。

二、从结构优化中达成均衡：实施"均衡化结构调整战略"

(一)职业教育结构要素分析

职业教育结构是指职业教育的内部构成状态，反映职业教育系统内各组成要素之间的比例关系、联系方式、相互作用形式及其变化规律，是一个复杂的、多维的综合构成体系，具有一般系统的整体性、层次性和结构性。从宏观层面来看，包括层次结构、形式结构、布局结构等；在微观层面上主要包括学科专业结构、课程结构、教材结构、教职工队伍结构等。我们不可能对职业教育的所有结构要素进行研究分析，只能择其重点，主要从职业教育的区域布局结构、专业结构和形态结构出发，探讨如何促进职业教育与经济社会的统筹协调发展。

1. 职业教育布局结构

布局结构是指一定数量和比例的职业教育资源在一个国家或地区的分布和组合状态，它与社会、经济、人口发展等有密切关系。[①]当前我国职业教育结构区域布局主要是集中在经济相对发达、人口密度大的城市地区，而相对经济欠发达地区，尤其是人口稀少的农村地区，职业教育则发展缓慢、资源不足，这是教育与经济发展规律的必然反映，在一定程度上和合理范围内，是有利的，也是正确的。但这种状况也是长期以来我国“重城市、轻农村”的传统思维和政策设计所导致的，在城乡统筹、联动发展的新形势下，这种区域布局结构越来越凸显它的不合理性，我们必须根据各个区域在经济、人口等方面的现在和未来发展情况，统筹分配职业教育资源，使布局在区域之间均衡化。

2. 职业教育专业结构

职业教育专业结构是职业教育结构诸要素中的重要元素，职业教育的专业结构是指人才群体中所需的各种专业人才的比例构成，它包括专业门类结构的比例关系，以及专业门类与经济结构、科技结构、生产结构、就业结构之间的联系。[②]要想衡量专业结构是否合理，就要看它同经济发展水平、产业结构是否相适应，尤其是专业人才结构是否与产业人才需求结构相协调。专业设置不合理，会造成一些专业供不应求，另一些专业可能相对过剩、供大于求，有些行业人才堆积，有些行业人才奇缺，即结构性失业，也阻碍经济社会的发展。专业划分过细、口径窄，则不利于学生打好基础、拓宽知识面和增强适应性；专业设置重复，则造成教育资源的浪费。因而职业教育专业结构是关系职业教育与经济社会发展需求能否协调的关键因素。

影响专业结构最重要、最直接的因素是产业结构。产业结构决定了劳动力市场人才需求的类型结构，产业结构的调整直接决定职业教育专业设置、人

---

① 王屹，黄艳芳，叶桂中，等.结构调整:职业教育攻坚之路——广西中等职业教育发展对策的研究与实践[M].桂林：广西师范大学出版社，2009.

② 齐亮祖，刘敬发.高等教育结构学[M].哈尔滨：黑龙江教育出版社，1986:75.

才培养模式的调整。可以看到,社会从农业经济社会向工业经济社会再向知识经济社会转变的过程中,不同时期产业结构调整对劳动力需求的类型、规格和层次提出不同的新要求。在农业经济社会,劳动力市场需求必然以掌握农业生产技能的农民为主;而在工业经济和知识经济时代,社会则更多需要的是大量掌握现代技术的应用技能型人才。

3.职业教育形态结构

职业教育的形态结构主要指初等职业教育、中等职业教育和高等职业教育的比例关系,以及普通中专、高职学校、技工学校和职业中学等不同形态的职业教育机构的比例关系。

重庆职业教育的健康可持续发展,依赖于职业教育结构的均衡和优化。职业教育结构的均衡是针对职业教育与社会产业结构之间的协调性而提出的,主要指各种不同类型、级别的学校之间的比例和衔接状况。职业教育结构能够反映职业教育系统内部各个构成要素之间的比例关系、衔接情况、联动方式及其变化规律,它是一个立体的、动态的、多元的体系。均衡优化的职业教育结构不仅能有效、合理地配置职业教育资源,还能充分发挥职业教育的办学特色和优势,提高职业教育的办学质量和效益。职业教育结构的均衡与优化在很大程度上决定着职业教育的整体质量和效益,从而影响产业结构调整的进程、区域经济发展的协调性和整体水平,尤其是随着重庆市经济建设的飞速发展,第三产业的迅速崛起以及两江新区的成立对职业教育人才培养提出了更大的挑战。因此实施“均衡化结构调整战略”,从结构调整中达成均衡发展目标,促进职业教育结构与社会经济协调发展是重庆职业教育城乡统筹试验改革的必然选择。

(二)重庆产业结构布局的特点分析

直辖以来,重庆经济水平得到迅猛发展,地区生产总值从1997年直辖之初的1 509.75亿元增长到2010年的7 894.24亿元,增长了4倍多;人均GDP由

1997年5 253元增加到2010年的27 598元，增长了4倍多；全市财政收入由1997年的118.06亿元增加到2010年的2 975.12亿元，增长了24倍多。（相关数据来源于重庆统计信息网。）重庆的产业结构和布局存在几个明显的特点：

1. 重庆市支柱产业发展蓬勃，为实施重庆工业化战略奠定基础

至2015年底，重庆固定资产投资总额累计值达15 480亿，2015年工业销售产值累计值达20 935亿。汽车摩托车产业、电子信息、装备制造、轻纺工业、冶金工业、化学工业、建材工业在总产值稳定的情况下正在积极进行结构调整，日益形成具有一定竞争力的产业集群。其中，电子信息产业成为新的支柱产业，尤其是随着惠普、宏碁、富士康等大型电子信息企业的引进，为电子信息产业的快速发展奠定了坚实基础。虽然，重庆市支柱产业实现了又好又快发展，但与重庆市发展总体部署的要求还有一定差距。一是重庆市规模以上工业增加值不高，与建成西部地区重要增长极的实际要求有差距；二是国家将重庆定位为与北京、上海、天津、广州并肩的五大国家中心城市之一，而区域内重化工产业结构与中心城市多元化产业结构要求有差距；三是产业内部自主创新能力有待进一步提高；四是重庆市产业发展人才需求存在较大缺口，特别是中等专业以上人才紧缺现象明显。

2. 重庆支柱产业将以“创新、转型、升位”为主线，实施“七大战略”而全面振兴

为加快把重庆市建设成为国家重要的现代制造业基地，“十二五”期间，主要支柱产业的发展将以“创新、转型、升位”为主线，走民生导向的发展思路，实施“民生工业、开放工业、创新工业、集群工业、低碳工业、智能工业、融合工业”七大战略，积极发展新兴产业，改造提升传统产业，加快调整行业结构、技术与产品结构、空间布局结构、所有制与企业组织结构，推动工业朝高端型、创新型、外向型、低碳型、亲民型方向发展。

通过重庆市经济和信息化委员会12处室座谈会以及实地走访各个行业内的典型企业，目前，重庆市在改造提升传统产业的同时，大力发展新兴产业，形

成了新兴产业和传统产业相互促进、共同发展，做强传统产业，做大新兴产业的态势。未来，重庆市支柱产业实施战略转型的主要方向：一是按照"整机+配套"发展模式，进一步增强电子信息、汽车摩托车、装备制造集群竞争优势。二是调整优化天然气石油化工、冶金、建材等原材料工业。三是围绕进一步保障和改善民生，大力发展有利于保障和改善民生的农产品、食品加工、服装制鞋等日常消费类产品工业，提高轻工业比重。四是加快发展战略性新兴产业，做大"2+10"产业集群。立足我市产业基础、技术优势和推进的重大项目，加快发展"2+10"战略性新兴产业集群，即建设全球最大的笔记本电脑加工基地、亚洲最大的离岸数据开发和处理中心，建设新一代通信设备、高性能集成电路、光伏组件及系统、新能源汽车、轨道交通装备、环保技术及装备、风电装备及系统、仪器仪表、新材料、生物医药等10个新兴产业集群，建成国家重要的战略性新兴产业基地。①

3.城乡区域发展不平衡，主城区与渝东北、渝东南之间差距较大

"重庆是较发达的工业区域，有一定的工业发展基础，但也不乏贫困地区，全市40个区、县（现为38个）中，有14个国家级贫困县（现为9个国家级贫困县），且都集中在重庆的渝东北和渝东南。几乎所有的支柱产业和重要的生产科研基地都分布在'一小时经济圈内'，'一小时经济圈内'的地区生产总值占了全市地区生产总值的77.68%，而地域辽阔、农业人口众多的'两翼'地区生产总值一共仅占全市地区生产总值的22.32%；从三产业的生产总值看，'两翼'也远远落后于'一圈'，特别是在第二、第三产业上，'一圈'第二产业产值分别是东北翼、东南翼的5.41倍和16.47倍，第三产业产值分别是东北翼、东南翼的5.2倍和16.40倍；'一圈'的人均生产总值同样毫无悬念地高出'两翼'2~3倍。这些对比说明，'一圈'的发展还没能很好地实现带动'两翼'共同进步的构想，工业反哺农业、城市支持农村的能力和水平并没从实质上得以提升，暂时还未

① 关于加快推进重庆工业战略转型的实施意见（讨论稿）[EB/OL].[时间不详].http://wjj.cq.gov.cn/upload/20101130105914734.doc).

有效缓解'两翼'的就业压力和资源环境的压力，地区发展的严重不均衡阻碍了重庆市经济整体迈向更高水平发展的步伐。"(以上数据为吴双发表文献时统计的重庆市经济发展早期数据，未注明统计时间)[①]

(三)重庆职业教育结构调整的原则

1. 坚持适应产业需求原则

职业教育的一个主要功能是服务地方经济建设和社会发展，专业结构必须与区域经济结构和产业结构相协调。区域经济的产业结构、劳动力结构决定和制约着中职院校的人才培养目标、专业结构和课程体系。中职院校首先要面向经济社会产业第一线设置专业，根据地方产业结构和人才需求的变化趋势来调整专业设置和选择人才培养模式。比如，重庆正着力壮大汽车摩托车、化工医药、建筑建材、食品、旅游五大支柱产业，发展以信息工程、生物工程、环保工程为代表的高新技术产业。职业教育可围绕重庆市这些产业设置一些新专业。

2. 坚持统筹规划原则

重庆是一个城乡、区域经济发展极不平衡的直辖市，正在进行统筹城乡综合配套改革。职业教育的结构调整首先要适应当前重庆城乡经济发展不平衡的现状，依据城市空间发展战略和学校所处区域功能定位，从服务区域经济，提供技能人才支撑出发，调整和优化专业布局，形成区县、学校错位竞争格局，促进"和而不同"的发展。对经济发达的主城区要考虑到城镇化、工业化、都市化的特点，要根据大城市超先发展的规律，瞄准城市产业结构的变化设置专业，做到有的放矢；对欠发达的渝东北、渝东南尤其是其农村地区，要重点发展面向农村的职业教育，要重点发展"涉农"专业，开展面向农村的技术服务；要努力承担培养新型农民的任务，向他们传授现代农业、畜牧业技术，保证农业生产的稳定；要举办各种类型的短训班，重点对农民进行进城务工培训。

① 吴双.重庆产业结构现状分析及优化思路[J].农村经济与科技，2010(1)：77-78.

其次，职业教育结构调整还要考虑到重庆统筹城乡改革发展的未来需求，要把为重庆统筹城乡改革发展培养人才作为职业教育的主要任务，在加快城镇化进程中完善职业教育的专业、课程体系建设。如从专业的区域布局看，要考虑主城与区县的平衡，城市与农村的不同需求，区域功能与专业配套等。重庆大部分中职学校集中在主城区，渝东北、渝东南发展滞后，而所有的学生也多愿意在主城区就业，而渝东北、渝东南人才需求则存在较大矛盾。因此，必须对区域化的人才需求采取统筹的办法，如采用政府定向培养、企业委托培养，专门为渝东北、渝东南地区培养人才。

3.坚持发展性原则

重庆职业教育结构布局调整必须具有战略规划，与区域社会经济、教育发展和人的全面、可持续发展相适应。首先，要与区域社会经济发展相适应。根据重庆经济社会发展规划和两江新区建设需要，及时做好技能人才需求的科学分析和预测，提前发布人才动态需求报告，指导区县和学校适度超前设置专业，适时调整专业结构。其次，要与教育的可持续发展相适应。作为教育重要组成部分的职业教育必须适应教育整体的发展。中职学校布局结构的调整应与整体教育情况相适应，要全市统筹，充分注意各院校间的结构互补，如学校区域布局的互补、学科的交叉渗透、专业的互补、知识的融合、资源的共享等，实现最优化的布局结构。再者，要立足于人的全面、可持续发展。职业教育的主要功能之一就是促进人的全面发展，那么结构调整优化就要适应受教育者对职业教育多形式、多类型的需求，以实现职业教育促进人的全面、可持续发展的功能。在重庆统筹城乡改革的大背景下，职业教育要适时调整与统筹城乡改革相适应的职业教育的培养目标，注重城市发展和市场竞争所需要的团队协作、创新实践能力和市场竞争意识的培养，使学生能够适应激烈的城市生活节奏和市场竞争环境。

4.坚持扶优汰劣原则

制定相关政策，鼓励学校立足现有特色品牌专业，做大做精做强；支持学校依托所属行业发展优势设置和调整专业，充分利用行业的资金、设备、技术、信息、实习场所、人力、企业文化等资源举办与行业发展密切相关、需求旺盛的专业，努力办成行业特色鲜明的品牌专业；限制和淘汰社会需求不足的专业，坚决停办一批与区域及产业发展要求不相适应、就业状况不佳、办学基础条件差、规模小的专业。

（四）构建“圈翼联动”的重庆职业教育城乡统筹新格局

从前面的分析我们已经看到，当前重庆的职业教育结构由于缺乏统筹规划、合理配置，存在专业设置趋同性高，比例不协调，布局结构不合理等问题，造成部分中职学校尤其是农村中职学校办学资源紧张、师资水平不高不稳定、实训实验条件简陋、办学规模小、招生难、效益差，严重阻碍了重庆职业教育的均衡协调发展，也影响了重庆统筹城乡和社会经济的发展。所有这些，迫使重庆的职业教育必须根据统筹城乡改革发展的需要不断优化布局结构。为此，我们提出积极构建“圈翼联动”的重庆职业教育城乡统筹新格局。即按照城乡统筹发展格局，统筹职业教育区域发展空间布局，突破行政区划界限，形成若干带动力强、辐射作用大、联系紧密的职业教育发展带，实施“圈翼城乡联动”“中职校校联动”和“校地合作联动”，达到“以城带乡、整体推进、城乡一体、协调发展，实现城乡职业教育规划布局、资源配置、政策制度、水平提升一体化”的发展目标。

1.圈翼城乡联动

“圈翼城乡联动”体现的是以城带乡、整体推进、城乡一体、协调发展的区域联动思想，城乡职业教育在规划布局、资源配置、政策制度、水平提升上一体化。“圈翼城乡联动”抓住了重庆统筹城乡职业教育的难点——渝东北和渝东南，尤其是渝东北、渝东南中的国家级贫困区县，这些区县的职业教育发展不好，重庆职业教育就不能实现真正的均衡发展。通过“圈翼城乡联动”，既可促进城乡各种资源要素的双向流动和优化配置，不断密切城乡关系，实现城乡良性互动,又可通过城乡联动机制促进城乡居民能够平等享受职业教育资源,实现城乡职业教育协调发展、整体发展。因此,统筹城乡经济发展的路径选择必然是城乡职业教育的联动发展,而且必须以壮大区县职业教育为重点,通过城乡联动、区域联动、校校联动,破解职业教育的失衡问题,真正实现城乡职业教育优势互补、双赢互惠、共同发展。

从区域的角度看,"城"与"乡"是两个不同的地理单元。无论是发展中国家还是发达国家,"城"与"乡"在经济发展的水平上、程度上存在着一定的差异,其职业教育的发展在水平上、程度上也相应存在着一定差异。就一个国家而言,区域职业教育发展不平衡,不仅表现为"城"与"乡"共同作为地理上的一个集合体或者一个单元的区域间的职业教育发展不平衡,而且表现为作为地理上两个不同单元的"城"与"乡"区域间的职业教育发展不平衡,并且后者的不平衡在世界各国的职业教育发展过程中带有普遍性。

重庆市集大城市、大农村、大库区和少数民族地区于一体,城乡经济二元结构矛盾突出,由于城乡之间在自然条件、区位条件和已有的经济和职业教育发展基础等方面的差异,市内各区县的城乡经济发展水平和职业教育发展程度也具有明显的差异。在城乡一体化和教育均衡发展背景下,如何消除或者缩小"城"与"乡"的职业教育发展差距,是摆在各地教育行政部门面前的一个现实问题。城乡统筹最终要解决的问题是资源的合理配置问题,尤其是经费和人力资源的分配问题。传统职业教育的发展模式主要是城乡"各自为政"式发展或者"两极走向各奔东西"式发展,带来了城乡投入分散、建设重复、资源使用率低等问题,从而造成了人力、物力及财力上的极大浪费。从重庆职业教育的发展来看,职业教育城乡统筹发展需要有一套符合重庆市市情的发展路径和政策框架体系,并在其指导下构建一套完善的运作机制来调节和引导职教资源的合理配置,合理解决经费和人力资源的分配问题,实现城乡职业教育的均衡发展。

2. 中职校校联动

“中职校校联动”涉及不同层次、不同类别职业教育的多层次全方位帮扶。它包含城镇与农村联动、高职与中职联动、强校与弱校联动、职前教育与职后培训联动、名师与骨干联动、骨干与一般教师联动。根据这种思想，可以建构出校校联动运行机制，如图13所示。

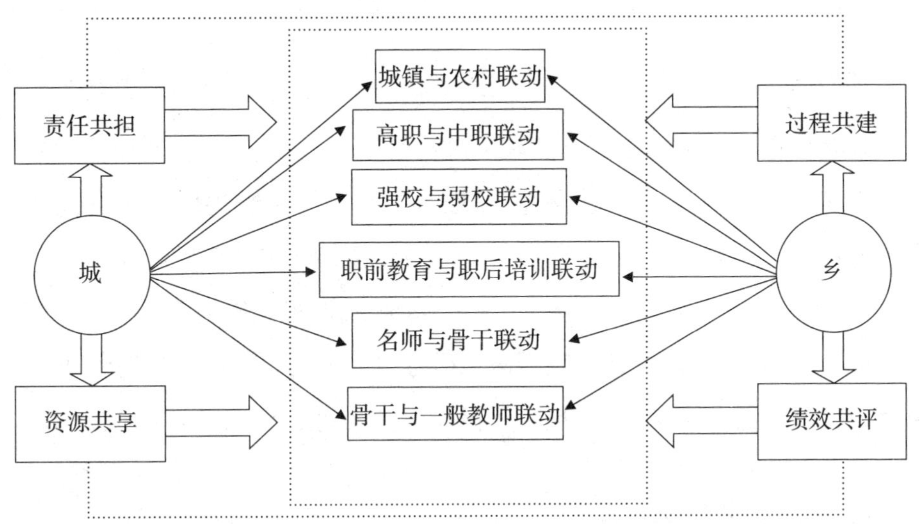

图13 校校联动运行机制

与学校单独发展相比，“中职校校联动”表现出明显的优势，有利于克服中职学校区位不利条件，实现区域间、城乡间均衡发展，防止职业教育发展的二元化。尤其是处于渝东北、渝东南地区的中职学校，没有地域优势，面临着较大的压力，如生源压力、就业压力、留住人才和引进人才的压力等，不利的区位条件往往成为其进一步发展的软肋。“中职校校联动”能扬长避短，实现职业院校间的互利互惠和跨区域教育资源的共享，实现教育资源逐步优化配置，能在一定程度上克服院校的地理位置、教学资源等差异，可以使不同类别、不同层次、不同水平的中职学校共享优质教育资源，获得规模效益，有利于中职学校克服不利的区位条件，实现差异化办学和可持续发展。

“中职校校联动”在实施过程中要注意以下两点：一是坚持优势互补、互利双赢。校校联动要结合每所院校的专业、人才、科研、技术等综合优势，结合中职学校所在地产业、资源等独特优势，以专业为纽带，以项目为载体，以实效为标准，在互动中寻找合作项目，在合作中谋求发展机遇，充分发挥各自优势，实现优势互补，打造各自的办学特色，增强院校各自的核心竞争力。二是坚持典型示范、全面推进。结对院校要整合资源、集中力量抓典型，通过示范带动，由点到线，由线到面，全面推进，促进结对院校提高自身的教学水平、办学质量和声誉地位，从而带动职业院校的整体发展、全面发展。

3.校地合作联动

职业教育与经济社会发展的联系最为紧密，区域经济和社会发展的需求是职业教育发展的主要推动力，职业教育必须适应和促进区域经济社会发展。这就决定了职业教育必须依托区域经济，围绕区域经济特色实现培养人才、服务社会和科学研究的功能。立足区域经济，服务区域经济是职业学校的重要职能，也是中职院校特色发展的有效途径。同时，依托区域经济，可以争取到地方政府的大力支持，也可以保证有更多的企业参与到中职院校的人才培养活动中来。

“校地合作联动”指中职院校与所在或相关区域范围内的地方政府部门的联合行动。中职学校与地方校地联动有助于整合和充分利用社会资源，实现职业教育发展与地方经济发展的齐头并进，以更高的水平完成区域职业教育的布局和结构调整，体现的是中职学校融入地方经济社会，地方政府为学校提供平台与支撑的思想，学校与地方实现良性互动，摆脱由于缺乏区位优势而在办学经费、师资来源、学科建设、招生就业等方面所面临的不利局面，实现超常规发展。

地方经济的产业结构、劳动力结构决定和制约着中职院校的人才培养目标、专业结构和课程体系。中职院校首先要面向经济社会产业第一线设置专业，根据地方产业结构和人才需求的变化趋势来调整专业设置和选择人才培养模式。比如，重庆正着力壮大五大支柱产业，发展信息工程等高新技术产业，职业教育可根据这些产业的要求设置一些新专业。

在校地联动中，中职院校应充分考虑所在区域经济社会发展的现状和要求，结合自身的办学优势，推进服务地方经济建设和社会发展工作。一是以项目研究和成果应用为纽带，集中优质资源，加强科技合作，产出重大科研成果，搭建开放性、共享型服务平台。积极引导教师与地方政府、企事业单位开展科研项目合作、技术难题攻关、共建产学研联合体等。二是发挥学科专业优势，为地方提供高质量的决策咨询服务。要以参与制订地区城乡发展规划、承担重大课题研究和参与决策咨询等为主要方式，为各地政府部门和企事业单位提供决策咨询和科研服务。三是优化人才培养模式，完善应用型人才培养体系。中职学校应依据地方经济社会发展和产业结构调整目标与实际，及时改造现有传统学科与专业，增设新兴、交叉和应用学科，改革现有人才培养模式，大力开展应用技能型人才的培养。

这三层联动既有横向层面的，也有纵向层面的，是一个立体的、纵贯的、相互交叉的统筹路径。城乡联动中包含校校联动和校地联动，校校联动也包含城乡学校的联动。从实质上来说，三个层面的联动体现的是尽量避免职业院校各自为政、盲目扩大、重复建设等外延式规模扩张型发展，是着力于关注职业院校的科学规划、合理布局、协调并进、统筹资源的内涵式质量提升型发展，从而真正体现教育公平与注重效率的思想。

（五）构建“双覆盖双倾斜双加强”的重庆职业教育特色专业结构

“高职高专院校的专业建设是一项系统工程，是学校适应社会人才需求和引导社会人才消费的一个基本尺度，反映学校对社会经济发展、科技发展和职业岗位的适应程度。专业建设的好坏直接影响到高职高专院校的招生、学生的培养及毕业生的就业与创业，事关高职高专院校的生存与发展。”[①]

① 李沛武，刘桂兰．高职高专教育专业设置及其与地方经济建设的关系[J].中国高教研究，2004(11)：69-70.

1.做好专业布局规划工作

中职院校专业调整首先必须重视专业布局规划工作,要根据专业布局的超前性原则,对专业布局规模进行科学合理规划。只有合理地规划,才能保证中职专业的种类、专业的培养规模与用人市场的需求平衡,同时也与院校办学实力相一致。无论是地区内的专业规划,还是学校内部的专业规划,都是一项复杂而重要的工作,其内容既涉及院校内部现有专业资源优劣势分析,也涉及外部经济、社会发展对人才的需求分析,及社会经济发展给予专业发展的机会点分析。规划内容主要包括:

(1)规范专业目录。目前部分中职院校出现专业同名异质或异名专业类似等现象,造成考生与用人单位的困惑,因此应建立较为统一规范的"专业目录",明确专业内涵,突出专业主干课程,完善相关教学环节,体现职业资格要求,确保用人单位和考生对专业培养规格、要求和适应性一目了然。建议由重庆市教育行政部门组织各院校专家,对各专业取向进行统一审定,参照全国其他省区市标准,建立统一的指导性专业目录,以此作为各职业院校招生宣传的蓝本。

(2)规划专业需求。了解各行业人才需求现状和趋势,分析产业行业需求重点,推测专业需求程度,是专业设置的前提。当然由于人才培养的周期性,社会对某些专业的需求程度会不断变化,但是根据社会发展走向,一个专业所处的发展阶段、专业适应性可以通过对产业结构调整和发展趋势进行调研而预测其需求程度,确定其是否成为专业发展重点。

2.根据产业结构调整的需要合理设置和调整专业

各中等职业院校要进一步坚持以市场为导向,主动围绕经济发展方式转变,产业结构升级,以及特殊行业的实际发展需要,加强研究区域经济社会发展对各类专业人才需求的规律性,建立职业教育学科专业调整机制,及时调整、优化专业结构,构建'双覆盖双倾斜双加强'的区域专业布局。

双覆盖:主城地区的职业教育专业要覆盖"'三产'重点产业"和"全市支柱

行业”，重点发展“信息技术类”“能源与新能源类”“石油化工类”“交通运输类”“土木水利类”“体育与健身类”等专业。

双倾斜：“两翼”农村职业教育专业向“‘三农’优势产业”和“区域支柱产业”倾斜；重点发展“农林牧渔”“资源环境类”“轻纺食品类”“财经商贸类”“旅游服务类”“医药卫生类”“文化艺术类”“公共管理与服务类”等专业。

双加强：示范职业学校加强重点专业和示范专业的建设，全市打造在全国范围具有较大影响和辐射力的示范专业60个、重点专业60个。一般职业院校要按照“整体启动，分步推进，抓住重点，突出特色”的要求加强特色专业建设，抓住教育部实施中等职业教育改革创新行动计划的契机，切实做好教育部落实给重庆的园林绿化、畜牧兽医、农业机械使用与维护、建筑工程施工、机械加工技术、模具制造技术、电子电器应用与维修、城市轨道交通车辆运用与检修、计算机应用、计算机动漫与游戏制作、酒店服务与管理等专业的改革创新试验工作，根据本区域产业结构布局和优势特色产业，加强30个特色专业建设并带动其他专业建设，展示自身办学特色和水平。

同时积极开设新专业，拓展服务领域。支持中等职业学校围绕重庆电子信息、汽车摩托车、装备制造业、化工产业、材料加工、能源、轻纺、金融、旅游等重要产业的需要开设新专业；支持中等职业学校围绕现代服务业、现代农业等新兴产业发展的需要开设新专业。提高我市中等职业教育专业设置数占教育部中等职业教育专业目录中专业总数的比例，拓展中等职业教育人才培养服务产业发展的领域。

3.构建相关政策制度

(1)在政策方面：每年发布招生指南之前，各中职学校必须制订并申报当年撤并、新设专业计划，区县教育主管部门审核之后上报市教委统筹审核。严格对照布局调整规划审定的学校专业设置方案，凡规划停办的专业一律不予审批。凡同一行政区域内其他学校已有并且是规划继续发展的专业，一律不再审批。对全市规模最大的前30个专业中的前5所学校，给予实训基地建设和师资培训支持。支持各区县调配整合区域内学校之间的师资与设备等教育资源,实现专业布局调整目标。

(2)在制度方面:建立“政府统筹推进、行业需求引导、学校自主调整、专家论证指导、评估促进优化”的中职专业布局动态调整优化机制。完善市和区县政府统筹、分级管理、分类指导的专业布局调整管理工作机制。在专业布局调整实施过程中,加强职业教育联席会议制度建设,多形式建立教育与相关行业主管部门、行业企业的对话协作机制和平台。加强专业评估、督导和监控机制建设,探索建立专业布局动态调整机制。

建立专业教学质量评价制度。加快研制专业教学质量标准、课堂教学质量标准、学生学业质量标准,制定质量监测评价办法,定期开展专业教学质量监测,发布监测结果,大力推进职业教育专业建设内涵发展和质量提升。

建立专业建设评估制度。加快研制专业评估标准,制定评估办法,开发评估工具与平台。市教委定期组织实施专业评估,对中职学校的示范专业、重点专业、特色专业开展评估认定工作。通过建立专业评估制度,有力推进专业布局结构调整与优化工作。

三、从办学模式中探寻发展路径:实施“集团化统筹发展战略”

(一)国外职业教育办学模式学习借鉴

前面谈到了职业教育办学模式有很多种分类方法,根据办学主体的不同,就可分为五种模式,一是政府办学模式,二是企业办学模式,三是行业办学模式,四是校企合作办学模式,五是中外合作办学模式。但不论如何,针对不同的主体,在不同的发展环境下,肯定有一种最优的办学模式,或者叫最有效、最合理、最适宜的模式。前文我们简要介绍了国外职业教育的发展模式,为了寻找一种最适宜、最有效、最科学的办学模式,下面我们再仔细讨论一下国外的职业教育模式。

1.澳大利亚的“TAFE”模式

TAFE的全称是Technical and Further Education（技术与继续教育）。它是澳大利亚政府对公立的职业教育学院的一个统称。全澳洲有60多所TAFE学院，即技术与继续教育学院，这些院校有超过170万名注册学生，TAFE因而成为澳洲职业教育最大的教育主体之一。TAFE提供的课程专业十分广泛，课程长度从2个月的证书课程至两年半的高级文凭课程。学生在完成TAFE的课程后，既可选择进入大学继续进修相关专业，也可以选择就业。由于TAFE是受澳洲政府直接拨款并监督的学院，因此在升读大学或获取职业资质两方面，TAFE都得到了澳大利亚政府及有关部门的认可，也是留学生可以选择的可靠途径。正因为TAFE是澳大利亚职业教育的主体，所以人们经常将澳大利亚职业教育与培训体系称为TAFE模式。这种模式的主要特点有：

（1）具有满足客户需要的以能力为本的课程体系。澳大利亚职业院校与培训机构按照“以行业需求为导向，以能力为本位，以学习者为中心”的办学理念，根据国家能力标准和资格框架开发课程模块，并根据行业企业变化制订最新的培训计划和教学大纲。政府与行业共同建立职业教育与培训体系（Vocational Education and Training，VET）。TAFE最显著的特点就是以VET提供的整套培训计划、大纲为目标，设计教学程序并注重课程和训练的实践性，完全以市场需求为导向，以工业部门、行业协会和雇主对专业人才的需要为依据。TAFE学院和各培训机构的设备设施必须与工业、企业界的实际先进设备相一致，学生必须受到与实际工作岗位设施条件一致的专门培训。

（2）统一国家资格框架，完善教师准入和培训制度。经过多年努力，在政府、行业及职业教育与培训机构的通力合作下，澳大利亚先后成功建立了澳大利亚培训质量框架、澳大利亚资格框架和国家职业能力培训包，规定了注册培训机构审核标准，包含能力标准、学习材料、国家认可的资格证书等。澳大利亚的资格框架的建立打通了普通基础教育、职业教育和高等教育之间的学习通道，通过对以前学习和工作技能的认可，获得学分，并且各教育机构学分互认,为学习者提供了更加便捷和实用的学习渠道。目前澳大利亚政府正在鼓励职业教育与高等院校教育的进一步融合,以便满足学习者更高层次的学习需求并能够通过继续学习获得更高一级的资格证书。澳大利亚建立了严格的职业教育教师准入制度。职业院校专业课教师除须具备大学本科以上学历外,还须具备相关专业的四级以上职业资格证书和职业教育教师资格证书,以及至少3~5年行业工作经历。

(3)强调通用就业技能的培养。2008年,澳大利亚工商业协会和澳大利亚商务委员会开发了就业技能框架,就业技能是指对于获得和保持就业以及在个人和社会活动中有效运行都非常重要的一系列普通技能。就业技能由交流、小组合作、问题解决、主动性和事业心、计划和组织、自我管理、学习和技术8个技能群组成。依据这一框架,2009年12月,澳大利亚对培训包进行了修订,提出把上述8项就业技能群纳入到培训包的每个能力单元中,同时开发相关的辅助课程材料,促进职业教育机构对就业技能的培养。

2.德国"双元制"模式

德国"双元制"职业教育是指由企业和非全日制职业学校共同承担教育责任的职业教育模式。与学校制职业教育相比,"双元制"职业教育更加注重实践技能的培养,所以深受企业和学徒的欢迎。作为一种先进的职业教育模式,"双元制"职业教育不仅促进了德国经济的发展、提高了劳动者的职业素质,而且在世界其他国家享有盛誉,它的成功经验尤其值得广泛推广。其特色和优势,主要表现在以下方面:

(1)双元互补,重视发挥企业作用。一直以来,国际上曾有两大职业流派,即以日本、美国等为代表的"企业职业教育模式"和以俄罗斯、法国等为代表的"学校职业教育模式"。这两种职教模式存在着明显的缺陷,最主要的就是技能实践与理论学习严重脱节。而德国的"双元制"职业教育则基本上弥补了这两大职教流派的不足。在"双元制"职业教育中,受培训者以学徒身份在企业里接受职业技能方面的培训,以更好地掌握"怎样做"的问题;同时又以学生身份在职业学校接受专业理论和普通文化知识教育，以解决“为什么”的问题。这就将企业与学校、实践技能与理论知识有机结合了起来，培养出既有较强操作技能又有一定专业理论知识与普通文化知识的技术工人。学生在企业与学校的时间比例一般为3∶2或4∶1。在“双元制”职业教育中，企业发挥了重大作用，主要体现在两个方面。首先，德国企业承担了职业教育的大部分经费。这些经费包括：学生在整个学习期限内的生活津贴与社会保险；专职和兼职教师的工资、报酬和社会保险；培训设备和教材的购置保管费用；等等。其次，德国企业是重要的教学主体。它们不但提供与所培训的职业紧密相关的实际生产岗位和培训场所，而且提供详细的实习教学计划，配备经验丰富、受过良好职业训练并富有责任感的专职实训教师。

(2)以市场为导向，灵活设置课程。德国的各类职业虽然都有全国统一的教学大纲，却没有全国统一的课程设置。只要符合教学大纲的难易程度，学校和企业有权根据市场变化设置和选用自己需要的课程和教材。其主导思想是把新工艺、新方法、新技术及时引入培训计划，以适应经济和社会结构的发展变化。德国职业教育研究所不仅跟踪形势变化，还负责公布人才市场信息。因此，即使在20世纪七八十年代社会培训需求急剧变化之时，德国企业所提供的培训岗位与申请培训者人数也基本持平。据统计，1976年德国社会培训岗位的需求是52.3万个，而至1984年则猛增至74.6万个，其后又持续减少，1990年降至55.9万个。令人惊奇的是，在此期间，尽管偶有经济困难发生，但由企业提供的培训岗位却几乎一直随社会对培训岗位的需求而上下波动。如，1976年，德国社会上只有51.4万个培训岗位，1984年则增至72.7万个；此后当社会需求降低时，培训岗位也相应有所减少，到1990年降至65.9万个。由于其职业训练与以现代科学技术为基础的大生产密切结合，所以对经济部门需要的反应十分敏感，能够及时估计到职业结构的变动和劳动市场的需要，并相应地不断抛弃过时的或显得多余的训练职业和训练章程。就这一点而言，它是一个十分灵活和高效能的训练体系。

(3)法制健全，切实保障培训实施。德国是目前世界上职教体系最完善、法制最健全的国家，其职业教育的改革与发展都有明确的法令规定。早在中世纪，德国即有法令规定职业学校入学条件、学校义务、师资培训、工种的学科设置、具体的培训方法等。1869年颁布的《北德意志联邦工商条例》规定，不足18岁的伙计、帮工和学徒，有进入补习学校接受职业补习教育的义务。1872年，帝国政府颁布《普通学校法》，要求18岁以下已经就业的青年，尽可能地继续接受职业补习教育。1873年，萨克森州对不足15周岁的男孩实行三年职业义务教育；1969年，德国颁布的《职业教育法》是当时联邦德国职业教育界最权威的法规，对全联邦的企业职业培训作了统一规定，内容包括“职业训练的内容、方法、期限，培训企业与受培训者的关系和双方的权利与义务、实施培训的监督和考试”等，大大提高了德国职业教育的质量。此后，德国又相继出台或修正了一系列涉及学徒训练的法律法规，如《企业基本章程法》《手工业条例》《劳动促进法》《青年劳动保护法》《关于工商业协会权利的暂行规定的法规》等。这些法律法规的诞生，标志着“双元制”职业教育体系已作为一个完整而又独立的训练体系而实现了制度化、规范化，确立了它在德国职业教育中的地位与作用。

“双元制”职业教育为德国培养了大量的高素质产业技术工人。他们把优美的设计变成精细的产品，远销世界各地；其一丝不苟的工作态度和严谨务实的敬业精神，使产品经久耐用，使“德国制造”享誉全球。在当前竞争激烈并以质取胜的经济形势下，借鉴德国“双元制”职业教育的成功经验，对我国职业教育的发展尤为迫切和重要。

3.英国“现代学徒制”模式

现代学徒制是产教融合的基本制度载体和有效实现形式，也是国际上职业教育发展的基本趋势和主导模式。现代学徒制是通过学校、企业的深度合作与教师、师傅的联合传授，对学生以技能培养为主的现代人才培养模式。该模式旨在解决企业招工难等难题，近年来，现代学徒制颇受欧洲一些老牌制造业国家重视，其中英国已制订了复兴学徒制计划。英国“现代学徒制”模式的特点是：

（1）相互融通的国家统一资格框架。在统一的国家资格框架下，构建上下衔接、普职沟通的职业教育体系。在此体系内，强调课程，而非教育机构，职业教育办学主体和办学形式都比较多元，通过国家资格框架，构建中学教育、职业教育和高等教育的立交桥。英国通过国家职业资格证书来积极地推行能力本位教育,强调综合职业能力的培养,如关键能力。通过国家资格框架整合职业教育与普通教育,通过国家资格框架,实现纵向衔接、普职等价、普职沟通。利用职业教育与普通教育的等值体系来真正提升职业教育的地位。

(2)实行工学交替的人才培养模式。实行交替式在职培训与脱产学习,如约2/3的时间用于在企业接受培训,约1/3的时间在学校学习理论知识;学徒和雇主之间签订一份培训协议,明确各自的任务与职责;学徒在学徒期享受低于成年人的学徒工资;社会合伙人(企业主、培训提供者、培训管理机构)等共同制订培训内容和培训合同;培训结束后经考核合格授予国家承认的职业资格证书。英国现代学徒制确立了能力与知识并重的培养目标;建立了以培养关键技能为核心的突出职业资格培养的课程体系;采用工读交替的教学模式;学徒实现学校到就业的平稳过渡;采用三位一体,立体网络的管理构架。

(3)采用根据企业需要的BTEC课程模式。BTEC(Business and Technology Education Council)是英国商业与技术教育委员会的简称,是国际性的教育组织,主要进行各种专业和职业培训以及各种资格证书颁发,是国际上公认的重要的应用技术和职业技能资格证书颁发者。其课程有上千种,分九大类,证书体系分三个层次。BTEC课程教学内容是根据企业的需要进行教学模块的组合,以教师指导学生进行问题研究的方法进行教学,在教学过程中学生占主体地位。该课程模式没有规定教材,也无固定课表。没有传统意义上的考试,评价学生只是看学生完成课业的情况。该模式打破了传统的课堂教学模式,整个过程以学生为主,教师成为学生学习的引导者、帮助者、合作者。通用能力纳入教学全过程。最有特色的是课业,课业是BTEC课程教学实施的关键环节之一,所有教学活动的内容和成果都体现在课业上,所谓课业是以任务的形式由学生自主完成的学习活动。

4.美国“社区学院”模式

美国社区学院的发展历史可追溯到19世纪末20世纪初的初级学院运动(Junior College Movement),迄今已有100多年的历史。美国社区学院的兴起被称为美国高等教育的伟大变革，它对美国教育和经济的发展起了很大的推动作用。对我国高等职业教育而言，美国社区学院的职业教育有着不少的可以借鉴之处，针对美国社区学院职业教育办学特色的总结和分析，对研究和探讨我国高等职业教育的发展大有益处。美国社区学院职业教育发展特点是：

(1)适应不同类型学生需要。美国社区学院职业教育明确以社区经济发展的需要为依据，以促进社区的改革与建设为目标，针对社区内学生的具体情况开展工作。具体来说，其目的有两个：一是使学生掌握一种或多种专业知识或技能，为学生就业做准备或为在职和转岗人员知识更新提供条件；二是为社区的工商企业和其他行业培养符合标准的人才。为达到这两个目的，美国社区学院的职业教育不断增加专业，更新课程内容，以适应整个社区科技进步与生产发展的需要。美国社区学院所招收学生的文化程度、家庭背景、个人能力等方面的差异很大，为适应不同类型学生的需要，社区学院在发展中做出了许多探索和努力。从教学方法和手段来看，职业教育充分利用各种现代化教学技术和传播媒介，采用个别教学、临床讲授、正规教学、短期培训班，集中训练相结合的形式，实行边工作边学习，半工半读的教学模式。

(2)具有较强的针对性。美国“社区学院”的职业教育无论教学还是服务等都是以社区发展为核心。职业教育的生源主要是来自本社区，毕业生大多留在当地社区工作和生活。因此，职业教育的课程设置、专业安排，是以社区工商企业的近期、中长期需要及就业趋势为依据。职业教育还为社区的在职人员和转岗人员提供各种形式的培训服务，以满足学员更新知识、学习新技术的需要。

(3)具有较好的经济性。美国“社区学院”的职业教育之所以在美国如此普及，主要是得益于其费用低、学生容易接受的优点。由于政府(州和地方政府)是发展教育的主要投资者，所以职业教育的成本与四年制学院和大学相比低得多，甚至某些州对本州学生根本不收学费。另外，90%以上的美国公民在离家25英里之内即可以找到一所社区学院就近学习，这样学生便省去了不少的食宿与交通费用。据统计，美国“社区学院”职业教育的培养成本不足综合性大学学生交纳费用的1/3。

(4)办学方式灵活。美国“社区学院”职业教育的办学方式十分灵活。从教学来看,根据学生不同的知识水平和层次,进行个别化教学。从课程内容来看,学生可以根据自身的需要选择各类不同的课程,所选课程种类十分丰富。就职业教育而言,分别开设从航天技术、计算机、石油化工、自动化、农业、渔业、经济、管理、医学、艺术、宗教到服装设计与裁剪、美容美发、摄影、手工、家政等各种实用性专业和课程。这虽然使学生学到不同学科知识和思维方式,并在一定程度上有利于培养学生的综合素质,但学习的课程往往缺乏连贯性,这也是其内在的缺陷。从学习时间看,职业教育的授课时间尽量方便学生,下午四点以后和晚上,甚至在周末都开设课程,因此各行各业的在职人员都有学习的机会。

(5)重视实践性。美国“社区学院”毕业生很受欢迎,主要是因为毕业生掌握了生产技术,动手能力强,有好的劳动习惯,且能直接上岗。职业教育注重学生动手能力的培养,在课程设置方面尤为突出实践性。实践课学时一般占总学时的40%~60%。实践课由专门人员指导,学生必须到实际岗位上参加劳动生产。某些学院的职业教育实行合作教育计划,学生一边在校学习,一边到所学专业密切相关的企业等机构工作,使学习的内容在实践工作中得到应用和巩固。一方面,参加实习的学生可获得一定的报酬:另一方面,企业也可以从实习生中物色雇员人选,对表现突出学生直接录用。美国社区学院的职业教育重视实际知识和实际技能的教学,因此要求教师中既有从事基础理论教学的专职教师,又聘请有实际工作经验的各类技术人员为兼职教师。并且,兼职教师在数量上多于专职教师,一般占教师总数的60%。他们讲授的课程实用性强,并带来了大量社区人才需求标准的信息,增强了职业教育办学的实践性。同时,聘请兼职教师的成本相对较低,也为社区学院节省了不少开支。

(二)国内校企合作办学模式的经验

1.北京的经验

《北京市人民政府关于大力发展职业教育的决定》规定:深化办学体制改革。政府主导,充分发挥行业企业作用。行业主管部门和行业协会要加强对本行业职业教育和职工培训的统筹协调和业务指导。积极开展本行业人才需求预测,制订教育培训规划,参与制订本行业特有工种职业资格标准及从业人员资格标准等,完善职业鉴定和证书颁发工作。企业有责任接受职业院校学生实习和教师实践。对支付实习学生报酬的企业,给予相应税收优惠。各行业、企业要继续办好高等职业学院、中等职业学校以及各类培训机构;保证企业对职业教育的投入。认真落实“一般企业按照职工工资总额的1.5%足额提取教育培训经费,从业人员技术素质要求高、培训任务重、经济效益较好的企业可按2.5%提取,列入成本开支”的规定;各级政府要切实加强对职业教育工作的领导,把职业教育工作纳入目标管理,作为对主要领导干部政绩考核的重要指标。

北京校企合作模式分为“订单式”人才培养模式、“教学实训交替”人才培养模式、“校企全面合作”教育模式、“区域统筹协调”教育模式、“学校企业融通”模式和“教学工厂”人才培养模式。校企合作存在的主要问题有:从学校类型上看,一般来说,技工学校校企结合情况最好,困难最小,中专次之,职业高中最不理想;从学校层次上看,一般来说,高等职业学校特别是公办高等职业学校相对于中等职业学校与行业企业结合范围更加开阔,层次更为丰富;从合作时间上看,以一个职业学校为视角,有长有短,但“一对一”的合作超过五年的并不多见;从合作动力上看,普遍情况是职业学校为主动方,目的主要在于促进学校的发展,而企业普遍表现得比较被动。

2.天津的经验

《关于印发国家职业教育改革实验区建设实施方案的意见》(津政发〔2006〕24号)和《天津市人民政府关于贯彻国务院关于大力推进职业教育改革与发展的决定的若干意见》(津政发〔2002〕68号)主要推行“工学结合”的办学模式,建立和完善以政府为主导,发挥行业、企业作用,社会力量积极参与,公办与民办共同发展的多元化职业教育办学体制。

行业协会、商会、同业公会等应当根据本市职业教育发展规划,开展行业人才需求预测,结合本行业发展需要,制订行业职业教育培训计划,协助主管部门组织、指导行业职业教育与培训工作。职业学校、职业培训机构应当根据经济、社会发展和市场需求、产业岗位的需要，适时调整专业设置和课程内容。企业可以与职业学校签订合同，委托职业学校为其定向培养学生，并根据岗位需要确定培养目标，调整课程安排。同时，为促进职教发展规模化、集约化、科学化，天津市组建了10个行业性、区域性或跨行业、跨区域的职教集团（集团化发展）。

此外，天津还推行校企联合"订单式"人才培养，实现高就业率。学校根据企业要求设置课程，并加大实训基地建设投入；企业负责提供实训设备、师资培训和接收毕业生。同时，依托行业办学，解决资金瓶颈。天津市80%的高职院校和70%的中职学校均由行业举办，形成了以行业办学为主的职业教育办学体制。如今，天津市已初步形成了具有中国特色的初、中、高等职业教育相互衔接，又与普通教育、成人教育相互沟通，学历教育和职业培训并举，以"工学结合"为重要特征的现代职业教育体系。

3. 上海的经验

《上海市职业教育条例》明确行业主管部门、行业组织、企业、事业单位可以委托学校实施相应的职业学校教育。《上海市人民政府关于大力发展职业教育的决定》（沪府发〔2006〕10号）明确提出依靠行业、企业发展职业教育，行业、企业要建立健全现代企业培训制度，强化职工培训并将其列为对国有企业领导任期目标考核的重要内容之一。企业要支持职业院校搞好学生实习和教师实践，积极提供实习实训岗位。行业组织受政府部门或行业主管部门的委托，开展本行业人才需求预测，制订教育培训规划，指导、协调行业职业培训，参与本行业特有工种职业资格标准制订、职业技能鉴定等工作；加快发展职业教育的集团化和连锁化，率先在电子信息、机电数控、交通物流、建筑、轻工、化工、旅游、现代艺术、现代护理和现代农业等10个领域组建职业教育集团。

集团化办学是上海职业教育的一项重要改革举措。自2007年10月上海市首个职业教育集团——上海现代护理职业教育集团揭牌至今，上海已相继建成交通物流、商贸和电子信息等职教集团。覆盖上海主要产业，具有跨系统、跨行业、跨产业、跨区域的联合体特性，以品牌职业院校、示范职业院校为龙头，联合社会办学单位、职业教育开放实训中心、对口支援地区学校，与社区、企业（行业）深度携手。职教集团实现了“多兵种”聚集，使优质教育以多方位的方式传导。如首个职教集团——上海现代护理职业教育集团，以上海医药高等专科学校和交通大学医学院附属卫生学校为组，建牵头单位，首批成员来自卫生类职业院校、医疗部门等18个单位，其中包括瑞金、仁济、九院、新华等6所市大型综合性三级甲等医院。

上海开展校企合作，与国际化的大型企业合作，或依托行业、产业领域的高端企业，培养高素质技能型人才。实施产教结合、校企合作的对接和融合：上海市建筑工程学校，实施“依托行业、融入建工”的办学模式，并与行业合作开发仿真教学与实训操作系统，编写教材，培养出有针对性、适应性的应用型人才；上海市石化工业学校吸引赢创、德国拜耳、三菱瓦斯化学株式会社等多家大型化工企业，直接在该校投资建设实训基地，深度开展校企合作；上海行健职业学院与中国商用飞机有限责任公司上海飞机制造厂签订校企合作协议，双方决定建立教育培训基地，共同为国家民用大飞机事业培养建设人才。

校企合作存在的问题：一是体制上，政府办职业教育的力度不够，造成力量分散，资源不能整合。目前由于地域壁垒和行政区域壁垒，很多资源不能统筹。二是机制上，强化力度不够，缺乏激励性政策来调动企业办学的积极性。三是执行职业准入制度不严格。四是师资力量不够，缺乏有相当经验和技能的教师。

（三）“集团化统筹发展模式”的特点和要求

根据国内外关于职业教育办学模式的理论探究和实践经验，我们必须在这些理论和实践的基础上，结合重庆统筹城乡改革的实际需求，探索一条最能适合重庆的有特色的职业教育办学模式，即“集团化统筹发展模式”。因此，本研究重点围绕这一模式来展开。

“集团化统筹发展模式”是指：在政府统筹主导下，在行业协会的协调下，以服务地方经济建设和社会发展为宗旨，以专业设置和人才培养为纽带，以行业企业发展需要为动力，以城乡、区域职业教育协调发展为目标，将职教资源在区域布局上合理规划，在城乡资源上整合共享，在服务地方上校企互动，在院校之间协同发展，将城市和农村结合起来，将高职、中职联合起来，将强校、薄弱校捆绑起来，将学校、企业和市场结合起来，实行“校企合作”“工学交替”等联合培养方式，充分体现教学、科研、实训、产业的紧密结合，实现职业教育城乡之间、区域之间、学校之间、校企之间的协调发展的一种新型发展模式。这种模式，可以有效地发挥职教机构的地理积聚效应、职教学校间的竞争帮扶效应、职教资源的整合共享效应、职教体系之间的沟通互补效应、政府公共政策与市场机制的融合效应等，可以增强不同主体间的互补性，提高资源的利用率，获得聚集带来的“外部规模效益”和“范围效益”。

职业教育集团这种模式由以下三个部分构成：一是政府及相关行政部门组成的管理主体，二是职业学校组成的运行主体，三是企业、行业协会和相关的咨询机构等构成的服务主体。如图14所示。

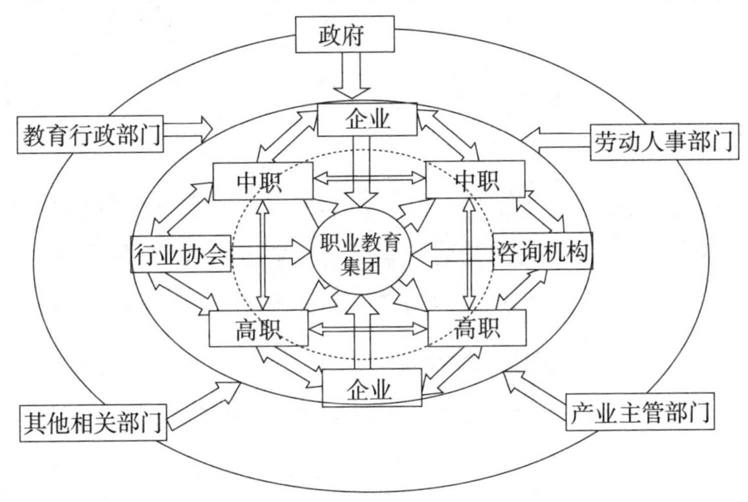

图14 职业教育集团的运行模式

1.政府统筹

在“集团化”职教发展模式中，政府尤其是教育行政部门负责统筹协调与监管指导，是区域联动、城乡发展的策源地，承担着为整个模式的运行提供策划、制定政策、过程监管与指导评价的职能，为城乡职业教育发展提供政策支撑和环境打造。其主要职责有：

一是对整个职业教育集团进行领导和规划，制定相应的政策法规，积极筹措资金并制定资金管理使用政策，加强对外宣传，营造社会氛围，为职业教育集团提供政策、资金和舆论环境。

二是制定鼓励企业参与的政策，激发企业参与积极性，制定相关政策，鼓励、支持行业、企业与职业学校联合共建职业教育集团，实行产学教结合。

三是建立相关制度对教育集团建设活动进行规范与引导，地方政府与相关部门应该出台配套的具有法律效力的条例或实施办法，对职业教育集团建设模式的顺利运行提供必要的法律保障。行业、产业主管部门和其他相关部门积极配合政府推进职业教育集团的发展，通过制定相关政策和措施来引导相关产业、企业积极投身职教集团办学。劳动人事部门则根据劳动力市场职业供求状况分析及用工需求预测，引导职教集团不断调整培养目标和办学模式，培养更多适合重庆经济建设发展所需要的人才，尤其是培养大批掌握核心技术的高技能型应用型人才。

2.企业参与

职业教育的发展离不开企业的参与，企业要主动参与职业教育的发展，为职业教育创造良好的条件：一是通过学校与企业联合投资，形成在人才、资金、设备等多方面的资源共享；二是充分利用企业的人才优势，派遣优秀技术人员作为职业院校的兼职老师，形成职业学校优秀的兼职教授和顾问团队；三是充分利用企业的设备优势，共建校内实验室和校外实训基地，接受学生顶岗实习；四是与职业院校签订订单式培养协议，接受合格职教学生就业；五是充分利用企业的技术优势，开展校企之间的技术合作和人才交流，为职业学校培训师资；六是积极配合职业院校，大力推行“校企合作”“工学结合”“产教结合”等办学模式改革；七是重视企业人力资源开发，重视企业职业教育，制定完善的企业职业培训管理制度，强化对员工的职业培训，为企业发展不断提供人才支撑。

3. 校企合作

长期以来,受传统农耕文化的影响,我国的职业教育办学主体,即政府、学校和企业,特别是学校与企业,各自为政,封闭自守,导致了职业教育培养目标与市场需求的脱节,造成了职业学校发展中实习难、就业难和招生难三大难题,形成了职业教育体系在教学内容、实训设施、专业师资上校企脱节的矛盾。学校与企业脱节,除双方原因外,政府也难辞其咎,该政府承担的统筹、协调、沟通和服务的职能没有很好地发挥。

为此,在城乡统筹的框架下,我们提出了政府统筹下的校企合作模式。这一模式是在原先的校企合作模式的基础上强调了政府参与、政府统筹的作用。这一模式将政府、企业和学校三者结合起来,通过这三方的密切合作来优化资源配置。三大主体在合作平台上,通过频繁交流和相互合作而结合,并通过网络联系突破自身组织边界,利用彼此的互补性相互渗透与重新优化组合,最终产生协同效应,产生大量的能量聚集效应。

4. 区域联动

由于重庆不同区域之间区域经济、教育发展不平衡,职业教育资源城乡、区域之间分布不均,因此不可能追求职业教育的平等发展,应该集中优势资源,建立职业教育师资培训基地、实习实训基地,打造区域性职教高地,发挥区域职教高地的辐射带动作用,同时加大对边远、薄弱的农村地区职业教育的扶持力度,实现区域、城乡的联动发展,形成区域内职业教育的规模化、集约化、整体化发展。比如:在职业教育基础良好、相对发达的永川区,努力打造重庆职教城,实行以城镇化促职教发展、以职教城建设促城镇化的城职联动模式;在渝东北地区的万州区,要充分利用三峡库区建设和移民职能技能培训的契机,努力建设重庆三峡库区职业教育与移民技能培训基地,重点发展移民的职后培训;在渝东南少数民族聚集区,要结合少数民族的经济、文化和教育特点,打造具有地域民族特色的职业教育组团,形成区域性、集约化、规模化发展态势,推动和促进重庆职业教育全面协调发展。

5. 城乡联动

“城乡统筹的核心主体是城市和农村，城乡的互动发展是促进其一体化的必要途径，城市职业教育和农村职业教育的互动与各类资源要素的结合是城乡统筹的必然要求”。[①]因此，在职业教育城乡联动的过程中，应该建立城市带动农村、城市帮扶农村、城市反哺农村的联动互助机制，利用城市优质职业教育资源反哺农村职业教育，在城市和农村职业教育之间形成辐射网络，走以城带乡，以乡促城，城乡一体，协调发展的路子，通过城乡职业教育之间对口帮扶、教师指导、信息流动、资源共享、优势互补，实现城乡职业教育共同发展和办学质量的全面提高。

政府统筹下的“集团化”职教模式的提出，是对传统意义上单纯的校企合作模式的进一步改进，因为校企合作需要政府的支持和协调，无论是专业设置、课程开发，还是实习基地的建立，都离不开政府的统筹与引导。在该模式中，政府、学校、企业是一种多主体的有机结合，政府是调控主体，职业学校是执行主体，企业是市场主体。通过政府的统筹协调，建立完善的制度环境、组织环境、运行环境，达到互利互惠、共同发展的效果：一方面可以改革区域职业教育发展模式，培养一大批企业所需的各种岗位人才；另一方面通过政府的引导、学校的支持、企业的市场化运作，生产出符合市场需要的技术产品，产生巨大的经济创造力，最终促进企业的良性发展和职业学校的可持续发展，取得显著的经济效益和社会效益。

但是，不可否认的是，这种模式要想产生真正意义上的“三方融合、联动发展”的效果，不仅需要政府来统筹，将企业和学校在制度安排上建立起紧密融合、资源共享、利益共沾、风险共担的组织模式，还要能够形成有利于信息沟通、反馈及时的非正式交流的空间和氛围，使各种资源和能量真正在空间上形成集聚。要想产生这种协同效应，三者不仅要相互信任、充分沟通，还要通过利益平衡与协调机制的设计，使三者真正形成荣辱与共的共同体。这种模式在制度设计和协调实施上有较高的难度和要求。

---

① 刘新智. 城乡统筹中农村职业教育发展模式创新研究[J]. 职业技术教育，2010（13）：60.

（四）“集团化统筹发展模式”的优势作用

1.有利于打破管理上的条块分割

在我国现有的职业教育管理体系中，职业学校以行政组织的纵向联系为主，职业学校之间缺乏实质性的横向联系。同时，不同类型的职业学校又由不同行政部门分管，如中职学校由教育行政部门管理，技工学校由人事部门管理，还有些职业学校又由行业主管部门管理，这种多头分散的管理体制更加剧了职业学校之间必要的联系，同时导致有限的职业教育资源更加分散和封闭。“集团化统筹发展模式”客观上要求政府切实发挥统筹协调作用，对职业教育进行整体规划、分类管理，统筹资源配置，统筹政策措施，统筹师资队伍建设，统筹职业教育与经济社会发展。这种模式强调政府统筹，有利于打破管理上的条块分割，打破部门、学校、行业之间的壁垒，实现区域之间、城乡之间的职业管理体制和政策的统一和衔接。

2.有利于院校之间的资源共享

集群理论的核心理念是资源的合作与共享。聚集可以通过部门间的协作产生规模效益和放大效益，这对关联度大的部门影响尤其明显，而且由于地理上的接近性可以使集聚的合作利益进一步放大。“集团化统筹发展模式”的共享机制包括以下三个方面：第一，校内共享。包括职业学校内部各学院或者各职能部门在学科、教学设施、基础设施、师资队伍、财力资源等方面资源的共享。第二，校校共享。各职业学校的教学设施、文体设施、技术设备、实习实训基地等实行共享。第三，校地共享。职业学校具有自己独特的优势，比如，人力资源丰富、教学设施完备、文体设施全面等，这些都是地方政府和企业缺乏的。而地方政府和企业却拥有职业学校急需的资金、实习实训设备等。通过职业学校之间并与地方政府和企事业单位的资源共享，可以加强职业学校与社会的联系，以更好地促使多方互动生成多种资源，如知识、信息、技术、技能、文化、公共设施等。[①]

① 张曾.职教集群：中国特色职业教育发展模式的探索[J].教育与职业，2009(5)：8.

3.有利于职业教育与区域经济之间更好地协调

“集团化统筹发展模式”有利于降低单个院校的盲目决策与无序竞争，有利于解决“劳动力市场失灵”问题，有利于政府统筹各级各类职业教育的发展规划、发展规模以及专业结构，从而更好地适应劳动力市场的需要，有利于从区域发展的整体上将职业教育规划与产业规划相互融合、互相支持。职业学校以区域产业为依托，不断调整自己的办学方针和专业设置，及时增设社会需要的专业、课程；地方产业从职业教育集团中获得源源不断的合格劳动力，产业的发展又为职业教育提供更多的岗位需求。

4.有利于调动行业企业参与职教的积极性

长期以来，作为职业教育发展的重要主体——企业却不愿意、不积极参与职业教育，其主要原因一是原先的职教模式没有充分体现和保障企业的利益，二是缺乏真正能够约束、监督和调动企业参与职业教育的可操作性法律法规，三是社会利益机制不健全，参与职业教育的企业却不一定能完全享有权益导致企业失去办学积极性。

实施“集团化”职教模式后：

第一，政府通过不断建立健全企业参与职业教育的法律法规，加大职业教育法律法规的执行力度，把企业是否参与职业教育作为企业考核指标，对拒不履行参与职业教育责任的企业依法追究法律责任。

第二，根据“谁投入、谁受益”的原则，完善社会利益分配机制，保障企业参与职业教育获得利益。对积极参与职业教育的企业，其所用经费实行税前列支，其职工教育统筹费按一定比例返还；对接受职业院校学生实习和教师实践的企业，给予相应的税收优惠；对拒不参与职业教育的企业，由地方政府强行收取应当承担的职业教育经费并给予一定的处罚。

第三，对企业办学积极予以扶持。政府有责任对其进行宏观管理和指导，同时也应该给予必要的经费资助，并在教师待遇、学生权利、规费减免、贫困生资助等方面享受与公办学校平等的地位。

（五）"集团化统筹发展模式"的运行机制

为使职业教育集团顺利运行实施，必须建立一个与社会主义市场经济体制相适应的，确保职业教育集团高效率运作的，政府统筹、行业参与、多元办学的管理运行体制。

1. 管理机制

首先，要设立职业教育集团办学董事会。董事会的职责是：确定教育集团办学目标，并制订实施方案，争取社会各界对职业学校办学的支持。其次，要打破原有的管理体制，实行董事会领导下的各成员院校校长负责制，明确各成员院校校长的责、权、利。各成员院校校长在行政事务上具有独立决策权，负责学校人、财、物的管理。

2. 合作机制

第一，专业合作。教育集团内部的职业学校实行专业发展合作，允许学生互选专业课程，学分互认，课程共同开发建设。

第二，硬件合作。共建功能完善的实训基地及校内模拟训练系统，共享齐备先进的技术设备。

第三，师资合作。聘请企业经理、技术骨干等作为客座教授、兼职教师或实训导师；分期分批地选送专业教师到企业进行实践、技能培养培训，加强"双师型"教师队伍建设。

第四，技术合作。校企双方针对企业技术改造、产品开发的实际需要，将学校智力要素与企业生产要素紧密结合起来，制订校企双方技术合作计划，共同研究新技术、开发新产品。

3. 评价机制

建立和完善科学规范的集团合作效益评估体系。按照评估体系的要求，由参与各方运用管理机制、督导机制、激励机制和制约机制，对集团合作的各个方面进行考核，并及时沟通、反馈和修正，提高集团合作的效益。

4. 企业主动参与机制

企业参与职业教育要基于企业的自愿和考虑市场规律，切不可由政府部门“拉郎配”。在职业教育集团模式中，企业要为职业教育集团办学提供决策咨询、经费支持、师资培训、实习场所和就业基地，企业要主动参与专业人才需求预测、专业设置、课程开发等。企业要为职业教育集团化办学提供监督评价，参与教学过程和人才培养质量评价等。因而，企业的参与必须是自愿的且要基于市场经济规律，并且需要有适合的评价监督机制。

（六）“集团化统筹发展模式”的运行方式

1. 互补性运行

主要通过合作，实现院校资源的交换和互补，获得实施相关功能、开展相关活动所欠缺的资源或条件。如：

（1）共享校内实训基地。由于区域特点、专业优势各有不同，不同区域院校的实训基地的建设也各有侧重。各个学校提供本校实力较强的实训基地所能承担的实训与培训能力，由另外的学校通过信息平台，进行选择。

（2）联合开展招生就业。合作各方在招生就业宣传时，可以印制统一的宣传资料，以提高宣传的深度和广度；异地招生咨询会和就业推荐会，也可以相互共享信息和资源。

（3）开展师资培养与共享，互派教师访学、挂职锻炼、兼职兼课等。

（4）成立常规活动协调机构，开辟交流平台，举办双方论坛、交流会、专家讲座等。

2. 整合性运行

主要表现为通过院校间同类或相近需求和资源的整合，既满足需求，又减少支出，降低成本，提高效益。如：

（1）成立集团内科技服务创新平台，联合组织攻克有关课题和技术服务项目，就共同关注的领域联合申报和承担国家级、省部级重大研究项目，就区域内共性的技术问题,联合开展技术研发、技术攻关与技术服务。

(2)开展高等职业教育行动研究和院校研究,尤其针对高职教育和中职教育的现状,提出当前需要研讨、深化的重要内容,共同开发特色课程,编写特色教材。针对高职院校“两个系统”的课程体系设计与实施,可合力攻关,选择各校共有的专业进行试点,提出可以借鉴的范例。

(3)强强联合,在实训基地的基础上,组建集团技能比赛团队,参加全国或世界性的技能大赛。

3.拓展性合作

主要通过把集团内院校间各种资源或力量聚集在一起,共同推动一些新的项目或开拓新的领域。这种合作的突出特点在于其目标主要是指向拓展或创新。其范围包括从开设新课程到开拓新的教学领域,乃至创办新的学院、教学系和专业等。

教育集团在运行过程中,必须把握好以下要点:

(1)充分发挥政府和行业企业主管部门的宏观调控功能。一方面通过政府干预和市场调节的结合,对运行机制进行有效调控;另一方面通过政府对集团化办学的作用,使运行机制更具有方向性。政府对集团化办学的干预主要通过制定法规和投资等手段进行。

(2)坚持市场导向。一方面,主动应对社会、行业对技术应用型、高技能型人才的要求,把职业教育的教育指向归位于就业教育;另一方面,把职业教育培养途径归位于订单培养,使市场需求在集团化办学中切实起到必要的导向作用。

(3)加强沟通与合作。集团化办学的主体是学校,但学校的管理与决策必须有用人部门、企业界人士、经济界人士参与,加强沟通,重在合作,以强化职业教育集团化办学的凝聚力。

(4)建立健全相应的评价、调控机制。评价具有鉴定、激励、导向、监督和诊断等功能。职业教育集团的运行必须要根据既定目标,选择适当的评价方法，对实现目标的整个活动过程、运行结果进行分析评价，对职业教育集团化办学活动进行适时调控，使之处于最优化的运行状态。

（七）“集团化统筹发展模式”的主要任务

1.搭建校企合作平台

建立校企对话协商平台。职教集团每年举办2至3次校企对接会，企业介绍发展现状、趋势、对人力资源的需求和对职业院校人才培养的建议，职业院校介绍办学现状，对企业参与学校专业建设、课程设计、师资建设的需求。

建立信息资源共享平台。职教集团办公室建立重庆市职业教育校企合作网站，发布国家和重庆市校企合作政策，国际和市外职业教育校企合作模式，重庆市内企业人才招募信息，职业院校毕业生就业信息，编印重庆市职业教育校企合作工作简报，通报校企合作最新动态与成果。

每年开展职业院校领导和教师进工业园区、进规模企业活动，增进校企管理人员和相关工作人员的交流与合作。

启动市级示范性校企实训基地建设计划，按行业、专业定期对全市职业院校的校企实训基地进行评估，对合作深入全面、成效明显的实训基地，纳入市级示范性校企实训基地建设项目。

2.深化校企合作领域

鼓励和支持企业在职业院校建设生产性实训基地。根据学校的专业设置和办学特点，采取学校提供土地或厂房，企业提供设备、技术、产品、管理及负责市场营销等方式，也可利用职业院校现有的实训场地和设备，或适当予以填平补齐，扩大企业的产品和零部件加工能力。探索企业托管职业院校实训基地的校企合作模式，把纯教学型实训基地发展为融教学与生产为一体的实训基地，在完全确保教学实训需求的前提下开展生产服务活动，发挥实训基地的育人与创收“双元”功能和形成以基地养基地、以生产辅教学的基地维护模式。

职业院校应选择一批实力雄厚、技术先进、管理规范、发展前景广阔的企业，建立集学习、实训、就业于一体、产学研相结合的企业实训基地，签订校企合作战略协议，明确双方的权利、责任和义务。探索职业院校在相关企业以提供人力资源保障占有股份的校企合作模式，企业以为学校提供学生实训、教师实践岗位和办学经费、奖学金等方式进行利益分配。

企业应积极为职业院校学生提供实习实训场地和设备，按照双方商定的实习实训计划和内容，结合生产实际，对实习实训学生做到“定时间、定岗位、定师傅、定目标”，并做好学生实习实训中的劳动保护和安全防范等工作。

鼓励学校和企业开展合作办学。校企之间可签订订单培养协议，共建实训基地，合作培养师资，联合开发教材，企业安排学生顶岗实习。合作学校毕业生就业率达到95%以上，取得双证书比例达到95%以上；提高合作学校受益学生面，为支撑全市产业大发展培养高素质技能型人才。

3. 推动人才培养模式改革

积极推行“2+1”“2.5+0.5”等多种形式的校企合作人才培养模式，加强学生的生产实习和社会实践环节，确保中等职业学校在校学生最后一年到企业等用人单位顶岗实习，高等职业学院学生在企业顶岗实习的时间不少于半年。同时，积极推广学分制和弹性学制，鼓励学生“以工助学”，创新工学交替、任务驱动、项目导向等有利于增强学生动手能力的培养模式。积极探索建立和完善半工半读制度。

根据企业的用人需求和人才素质要求，以“订单式培养培训”“定向培养培训”“定岗培养培训”等多种形式实施校企联合办学。加强学校与企业的深度融合，实现学校培养目标与企业人才需求相融合、学校招生与企业招工相融合、校园文化与企业文化相融合、技师与教师相融合、学生与学徒相融合、实习与就业相融合、教学科研与产品开发相融合，以达到校企优势互补、资源共享，深度融合、互利共赢。

职业院校内的实训基地，要积极构建职场化的实习教学环境，要加大产教结合力度，逐步变消耗性实习为生产性实习；要积极推进项目教学、案例教学、场景教学、模拟教学和岗位教学等适合职业教育且有利于校企合作的教学方法，增强教学的实践性、针对性和实效性，不断提高人才培养质量。

坚持以行业和专业为纽带，以一家或几家大型骨干企业或重点职业院校为龙头，联合多家职业院校和企业，以实现资源共享为目的，按照自愿参加、资源共享、骨干带动、责权对等、稳步发展等原则，组建专业性、区域性的大型职业教育集团，共同培养社会和企业急需的技能型人才。

4.推进产学研一体化

建立产学研一体化长效机制。制订与产学研一体化相配套的运行、保障及考核机制，创建产学研一体化的政策环境，充分发挥职业院校的技术人才优势，最大限度地调动广大教师的科研积极性，鼓励教师承担横向协作课题，积极为社会服务，为企业服务。

积极引导风险投资基金支持职业教育产学研合作。创新职业教育产学研一体化投资机制，引导各类风险投资基金参与职业院校与创投机构、科研机构和企业单位的合作，推动校企产学研合作，减少合作各方风险系数。

加快产学研一体化成果转化。制定优惠政策，支持有条件的职业院校与企业共建技术研发中心，联合开展技术创新和产品研发，推进教学科研成果的应用。

鼓励企业充分利用职业院校的场地、设备、师资力量，在职业院校建立研发基地，校企合作研发新技术、新工艺，开发新产品，不断提高企业的创新能力。

四、从标准建构中促成质量提升：实施“标准化质量管理战略”

我们研究的“标准化质量管理战略”是指在正确的教育质量观的指导下，在社会不同部门、不同群体间(包括政府部门、企业行业、学校、社会)树立一个既符合经济社会发展规律，又符合职业教育发展规律和受教育者自身发展规律的相对稳定而统一的质量标准和保障体系，并且依据这一质量标准和保障体系进行科学有效的质量管理和质量评价，从而促进教育质量的提高。实施“标准化质量管理战略”有着重要的现实意义和理论价值，能为职业教育学校提供更明确的指导和发展方向，能使不同的职业教育学校在为相似的群体提供服务时达到服务标准的一致性，避免服务质量的参差不齐。

当然，教育质量及其质量目标是具有主观性和时空性的。这表现在质量既是一个历史概念，又是一个空间概念。不同时代所要求的教育质量及其质量标准是不一样的。教育质量观随经济社会发展和高等教育本身的发展而变化。不同国家，教育的传统、体制、理念不同，必然会影响质量的理解。即使同一个国家先进地区和落后地区也客观存在不同的质量标准。特别是在从精英教育到大众教育的转变过程中，教育质量的内涵已发生变化，质量不再是一种绝对标准，而变成了一个相对的概念。精英教育质量更多的是一种绝对意义上的质量，或者可以说是一种标准，不管哪一类型的学校都必须达到某一最低要求。但大众教育质量内涵则不同，质量标准开始多样化，它们依不同目的和不同需求而定，不存在统一的对所有类型、所有层次的职业院校通用的质量标准，更不能用传统的学术性标准来衡量职业教育标准。但是，我们提出“标准化质量管理战略”并不是要求职业院校培养的人才具有统一的规格、统一的要求，千篇一律，毫无特色，而是重在制订一个符合经济社会发展要求和职业教育特点的质量管理与保障体系，促使我们培养的人才能适应国际国内对人才的标准需求。

从国外的经验来看，很多国家都制定了与国际接轨的职业教育国家标准，以促进职业教育培养的人才能适应国际国内的要求。例如俄罗斯在1995年就参照欧盟标准制定了《俄罗斯中等职业教育国家标准》，目的是使其毕业生的质量不仅在国内有统一的标准，而且要实现与国际接轨，尤其是与欧盟接轨。这个国家标准为全俄罗斯中职教育的质量管理提供了法律依据，也为评估中职教育的教学质量和毕业生的技能等级提供了客观标准。①

① 陈丽.职业教育的适度规模研究——基于普通教育与职业教育对经济发展贡献的比较分析[D].成都:西南财经大学硕士论文,2009:43.

为实施"标准化质量管理战略",必须建立和完善一套科学合理的职业教育质量管理与保障体系。因为仅凭建立一套职业教育标准还不够,还必须有一套符合职业教育标准实施的质量管理和保障体系。实施职业教育质量标准化管理,除了结果标准外,还需要在人才培养过程中加强过程质量管理,需要一系列的条件保障,如制度、经费、课程、师资等等。因此,如果把提高质量作为职业教育实现可持续发展的核心问题来对待,那么建立完善一套科学合理的职业教育质量管理与保障体系,无疑具有重要的社会现实意义。因此,为实施"标准化质量管理战略",我们重点选择职业教育质量管理体系来研究。

(一)职业教育质量管理与保障体系解构

各行各业普遍追求质量的提升,教育领域也不例外。教育质量作为质量在教育领域的延伸和具体表现,它与教育活动的性质、组织过程、人才培养结果等紧密相连。西方学者毕比曾提出要从三个不同的水平去思考"教育质量":第一水平称作"课堂概念中的质量",体现为学生对基础知识和基本技能的掌握;第二水平称作"市场概念中的质量",是根据教育的经济生产能力来衡量其质量的好坏;第三水平称作"社会的个人判断中的教育质量",是通过国家或个人设立的最终目标来判断教育质量的好坏。毕比这种观点打破了仅从学校内部来审视教育质量的传统视角,取之以一个多维度、多层次的视角,它在重视学校人才培养质量的同时,也兼顾到了教育的经济效益和社会效益。与此相似,国内也有学者提出,教育质量应包含内适质量、外适质量、人文质量三大部分。它表明,在遵循教育自身客观规律和社会发展规律的基础上,教育所利用的资源、选择的内容、采用的组织手段等只有不仅满足了经济社会发展的长远需要,同时也真正实现了预定的学生培养目标时才具备严格意义上的质量。

职业教育作为教育的重要组成部分,它在遵循普通教育质量内涵的同时也具有自身独特的质量内涵。我们认为,"职业教育质量"是指职业教育这一特定教育活动在遵循教育普遍规律和职业教育自身特定规律的基础上,其实践过程及其产出结果(如:为社会生产培养大量技能型实用人才,为企业行业提供新知识、新技术、员工培训服务等)能够满足经济社会发展需求和受教育者自身发展需求的程度。

“质量从本质上反映客观事物所具有的某种能力的特性”，职业教育的质量应当反映其产品——培养的学生，是否具备将来职业岗位所需要的职业知识和职业技能，这是一个质量结果标准，但由于教育本身存在的特殊性，我们还要重视职业教育培养的过程标准，即培养过程中是否符合教育规律。在结果标准、过程标准之前，还有一个目标预设，即预设标准，预设标准是对职业教育质量的预先期望，它是由政府和行业企业根据社会需要和个体发展需要预先设定的，是过程标准与结果标准的前提假设。过程标准是指在学生的培养过程，或者说中职学校的教育教学过程中，所涉及的专业设置、教学改革等，也包括得以实现的基本保障，以控制所有过程的质量。结果标准我们称为质量标准的检测评价结果指标。其中，过程标准是核心。过程标准和结果标准是相互联系的，过程标准可以用来预测和调校结果标准，过程标准是结果标准得以实现的前提，它规定了人才培养的过程保障和毕业生应该具有的知识能力结构体系。因此，职业教育质量标准是对培养对象的知识及其相关能力预设、过程及其结果的价值取向与目标的统一。如图15所示。

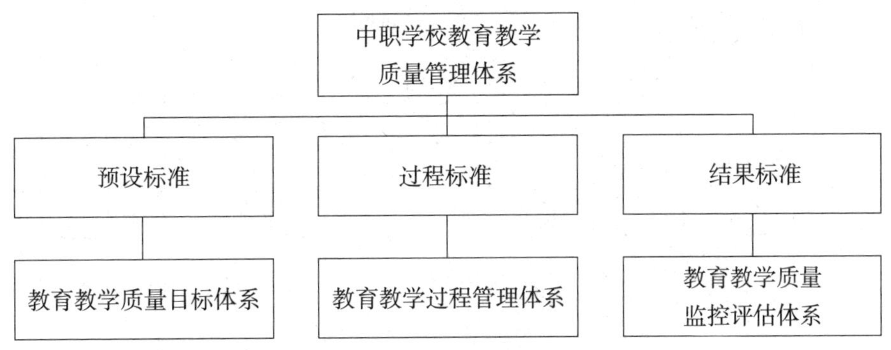

图15 中职学校教育教学质量管理体系

1. 中职学校教育教学质量目标体系

职业教育质量的目标体系的建设指的是一系列配套的量标体系标准化建设，它包括学校定位与办学特色、办学方向与培养目标等宏观指标，也包括师资队伍、学生规模、专业发展及课程设置、实习实训基地、知识技能素养等量化目标体系。

2. 中职学校教育教学过程管理体系

中职学校教学过程管理是保障教学质量的核心，包括从教学目标的确定、教学活动的实施到教学目标的达成。中职学校教育管理的内容包括:(1) 教育行政部门、校级、各职能科室的分级管理。(2)教学设计管理、教学过程管理、目标管理等全程管理。(3)专业建设、课程设置、教学改革与研究、学风建设、实践教学等分类管理。(4)教学质量管理、督导、教学评价、学生成绩管理等。

3. 中职学校教育教学质量监控评估体系

评估指标体系应当能体现新时期教育观念的转变，强调创新及实践能力的培养等。一般地应由若干指标和要素组成，如一级指标、二级指标、权重、量化等级等，以下为实践探索中设计的三级指标结构“中职学校教育质量自我评估体系”为例。(见表14)

表14　中职学校教育质量自我评估体系

评估指标与权重			三级指标内涵与要求	评价等级标准			评分
一级指标	二级指标	权重		A等达标	B等基本达标	C等未达标	
1. 专业建设20%	1.1 专业设置						
	1.2 联合办学						
	1.3 专业特色						
2. 教学管理25%	2.1 教学文件						
	2.2 教材使用						
	2.3 教学管理组织与制度						
	2.4 教务常规管理						
	2.5 教学常规管理						
	2.6 实践教学						
	2.7 德育课程						
	2.8 体育与健康课程						
	2.9 第二课堂						

（续表）

评估指标与权重			三级指标内涵与要求	评价等级标准			评分
一级指标	二级指标	权重		A等达标	B等基本达标	C等未达标	
3. 师资队伍25%	3.1师德师风						
	3.2教师数量						
	3.3教师学历、职称						
	3.4双师型						
	3.5行业实践						
	3.6工作量						
	3.7教师业务能力						
4. 育人质量与效果30%	4.1学生行为规范						
	4.2文化基础知识与能力						
	4.3专业技能						
	4.4体质健康						
	4.5毕业生就业率						
	4.6学生成才特色						

参照以上模式，也可以建立学科质量评价技术规范。例如把若干学科教学质量评估指标和要素归类，可以分为一级指标、二级指标、权重、量化等级等进行评价。

（二）职业教育质量管理与保障体系的特征

1. 整体性

学校质量管理体系是一个整体。一方面，教学质量管理体系、社会服务质量管理体系都是学校质量管理体系的重要组成部分，不能脱离整体而存在。

另一方面，体系整体功能不应是各元素和各分体系性质和功能的简单叠加，应是各元素和各分体系通过相互作用产生的一种新的整体性质和功能。

2. 开放性

质量保障体系是一个由内而外和由外而内的开放系统结构。由内而外，是指质量管理各部门间相互沟通、相互交流、相互协调。由外而内是指培养目标、质量标准等都是根据社会需求和职业岗位要求而综合确定的。

3. 优化性

质量管理体系各个要素应是最优的，体系的运行机制应是最优的，体系的评估保障应是最优的。在体系运行过程中，通过恰当的、不断的调整，使体系经常保持最优结构，发挥最优效能，达到最优质量。

（三）职业教育质量管理与保障体系的运行

1. 建构必要的教学管理机构

（1）设立学校教学工作委员会。教学工作委员会是学校对教学工作及其管理等重大问题进行指导、协调、评议和决策的专门机构。中职学校教学工作委员会应以服务为宗旨，以就业为导向，突出职教特色，加强教学工作宏观管理与指导，积极推进教育教学改革，全面提高教育教学质量。遵循职业教育教学规律，根据经济社会发展对职业教育人才的需求，围绕学校的办学目标与定位，提出学校教学改革与发展的建设性意见，就有关教学改革、人才培养方案、专业设置与改造等做出决议、决定，提出意见。

（2）设立学校专业指导工作委员会。为大力发展职业教育，加快技能型人才的培养，走产学结合之路，贯彻实施科教兴国战略，促进职业教育教学与生产实践、社会服务紧密结合，且适应市场需要，中职学校应设置专业指导工作委员会，指导专业开发与建设，探索产学结合的途径与模式。

2.建立建全学校管理制度

第一,建立健全学校基础性内部质量管理制度。教学质量管理规章制度建设是教学管理工作的重要组成部分,也是实施教学质量监控的基本依据和保证。因此,应健全各项教学规章制度和各教学环节的质量标准。聘请校内外专家严格审查核定教学计划、教学大纲,为日常教学管理提供基本的规范,制订各主要教学环节的质量标准。中职学校内部教育质量管理制度应包括以下基本制度(见表15):

表15 中职学校内部教育质量管理制度

组织保障类制度	质量管理类制度	质量控制类制度	质量评估类制度
1.机构设置制度	1.教学质量分析报告制度	1.教师教学规范制度	1.质量评估制度
2.分层督导制度	2.教学质量奖励制度	2.课堂教学检查制度	2.质量监控制度
3.组织保障制度	3.技能教学制度	3.实习实训制度	

3.实施教育教学改革

教育教学改革是教育质量管理的重点,提高教学质量是提高职业教育质量的核心。教学方案的制订,教学内容、教学方式的选择,教学结果的评价方式等都影响着职业教育的教学质量。

(1)优化人才培养方案。专业人才培养方案是人才培养工作的总体设计和实施蓝图,在制订专业人才培养方案的过程中,要遵循教育教学规律,处理好社会需求与教育教学工作的关系,定期开展人才需求调查和毕业生跟踪调查。

(2)加强职业能力训练,强调职业教育的实践性,全面实行“双证制”。一方面,各专业的教学计划和大纲要与对应的国家技能等级证书结合,证书纳入毕业标准。要按本专业职业资格证书的要求来开展各专业综合实践训练,综合实训结束后要求学生参加社会已经开展的职业资格考试,取得与本专业培养目标相匹配的职业资格证书。毕业生应至少取得一种职业资格证书。另一方面,保证实践教学学时,因培养目标是技能型人才,故改革课堂教学方式,加强实践教学非常重要,实践课堂的学时占比不低于50%。

(3)改革教学内容,创新教学模式。职业教育培养的是应用性技能型人才,学校的教学应为学生的专业技能学习创造尽可能真实的学习环境。按照以服务为宗旨、以就业为导向的原则,根据区域产业结构的特点和要求,加强与企业、服务单位的联系,开展产教结合、校企合作、工学交替,课堂与车间合一,把实习实训与生产、经营、技术开发结合起来,形成具有鲜明个性的教学模式。

(4)加强精品课程建设。学校精品课程是指具有一流教师队伍、一流教学内容、一流教学方法、一流教材、一流教学管理等特点的示范性课程。开展精品课程建设的目的在于:通过精品课程建设,大力推进教育创新,深化教学改革,促进现代信息技术在教学中的应用,共享优质教学资源,全面促进职业教育内涵式发展。精品课程建设以公共基础课、专业基础课、专业课为重点,以改革教学内容、教学方法、教学手段为主要任务,以提高教学质量为根本目标。精品课程建设要综合专业(学科)、教师队伍、教材、课程体系和教学内容、教学手段和教学方法、教学环节等各方面的建设和改革,协调发展、整体推进。精品课程建设要集教学名师、精品教材、教学改革成果为一体,实现优质教学资源的交流与共享。精品课程建设要重点体现"精",即内容精当、教艺精湛。学校本着重点扶持、稳步推进,成熟一门、发展一门的原则,积极推进精品课程建设。

(5)制订弹性学制与学分制,实行分层教学。弹性学制是相对于传统固定的、计划的教学制度而言的,为适应社会企业对用人的需要,在人才培养时可以采用学分计算学习量并决定能否结业,而不以学习年限为毕业标准。针对学生学习基础、学习能力差异显著的实际,改革传统的统一教学内容、统一教学进度、统一考核标准的教学方式,积极推行分层教学改革,实施分层教学和弹性化的学习,使学习者在一种相对宽松的条件下,根据自己的基础,自主选择和决定自己学习的内容、方法、地点、时间、教师等，从而保证人人能成才、个个都提高，达到人才培养目标的要求。

4.加强职业教育内部质量检查与评估

教育质量评估就是根据教育质量目标的要求，运用评价标准对教育过程进行评判，判断教育目标实现的程度，以期提高教育质量的活动。在进行教育质量评估中，第一要建立评估机构及评估队伍，成立教学评估专家委员会，负责指导全校的评估事宜，对教学质量进行评估检查。第二，评估方式多样化。教学评估专家委员会在不影响学校常规教学活动的情况下，对学校教学情况开展不定期巡视检查（包括听课、学生问卷、教师访谈、社区调查、用人单位调查等），特别是教学的过程特别需要加强督查。督导组对本校各专业的培养方案、教学大纲进行督查，对各门课程的教材选择进行审定。督导组负责对开出的各门课程（包括理论教学、实验、实训教学、课程设计）做全面的质量督查。检查教学方法是否与教学内容相适应，教具是否齐全并有实际意义；检查课堂教学组织管理情况以及教师与学生的沟通情况；检查教师课堂教学内容的准确性以及教学的有效性；为加强对学校教学工作的信息反馈，应充分发挥学生参与教学管理和教学检查的主体作用，及时了解教学活动的情况，保证教学秩序的稳定和各门课程教学目标的实现，促进良好的教风和学风的形成。第三，评估结果应用。评估结果和结论应向全校公布，以接受各方面的监督和质询。对于在教学评估过程中存在问题的环节和方面，应限期整改，并可以聘请专家组进行复评。要通过这些环节，实现评估的反馈作用。

（四）建立完善职业教育质量监测与评估制度

《国家中长期教育改革和发展规划纲要（2010-2020年）》和《中等职业教育改革创新行动计划（2010-2012年）》等文件提出要大力发展职业教育，推进教育教学改革，改革评价模式，建立健全职业教育质量保障体系，要求全面提高职业技术教育质量，完善办学质量评价体系，加强办学过程管理和质量监测，创新职业技术教育的质量评价标准，树立科学的质量观，构建质量监测评价体系，推进社会评价、企业评价、专业机构评价相结合的第三方质量评价，从而不断改进和提高人才培养质量和水平。建议建立职业教育质量监测机制，根据职业教育内涵式发展总体要求和专业建设实际需要，做好质量监测规划，提出质量监测年度计划；将全面监测与选点抽样监测相结合，现场监测与网上实时监测相结合，建立经常性的质量诊断反馈机制；加强监测数据统计分析研究，及时提供权威性监测数据，为教育决策提供参考和咨询；形成集规划编制、诊断反馈、服务指导于一体的工作运行机制。

1.筹建重庆市职业技术教育质量监测中心

为确保职业教育质量监测和评估机制的有效运作，从而充分利用国际上积累的关于职业能力考评、职业能力测评的经验与技术，以避免仅凭经验来判断目前职业教育实际发展状况，建议成立“重庆市职业技术教育质量监测中心”，在人才队伍、技术力量、物力财力上提供保障。监测中心专门负责职业教育质量的检测，在中职学校中广泛宣传教育质量监测，并培训教育质量检测方面的管理干部和教育质量监测实施队伍。运用现代教育测量理论，对全市中等职业学校主要专业、主要学科的知识与技能进行科学化、标准化处理并实施监测，分析学生知识技能水平与个人背景、教学行为、学习行为等多个因素之间的关系，准确把握我市职业教育的质量状况，科学诊断我市职业教育存在的问题、原因，帮助寻求解决方案，不断探索职业教育发展规律、人才成长规律和教育管理规律，为教育决策和改进教育教学提供科学依据，搭建起服务政府、学校和社会等方面的信息交流平台和决策咨询机制，促进我市职业教育健康发展。

2.搭建职业教育质量监测工作网络与信息化平台

建立职业教育质量监测工作网络，并搭建信息化平台，形成市、区县、学校三级职业教育质量监测网。各区县可设立中等职业技术教育质量监测联络办公室，确定联络员，具体负责本区域内职业教育质量监测实施和结果反馈工作。各中等职业技术教育学校设立职业教育质量监测实施小组，组长由学校负责人担任，具体负责职业教育各项监测工作实施。构建较为完整的学校基础状态数据系统，动态监控并提供三年内学生入学、异动、毕业、就业等准确信息，为科学、高效、客观开展职业教育质量监测和掌握学生动态信息提供数据平台。研发质量监控测评系统（基于教育测评理论的网上阅卷系统）、网络调查问卷系统、抽样系统、质量监控分析系统等，构建全方位、科学化、信息化的教育质量监测保障系统。

3.开展重庆市职业教育质量监测工作

建议积极开展重庆市职业教育质量监测工作，由职业教育质量监测中心组织实施。监测职业教育阶段学生基础知识、专业技能学习、思想道德水平与身心健康发展状况，掌握影响技能型人才发展的相关因素，准确报告职业教育质量的现状，为职业教育决策和中职学校改进教学工作提供科学依据。并引导学校、社会、教师和家长树立正确的职业教育质量观，通过教育质量监测不断发现并解决职业教育中出现的问题，不断提高育人质量。

职业教育城乡统筹发展的外部保障体系构建

本章主要从"统筹"的角度，研究职业教育城乡统筹的外部联动保障体系的构建。目前，在职业教育发展保障体系方面，很多发达国家和地区有许多成功的经验，我国尚处于探索阶段，应该积极向发达国家学习借鉴。但由于国情不同，各国在战略步骤和举措上多有差异，既相互借鉴，又要体现特色。在城乡统筹的大背景下，重庆的市情决定了职业教育保障体系的建立必须从实际出发，既要借鉴国外和国内发达地区有关职业教育发展保障体系的先进经验，也要尊重实际，敢于创新，体现特色，把职业教育放在城乡统筹和社会经济发展的大环境下来进行考察，从而勾勒出体现重庆城乡统筹发展特点的职业教育外部联动保障体系。

从系统论的角度看，纵向可分为宏观、中观、微观三个层面，横向可从观念、制度、服务、资源等层面进行构建。从纵向来看，保障体系分为国家、地方政府和职业院校三个层面，其中地方政府还可细分为省、自治区、直辖市级统筹。省级人民政府承担统筹职能，由省级教育行政部门和相关部门统筹规划、统一部署、统一步骤。比如重庆市在进行保障体系的谋划时，首先是根据世界、全国和重庆的形势，考虑到西部大开发、三峡库区建设和城乡统筹这些实际背景，把职业教育保障与其他社会保障有机地结合起来，从社会公平和统筹发展的视野考虑到地方的发展差距以及如何在保障体系中进行政策倾斜。在上级保障体系政策的带动和指引下，各区县具体负责，制订切实可行的保障措施，并落实到各职业学校。这样层层分解，形成一个"塔"形的保障系统，把国家政策贯彻到地方和各职业院校。

从横向方面看，保障体系是由一系列职能并行、合作分工、功能定位、界限清晰的要素系统构成的。对于要素系统的划分，不同的学科有不同的分类，比如哲学上的"二元法"——物质系统与精神（观念、思想、价值）系统，系统科学的"四分法"：环境系统-输入系统-输出系统-控制系统。从职业教育发展的历史和实践中进行审视，为了便于保障体系要素的实际可操作性，我们认为职业教育城乡统筹外部联动保障体系的组成要素主要有四层体系，即：思想观念体系、制度保障体系、服务管理体系和资源保障体系。如图16所示：

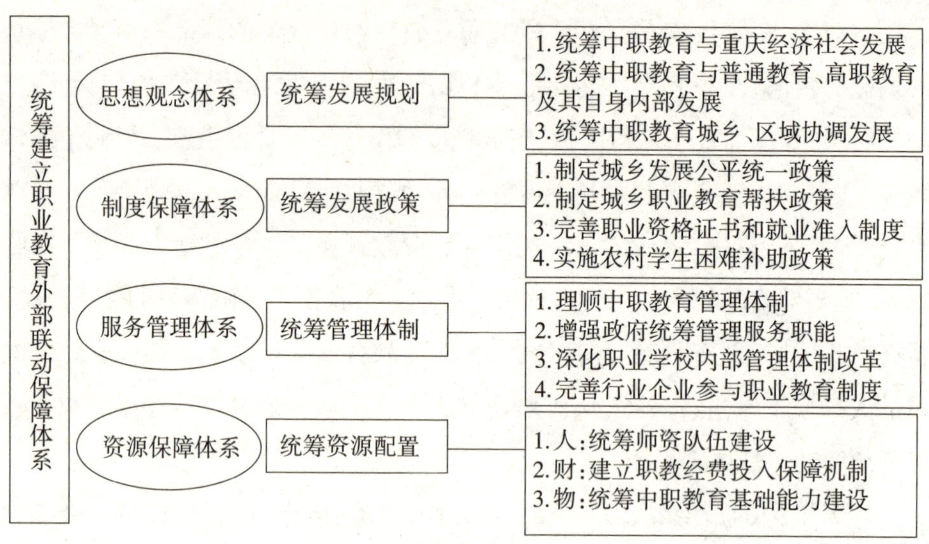

图16　统筹建立职业教育外部联动保障体系研究模型

上图只是对保障体系各要素的一个静态排列,但并不是按权重进行排列,不存在孰轻孰重问题,尽管在一定时期或具体地域内,某些要素的功能作用可能更为突出或紧迫,但保障体系整体效能的发挥是诸要素共同作用、相互协调的结果。在整个保障体系内,所有要素都是不可缺失的,缺乏其中任何一个要素,都将对其他要素及其整体效能产生影响。职业教育城乡统筹外部联动保障体系的特点主要有:

系统的整体性。系统的整体性是指系统基础的多元性、系统主导的相关性和系统目标的一体性等有机组合而成的复合体。系统论的整体性首先要求在处理整体与要素间的关系时,强调系统整体和要素间的相互依赖和相互联结的关系。要素是系统存在的基础,对系统的整体功能具有一定程度的决定作用,因为任何要素的缺损都会使整体功能受到影响,何况整体的功能还远大于部分功能之和。职业教育城乡统筹发展保障系统,根据不同的划分维度,可以分为多个子系统。如:从地域维度,可分为城市和农村两大统筹发展子系统;从职能维度,可分为政府、学校、企业、社会四大子系统。无论系统如何划分,各子系统都围绕职业教育城乡统筹发展之主系统而有序变化着,不断实现其整体优化的功能。因此,在职业教育城乡统筹发展的过程中,应积极发挥政府、学校、企业和社会其他系统要素的功能和作用，充分调动各系统要素的积极性并通过其要素之间的有效联动，使各要素均处于有序、积极的运行状态中，进而构建一种动态的整体与局部互动协调、联动发展的关系，以实现职业教育城乡统筹发展的目标。

突出政府主导地位。只有确立政府在此系统中主导地位，发挥主导作用，才能从制度上确保此系统各项目标的达成。职业教育发展中政府的主导地位是我国法律法规明确规定的，《职业教育法》和《国务院关于大力发展职业技术教育的决定》等提出发展职业教育的主要责任在地方政府，要求各级政府有关部门切实承担并有效发挥主导作用，对职业教育进行必要的统筹和管理。政府主导作用首先体现在制定一系列有利于职业教育发展的政策和制度。建立健全政府主导、学校主体、行业指导、企业参与的办学机制，制定促进校企合作办学的法规，推进校企合作制度化，建立健全技能型人才到职业学校从教的制度，完善符合职业教育特点的教师资格标准和专业技术职务(职称)评聘办法等。其次体现在政府要履行好“调节、监管、管理、服务”的职能。目前政府对职业教育的认识滞后，亟待转变职能，由对学校的直接行政管理，转变为运用拨款、规划、信息服务、政策指导和必要的行政手段，进行宏观管理。

强调统筹手段。办好职业教育，关键取决于政府对城乡职业教育协调发展的价值定位和重视程度，取决于政府的统筹力度和保障措施。职业教育城乡统筹发展绝不仅仅是教育领域的概念，也不仅仅是教育行政部门的职责和义务，而是包括政治、经济、社会事业相互协调下的整体教育发展统一体，涵盖了包括教育行政部门、经济管理发展部门、财政部门、人力资源与社会保障部门、行业企业协会等多部门的统筹协调，涵盖了教育管理体制、教育财政投入制度、社会就业制度、职业资格认定制度等诸多方面的协调与统筹。因此，必须强化各级政府的统筹责任和手段。要在城乡统筹发展的视角下，重点强化职业教育资源的统筹协调，强调职业教育要素的双向交流，推进城乡联动、区域合作，增强职业教育服务区域发展的能力。要明确阶段目标和进程，坚持统一规划，分区推进，统筹城乡和区域发展，促使职业教育规模、专业设置与经济社会发展需求相适应。当然，强调统筹，并不是要求平均平行地发展，更不是“杀富济贫”“削峰填谷”式地发展，而是在明确城乡职业教育的发展规划、保障教育的外部投入、实施教育资源的有效配置、提供能力建设的动力保障上，尽可能“公平”地统筹，“追峰填谷”式地统筹。既要体现“雪中送炭”，也要体现“锦上添花”，要体现以优质教育引领、带动薄弱教育以及薄弱教育追赶优质教育的统筹理念。

一、前提：统筹发展规划

职业教育规划是教育发展规划的重要组成部分，也是国民经济和社会发展规划的重要组成部分。它以提高劳动者素质和职业能力、促进经济社会发展为目标，以人力资源开发与能力建设为主线，科学地预测和控制职业教育的发展规模与速度、结构和布局，提升职业教育的发展质量和效益，使职业教育的发展与经济社会发展、与人的需求与发展保持协调互动。制订统筹发展规划是职业教育发展的龙头工程，也是实现职业教育与城乡统筹良性互动的重要前提。在统筹制订重庆职业教育发展规划时，应注意以下几点：

（一）统筹职业教育与重庆经济社会协调发展

职业教育是经济社会发展的重要组成部分，重庆的经济社会发展规划不能丢掉这个重要部分，规划中应有结合本地特点的职业教育发展目标、任务和要求等内容，尤其要把职业教育与城乡统筹规划结合起来，充分促使职业教育规模、专业设置与城乡统筹发展的需求相适应。

（二）统筹中职教育与普通教育、高职教育及其自身内部的协调发展

中职教育是教育工作的战略重点，而目前中职教育又在整个国民教育体系中处于薄弱环节。因此，重庆要切实把中职教育纳入重庆中长期教育改革发展纲要的总体框架下，把中职教育放在更加突出的位置，统筹职业教育与普通教育的协调发展，合理确定高中阶段普通教育与职业教育的学生比例，稳定

中职学校招生规模,防止大起大落。统筹职业教育与普通教育的课程改革,探索普教职教之间课程互融、学分互认、学籍互联、证书互通的新机制,探索在高中阶段开展职业教育与普通教育相沟通的综合课程教育实验,在普通高中课程中开设职业技能课程等;统筹中职教育和高职教育的协调发展,积极构建高职中职互相衔接的职业教育立交桥,加强中等、高等职业教育的有机衔接,科学确定中等、高等职业教育比例,逐步扩大中职生升入高职院校继续学习的比例。加强中等、高等职业教育专业和课程体系的衔接,使课程体系建设协调、统一和有序深化,防止课程重复,实行学分互认。完善专升本等单独考试序列。统筹职业教育内部构成要素如规模、结构、模式和质量的协调发展,保持正确的教育取向、适度的规模、均衡的结构、有效的模式、过硬的质量并与经济社会发展需求合理协调,共同发展。

(三)统筹职业教育城乡、区域之间协调发展

现阶段职业教育应以服务为宗旨,实施国家技能型人才培养培训工程、国家农村劳动力转移培训工程、农村实用人才培养工程、成人继续教育和再就业培训工程。这四大工程与城乡统筹发展,建设社会主义新农村关系极大。我们要围绕这四大工程,依据《重庆市统筹城乡教育综合改革试验实施方案》(渝府发〔2008〕94)的部署——“以城带乡、整体推进、城乡一体、协调发展,实现城乡教育规划布局、资源配置、政策制度、水平提升一体化”的发展思路,统筹职业教育区域发展空间布局,突破行政区划界限,形成若干带动力强、辐射作用大、联系紧密的职业教育发展带,构建以区域中心带周边区县,城市带农村的城乡一体的区域统筹格局,要适时适地调整职业教育的专业结构,合理规划国家级示范职业学校、国家级职教师资培训基地、国家级职教精品课程等优质资源的布局,重点向重庆新兴发展产业所需要的专业倾斜,要以农村职业教育为重点,加大渝东北、渝东南的农村职业教育发展,主城核心区中的城市职业教育重在整体优质发展,重在品牌特色发展。城市职业教育要捆绑帮扶、辐射引领农村职业教育,推动城乡职业教育走向“特色发展”和“一体化发展”。

二、核心:统筹发展政策

随着新制度经济学在中国的发展,人们也开始逐渐认识到各领域竞争中核心是制度的竞争,而对于职业教育发展来说,政策制度创新是一件非常重要的工作,它是根本性、全局性的问题,比人、财、物资源更为重要。如果没有良好的符合职业教育发展和办学规律的政策制度作保障,职业学校即使拥有雄厚的物质资源,也不可能为社会培养高质量的技术人才,难以肩负起为区域经济服务的使命。因此,建设一种富有时代性的、合理的、符合重庆城乡统筹发展和区域经济特点的职业教育发展政策制度体系,是重庆职业教育科学发展的必要前提。

(一)制定完善有利于职业教育城乡统筹发展的法律法规

完善法律法规是政府管理促进职业教育发展的有效手段,是政府统筹协调职能的重要内容和最鲜明体现。改革开放以后,我国在《教育法》的基础上,先后出台了《职业教育法》《教师法》等法律法规文件,在规范职业教育的发展方面起到了重要的保障和促进作用,但随着形势的发展,尤其是在大力加强职业教育城乡统筹发展方面,我国的法律法规体系还有欠完备之处。

为此,我们的当务之急,一是要完善现行的《职业教育法》,明确规定职业教育在经济社会发展中的战略发展地位并有具体措施予以落实,明确各级政府统筹协调职业教育发展的管理职能,明确职业教育由省级人民政府统筹、区县政府落实负责、教育部门主管的管理体制,明确规定违反职教法规定、不履行职业教育义务必须承担的法律责任及相应的后果,明确规定政府和企业应是职业教育经费最主要的投入方,明确规定不同地区职业教育经费由政府、企业和个人分担的比例,以及各级政府应该分担的比例,等等。二是要尽快出台有利于职业教育城乡统筹发展的规章制度,使城乡职业教育统筹协调发展更有针对性、适宜性和可操作性。如,明确规定城市职业教育有义务和责任帮扶农村职业教育,明确规定农村职业教育经费占职业教育中经费的比例,明确规定农村职业教育经费主要由省级政府统筹、市县政府负责，同时实现财政转移支付，明确规定全国农村职业学校生均经费的最低标准。

（二）建立完善职业教育城乡统筹发展结对帮扶制度

（1）实行城乡职业学校结对帮扶制度，促进城乡职业教育统筹发展。要实行城乡职业学校“结对帮扶制度”，鼓励城市优质、富裕资源向农村职业学校流动。每所城市职业学校必须与两所以上农村职业学校结对帮扶、合作办学。城市职业学校对被结对帮扶农村职业学校在校舍改造、设备配备方面给予优先发展保障，根据教育经费情况，设立结对帮扶发展专项经费，用于支持被帮扶学校发展；帮扶学校的教师到被帮扶学校支教，应提高工作量计算或在评职评优时给予优先考虑，以便提高支教教师的积极性。帮扶学校应帮助被帮扶学校做好校园发展规划的编制，指导学校管理和教育教学，在人、财和教学科研、学生资助等方面给予被帮扶学校支持。被帮扶学校要充分利用好学校的教育经费，在保障学校正常运转后，应安排相应比例的经费用于改善办学条件、教师培训等。

（2）加快制定促进农村职业教育发展的保障措施。把加强职业教育作为服务社会主义新农村建设的重要内容。把职业教育与推广农村实用技术、增加农民收入、建设农村精神文明结合起来。加强基础教育、职业教育和成人教育“三教统筹”，促进农科教结合。强化市级政府发展农村职业教育的责任，扩大农村职业教育培训覆盖面，根据需要办好区县级职教中心并充分发挥作用，健全区县职业教育培训网络，办好农村成人文化技术学校。强化职业教育资源的统筹协调和综合利用，推进城乡、区域合作，增强服务“三农”能力。加强涉农专业建设，加大培养适应农业和农村发展需要的专业人才力度。积极开展新型农民培养培训工作。支持各级各类学校积极参与培养有文化、懂技术、会经营的新型农民，开展进城务工人员、农村劳动力转移培训，逐步实施农村新成长劳动力免费劳动预备制培训。

(三)建立完善职业资格证书与就业准入相衔接制度

(1)强力推行职业资格证书制度,实行学历证书、职业资格证书并重制度。学历证书反映学生入职的综合素质基础,职业资格证书是入职的先决条件。而当前我国的用人单位、职业学校和中职学生都只重视学历证书,忽视了职业资格证书的作用,这就导致了职业资格证书在人才市场上可有可无,职业技能鉴定和职业资格证书制度不能保障就业,失去了应有的社会功能。因此,必须强化对新生代劳动力的就业准入管理。新生代劳动力凡从事国家和省市规定实行就业准入的职业,必须严格实行就业准入制度,其就业前必须经过一年以上的职业技术培训,并取得职业资格证书。政府和行业必须公布实行就业准入的职业范围,在各种劳动力市场,对国家规定实行就业准入的职业,应要求求职者出示职业资格证书并进行查验,凭证推荐就业。用人单位必须双证并重——学历证书和职业资格证书齐备,不具备职业资格不得上岗、不得录用,切实将“职业资格证书”制度落到实处,保证职业资格证书的权威性。

(2)加强职业教育的学历教育和职业资格标准的联系。职业资格证书的考试内容由政府组织,统一编制,将职业技能标准落实到职业学校的专业课教学设计中,并根据专业发展变化的趋势,将相关的技术更新、工艺流程等融入到职业学校专业课的具体教学之中,使专业教学与职业资格标准相符合,为将来能取得职业资格证书打好基础。职业教育的考试大纲按行业统一的能力标准来编制,将职业技能标准的各项要求纳入考试大纲中;职业学校要深化课程内容改革,将职业资格培训内容融入教学内容,自主开发校本课程和校本教材,使专业课教学内容与职业资格标准相适应,达到职业资格证书的标准。

(3)要突出制度的执行力和监察力。人力资源和社会保障、工商等部门应该加大对就业准入制度执行情况的监察力度,增强这一政策执行的“刚性”和力度,增强政策法规执行的严肃性、强制性。

（四）建立完善家庭经济困难学生资助政策

在全国职业学校的学生中，农村家庭经济困难生源占80%以上，大多数中职学校的学生来自农村或城市低收入家庭，他们之所以选择就读中职学校，除了学习成绩差外，还有一个重要因素就是家庭困难，想通过职业教育获得职业技能，尽早就业减轻家庭负担，更多的可能还是无奈的选择。如果没有国家的资助政策，那么这部分人很可能就会放弃就读职业学校的机会，而过早进入社会。因此，建立完善以国家助学为主的家庭经济困难学生奖勤助贷资助政策体系，减少学生就学的经济负担，降低其受教育成本，鼓励人们选择职业教育，使他们通过接受职业教育掌握一定的专业技术，顺利实现就业，摆脱贫困，从而过上有尊严的生活，这是促进社会公平、实现社会和谐的有效途径。因此，应进一步发挥政府的统筹主导作用，建立符合本地情况的职业教育发展的资助体系，统筹协调国家、学校、社会等各方力量，出台对企业及个人的激励政策，鼓励他们为职业教育事业投资捐赠。

三、根本：统筹管理体制

从管理学意义上看，职业教育管理是一种组织活动系统，是职业教育组织者有意识的管理行为，是管理者在多变的环境中，依据职业教育目的规律以及相关理论，通过具体措施和手段，调节职业教育系统内外各种关系，引导他人行动并合理配置有限资源，以达到预定目标的组织活动和全部过程。[①]

《国家中长期教育改革和发展规划纲要(2010-2020)》提出："健全统筹有力、权责明确的教育管理体制。以转变政府职能和简政放权为重点，深化教育管理体制改革，提高公共教育服务水平。明确各级政府责任，规范学校办学行为，促进管办评分离，形成政事分开、权责明确、统筹协调、规范有序的教育管理体制"。

① 黄尧．职业教育学——原理与应用[M]．北京：高等教育出版社，2009：2-3

(一)理顺职业教育管理体制

为建立健全职业学校教育和职业培训并举,并与其他教育相互沟通、协调发展的职业教育体系,形成各有关方面分工负责、优势互补、资源共享、通力合作的职业教育工作格局,必须理顺职业教育管理体制,加强政府的统筹协调管理,积极构建由教育主管部门统筹规划,由院校、基地、行业、企业等各方面多头参与、横向连接、分工负责、协调合作的高效运行的管理体制,并明确管理职责。教育部门牵头负责职业教育的统筹规划、综合协调和学历教育管理;人力资源部门综合管理职业教育的技能培训、技能鉴定、职业技能竞赛等工作,统筹非学历教育培训机构的管理;相关行业部门负责职业技能标准的制定;同时建立由教育主管部门领导,教师教育专家、行业企业专家、师资培养院校负责人组成的专家咨询委员会,为职业教育战略发展提供改革思路与策略。

要积极稳妥推进中职学校统一划转工作。从有利于创新发展重庆职业教育大局出发,对符合划转条件的中等职业学校先行划转,由现有主管单位划转至重庆市教委,在此基础上逐步开展整合、优化、提升等工作。先由重庆市编办调整划转学校关系,明确其名称和编制。重庆市人力资源和社会保障局移交人事关系。由重庆市财政局牵头,市教委、市审计局、市监察局配合,成立清产核资工作小组,拟划转学校主管部门和学校参与,共同做好各划转学校清产核资、财务审计等工作,清产核资经费由市财政统一拨付。划转后,按照重庆经济社会发展需求,加大职业教育资源整合力度,规范办学行为,加强归口管理工作,优化结构、突出特色,不断提升职业教育办学质量和水平。

对于一些过去对职业学校支持力度很大的部门和行业,重庆市教委要加强与这些部门和行业的共建,支持原主管部门继续投入推动学校发展,努力使划转院校焕发新的生机与活力。

(二)增强政府统筹服务职能

在计划经济体制下,政府的角色是多重而模糊的,既是职业教育的举办者,又是职业教育的行政管理者。在市场经济体制下,政府的职能应当及时转变与调整。政府作为职业教育的管理者,其相应职权应进一步调整和规范,要由原来的直接管理变为间接管理,要由原来的微观管理变为宏观管理,要由原来的管理变为管理与服务并重。政府作为职业学校的行政管理者与举办者的角色要分离,其相应职权必须加以区别界定,要进一步扩大中职学校的办学自主权。具体来说,其管理服务职能主要体现在:

第一,统筹规划。对职业教育的发展规模、发展速度、发展模式和布局结构进行宏观调控,统筹职业教育与普通教育的协调发展、统筹城乡职业教育的联动发展。

第二,统筹政策。根据社会经济发展需要,与时俱进地制定促进职业教育发展的政策措施,为我国职业教育发展营造良好的政策环境,如:统筹中等学校招生就业、实习安排、证书考核、师资聘用和培训管理;制定一系列经费投入政策,建立稳定的经费投入渠道和来源,加大财政对职业教育支持力度,适当调整教育经费支出结构比例;完善中等职业学校学生资助政策;严格实施就业准入制度;等等。

第三,督促指导。政府部门要坚持依法治教,监督引导职业院校自觉遵守各项法律法规,纠正学校违法违规办学行为,切实保护学生、教师和学校的合法权益;要建立科学的学校评价体系,通过评价手段对职业院校办学行为进行正确的引导;要建立健全以政府为主导的职业教育质量评价和监督机制,制定中等职业学校设置标准,规定职业学校的办学规模、生均校园面积、生均建筑面积、生均教学仪器设备值、生师比等基本办学条件,同时根据这些政策和标准加强对中职学校的工作监督和指导,全面提高中职学校的基础能力;要依法加强市场监督,指导学校面向市场,维护正常教学秩序,切实防止市场趋利性可能带来的无序竞争。

第四,协调服务。明确政府作为职业教育事业发展服务者的角色,积极地解决学校改革发展中遇到的实际问题,协调校际之间、校企之间、校社之间的关系,为职业教育的发展创造良好的外部环境。

（三）健全中职学校内部管理体制

职业教育管理体制不仅包括由政府相关职能部门与相应制度等组成的教育行政管理体制，还包括由中职学校内设职能部门与相应制度所组成的学校内部管理体制。而在学校内部管理体制中，人事管理体制和分配管理体制又是重点和核心，因此，中职学校内部管理体制改革，应以人事制度和分配制度改革为突破口，启动包括财务、后勤、教学、科研等在内的综合管理体制改革工程。人事制度和分配制度改革的目标和任务是建立和完善包括激励机制、政策导向、规范管理等在内的驱动系统和调控机制，改变管理人员和专任教师比例失衡、人才配置不合理、人事管理制度僵化等不良状况。要完善职称评审和岗位聘任制，在定编、定岗、定职、定责“四定”的基础上，根据按需设岗、公开招聘、平等竞争、择优聘任、严格考核、合约管理的原则，进行岗位聘任。要通过分配制度的改革，改革工资制度，实行绩效工资，克服平均主义、论资排辈倾向，使教职工的工资收入与岗位职责、工作业绩和贡献直接挂钩，真正实现按劳分配、优劳优酬。改革学校内部管理体制，要设置精简、合理、高效的管理机构。机构设置要适当，管理权限要清楚，管理职权要相称。合理是指人才使用要合理，要使学校的各类人员职责清晰，分工明确，各负其责，团结协作，使整个管理系统发挥高效能。

（四）完善行业企业参与职业教育制度

职业教育的发展与地方经济建设紧密联系，与行业企业的发展息息相关，离不开行业企业的支持。发展职业教育是为行业企业发展提供人才支持，行业企业参与支持职业教育的发展也是其自身的义务和责任。《职业教育法》第21条规定，“国家鼓励事业组织、社会团体、其他社会组织及公民个人按照国家有关规定举办职业学校、职业培训机构”。前面我们谈到要将职业学历教育归口到教育部门管理，但这并不是要否定行业企业参与职业教育，相反，必须由政府制定行业企业参与职业教育的相关政策（如经费来源、专业设置、教学计划制订、实习实训基地建设以及学生实习就业等方面有关政策),从制度上规定并强化行业企业参与发展职业教育的责任和任务,从而通过法律法规的途径引导企业真正重视并参与职业教育发展。还应成立职业教育行业协调委员会,健全职业教育行业协调委员会制度,建立经常性的教育与产业对话的机制和平台。

四、关键:统筹资源配置

职业教育“资源”主要是指职业学校开展教育教学活动所必需的资源,亦即人、财、物等内容。资源配置主要指资源的分配、再分配及其利用的过程和情况。“人”主要是指队伍建设,包括职业学校的师资队伍和管理队伍;“财”是指职业教育的经费投入问题,它是职业教育发展的关键制约因素;“物”主要是指职业学校的基础能力建设,包括校园规划布局、办公和教学设施设备、实习实训基地、校园信息化等。

(一)统筹师资队伍建设

职业教育教师队伍发展不平衡,农村职业教育师资匮乏、水平不高是制约重庆职业教育战略发展的重要问题,可以说教师资源的失衡严重制约了教育的发展和教育公平的实现。而职教师资失衡最根本的问题又主要在于缺乏优质职教师资。

(1)想方设法加快补充职教教师数量,要在体制机制上解决职教教师补充渠道单一、管理不畅问题,扩大中职学校用人自主权,实现职教教师补充多元化。

一是研究制订单独的中职学校教师编制标准。重庆制订中职学校教师编制标准时应:根据阶段发展、城乡差异、区域特色和中职学校类型的不同特点,因时因地制订体现特点、适应发展要求的单独的中职学校教师编制标准,不能一个标准固定不变;考虑专任教师和专业教师分别在教职工、专任教师中的合理比例，体现职业教育应用性和专业性特点；实行灵活的非固定编制，非固定编制教师招录工作由中职学校负责，实行人事代理制。

二是要改革中职教师补充和准入制度，实现教师补充多元化。教育、人事行政部门在制定中职教师编制标准、加强教师编制管理的基础上，放权于学校，实行由学校自主聘用教师制度。改革中职教师招录办法，正式编制教师实行市级人事部门（或教育行政部门）组织职业教育理论考试作为门槛、以学校组织的教学技能考核为主；聘用制教师，市级有关部门只管按指标核拨经费，具体选聘由中职学校决定，扩大中职学校的用人自主权。加大中职教师补充力度，打破中职学校与企业行业在专业技术人才流动方面的壁垒，疏通流动渠道，允许中职学校不受身份限制，面向企业公开招聘具有丰富实践经验的高级技师，担任“双师型”教师，提高来自行业、企业一线的兼职专业教师的比例。进一步完善兼职教师聘用政策和相关管理办法。每年遴选一定数量应用技术本科及以上应届毕业生，到企业进行1至2年实践后到中职学校上岗任教。建立重庆市中职教师基本职业技能培训和鉴定中心，对志愿从教的非师范专业的专业技术人员进行培训和考核，合格者充实到职业学校任教。开展职业教育师资免费师范生试点工作，鼓励支持一部分品学兼优、志愿当老师的学生到职业学校尤其是农村职业学校任教。

(2)统筹“双师型”教师和“名师”队伍的培养力度，建立和完善职教教师培养培训体系，不断提高师资队伍整体质量。

在当前中职教师专业化水平不高的情况下，为适应教师队伍专业化发展的长远需要，必须进一步加大“双师型”教师和“名师”队伍的培养力度。全市应统筹考虑“双师型”教师的建设规划、培训进修问题，加大对“双师型”教师队伍建设的经费投入，市职教师资培训经费的30%应用于“双师型”教师培训；研究制订重庆市中等职业学校“双师型”教师认证标准，设立初、中、高级“双师型”教师认定指标体系，每年定期进行教师认证，建立“双师型”教师资源库。建立中职学校“双师型”教师市级培训、异校访学和企业实践制度，为“双师型”教师的专业发展提供支持和帮助。把加强“双师型”教师队伍建设工作与学校的评先评优、绩效考核等工作结合起来，在对中等职业学校进行达标、创“重”、创“示范”等检查验收时，把“双师型”教师数量和质量作为重要内容之一。要建立中青年骨干教师及学科带头人“名师”培养制度，通过骨干教师培训、课题研究、学术交流、学历学位提升等措施，促使他们尽快成长为具有系统的教育理论基础和丰富的教育教学、科研实践经验，在教书育人和科研实践方面成绩突出，在较大区域内有重要影响的职业教育“名师”。

要建设一支数量充足、结构合理的“双师”和“名师”队伍，必须坚持政府、行业企业和学校相结合的方针，建立和完善中职教师培养培训体系，采取面向全体、重点培养、择优资助、动态管理、不断优化的办法，形成多层次、多渠道的优秀中职教师培养培训新格局。一是建立完善中职教师培训制度，制订详尽明确的培训规划和计划，完善教师培训证书制度，建立科学有效的教师培训激励机制，建立健全教师培训保障机制、监管机制和评估督导机制，以确保培训工作健康、有序地开展。二是认真落实和增加中职教师培训经费，因地制宜地建立教师培训的经费分摊机制，明确政府、行业企业、中职学校和教师个人承担的费用项目或比例。积极争取国家培训经费，明确行业企业培训经费投入、加强市级培训专项投入，要求区县级配套投入，加强各类培训经费统筹管理，严禁挪用和挤占教师培训经费，保证足额专款用于教师培训。三是加强中职教师培训基地建设。充分发挥重庆市中职教师培训集团的作用，完善管理机制，整合利用国内外优质培训资源。联合高校、企业加强国家级和市级中职教师培训基地建设，在全市建设3至4个国家级的师资培训基地，对全市中职教师进行分批轮训，聘请国内外高水平技师到培训基地授课培训。对国家级和市级中职教师培训基地要加强统筹规划，高标准严要求进行建设和管理。四是加强中职教师职前培养和职后培训一体化建设，在本科师范院校开办中职师资专业，与企业联合办学，实行“3+2”培养制；可在条件具备的高校开设职教专业硕士学位点，以培养高水平的职教师资。

（3）从制度上要建立健全职业教师聘任制度、职称评审制度和社会保障制度。

职业教育的发展需要建立一种能满足职业学校需要的教师聘任制度,以减小职业学校教师队伍的固定编制比例,扩大流动编制比例。高水平的教师可以跨校兼课,社会、企业的高级技术人员可以兼职授课,改变职业学校教师来源结构单一的状况,加强职业学校同社会、企业高级技术人员的流动。改革完善职称评审机制。建立单独的中职院校教师专业技术职务系列,单独设立中职教师专业技术职务评审制度,对“双师型”教师的职称评审,要把教师参与企业技术研发的成果,教师本人参加或带领学生参加技能大赛获得的奖项,教师组织学生到企业进行专业实践、实习的时间与成效等内容作为评审的重要条件。建立健全社会保障制度。针对中职教师社会保障需求多元化的特点,应分类建立中职教师社会保障制度。对公办中职教师,应尽快实行绩效工资制度,依法保证中职教师平均工资水平不低于或者高于国家公务员平均工资水平并逐步提高;对民办中职教师,应督促民办学校举办者,提高薪酬水平,购买“三金五险”,免除教师的后顾之忧;对公办中职学校招聘的教师,应解决他们的“身份”问题,市教育行政部门成立劳务派遣公司,实行工作派遣制度,把他们个人利益与学校的发展联系起来。

(二)建立健全职业教育投入保障机制

重庆职业教育投入保障机制的基本目标是:政府把职业教育纳入经济社会发展和产业发展规划,促使职业教育规模、专业设置与经济社会发展需求相协调;发挥政府在职业教育资源筹措上的主导作用,健全多渠道投入机制,加大职业教育投入,真正使职业教育投入的责任与公共财政改革相适应,职业教育投入的管理与公共预算改革的要求相适应。根据这一基本目标,应积极调整完善职业教育财政投入结构,引进市场运作机制,实行多元化投资,建立完善多渠道职业教育经费筹措保障机制;同时,进一步加强职业教育经费管理,提高资金使用效益,实现职业教育资源的合理配置,逐步实现职业教育投入与效益之间的良性互动,保障重庆职业教育的可持续发展。

1.建立多元化的教育投入格局

要在政府教育投入为主的条件下，大力推进职业教育投入多元化，多渠道、多形式筹集资金，逐渐减少对政府教育投入的过度依赖。一是根据《民办教育促进法》，大力发展各类民办职业学校。这类学校的办学经费主要由企事业和个人筹集，以社会资金为主，政府适当给予补助。二是积极鼓励支持社会力量参与职业教育办学，支持“股份制”“公司化”“公办民助”等新型职业学校，运用股份制手段融合社会资金办教育，实现中职学校资产所有权与学校管理权分离。三是将现有部分学校改制为公有民办。在评估资产（包括无形资产）现值的基础上，实行学校改制，转由社会团体、企业或个人举办，改制后的这类学校，基本建设由政府承担，经常性费用则由举办者筹集。四是积极加强职业学校国际合作，吸纳海外资金和项目投入到职业教育中。

2.规范教育转移支付行为

基于重庆目前经济总体上欠发达、财政状况不是很好，以及主城区与各区县之间教育发展的差异，应按照总额补助拨款的方式进行财政转移支付，重点对贫困地区教育经费的差额进行补助，把城乡统筹方面的经费拨款作为专项转移支付的重点，使各地根据各自的实际情况在相关项目之间合理调剂使用。这样，既便于上级政府实施补助时的操作，又具有较高的资金使用效率。同时，在确定是否进行财政转移支付时，还要综合考虑各地的财政状况，规定各区县政府对教育投入的努力程度。财政转移支付既要考虑公平问题，也要考虑效率问题。对于职业学校的危房改造等为满足教育发展基本要求的专项资金，应当坚持公平优先的原则，以支持贫困地区教育发展的基本需要，如在危旧房改造方面的资金在专项资金中应达到60%~70%。对于职业教育发展中示范学校、重点专业、信息化建设等为提高办学水平设立的专项资金，应当坚持以效率优先的原则，以扶持重庆市部分学校办学水平的提高和教学设施的改善。重点学科建设要突出资金的使用效益，可以通过建立项目库，科学化、规范化管理，并通过组织申报的方式进行安排，这些经费的投入必须加大管理力度，而不是只管投不负责收，这样使得投、管、用都得到了有效的保证。重庆职业教育要建立科学合理的专项转移支付，还必须对专项转移支付的项目进行有效管理，合理调整专项转移支付的范围。

3.引进绩效预算的方法，改革职业教育经费拨款办法

要建立一套科学合理的教育投入分配机制，必须改变只重视“投入”不重视“产出”的预算分配模式，要把绩效预算的思想和方法引入到重庆市教育投入分配机制中，突出教育经费的使用效果，实现教育经费预算分配方法的科学化、合理化，最大限度地用好宝贵的教育预算资源。[①]具体政策建议如下：一是采用定员定额预算和绩效预算相结合的绩效预算分配模式，即基本经费主要实施定员定额预算法，项目预算支出应当实行绩效预算的方法。二是制订合理的有差异的生均教育经费支出定额标准，要体现各类学校之间、地区之间、城乡之间、学科之间的差异。三是建立科学合理的绩效评价体系，基本经费的绩效考评可以与学校办学水平评估结合起来，作为预算经费分配考虑的一个重要因素，专项经费应根据不同项目的特点建立不同的绩效评价标准。四是预算分配要与学校招生规模相联系，而招生规模又要与学校的办学绩效相联系，在预算分配制度上要有利于学校规模合理化，实现可持续的良性发展。

（三）统筹职业教育基础能力建设

教育基础能力主要指教育的基础设施对教育事业发展的适应能力，是影响教育发展各个基本要素的集合。职业教育基础能力建设就是根据职业能力形成的要求，培养适应社会需要的人才所需的根本的、最基本的办学条件，主要包括各级各类中等职业院校的硬件与软件建设，比如学校教学楼、实验楼（实习车间）等基础设施建设，实验实训设备的配置和更新建设，学生实习实训基地、师资队伍建设等等。职业教育基础能力是对职业教育事业发展的基本

① 贾鸿.关于重庆市教育投入保障机制优化的思考[J].重庆工商大学学报（社会科学版）.2006，23（6）：51-53.

适应能力，是职业教育质量的重要保证，也是职业教育持续健康发展的保证。

2005年《国务院关于大力发展职业教育的决定》中指出："加强基础能力建设，努力提高职业院校的办学水平和质量"。其中就包括：建立和完善遍布城乡、灵活开放的职业教育和培训网络；加强县级职教中心建设；加强示范性职业院校建设；加强实训基地建设；加强师资队伍建设。由此可见，职业教育基础能力建设主要表现在职业教育与培训网络建设、示范性学校建设、县级职教中心建设、实训基地建设等方面。关于职业教育师资问题，我们已在前一章节中进行了详细阐述，故不再赘述。结合重庆三峡库区和城乡统筹的特殊要求，我们将从示范性中职学校建设、实习实训基地建设、进城务工人员职业教育与培训基地建设和库区移民培训就业基地建设等四个方面来探究如何加强重庆市职业教育的基础能力建设。

1. 实施职业教育示范性院校建设计划

《国务院关于大力发展职业教育的决定》提出，要认真组织实施"职业教育示范性院校建设计划"，重点建设高水平的培养高素质技能型人才的1 000所示范性中等职业学校和100所示范性高等职业院校，大力提升示范性院校培养高素质技能型人才的能力，促进其在深化改革、创新体制中起到示范带动作用，带领全国职业院校办出特色，提高水平。重庆要根据《国务院关于大力发展职业教育的决定》和教育部的安排部署，认真制定并实施职业教育示范性院校建设计划，重点建设140所达标中职学校、120所优质中职学校。基本形成以国家级示范性中职学校为骨干，以市级示范性中职学校为重点，以普通中职学校为基础，以民办中职学校为补充，以重点专业、骨干专业、特色专业建设为内涵，不同时期有不同建设重点，整体水平不断提高的发展格局，使重庆职业教育办学条件得到明显改善，整体办学水平得到明显提高，为人民群众提供合格的职业教育资源，推动重庆职业教育又快又好发展。

2. 实施职业教育实习实训基地建设计划

"十二五"期间，教育部、财政部实施"职业教育实训基地建设计划"，计划在经济社会重点专业领域建成2000个装备水平较高、优质资源共享的职业教育实训基地。重庆要根据国家“职业教育实训基地建设计划”，认真做好重庆职业教育实习实训基地建设规划和建设工作，要进一步加大经费投入、创新管理机制，特别是要打破部门、行业的界限，促进实习实训基地的共建共享，要在主城区和六大区域中心城市的规模以上企业，结合中等职业学校布局，建设20个多功能的企业实践教育基地，承担中职学校教师培训、学生实习实训等工作，进一步密切中职学校与行业企业的联系，充分发挥实训基地在教育、培训、职业技能鉴定和技术服务等方面的功能。

通过深入调查分析，我们发现重庆市职业教育实训基地建设主要存在以下问题：实训基地建设总量落后于当前及以后较长时期重庆地区职业教育内涵发展要求，包括建设思路上没有突破，建设规模上不能满足学生数量快速增长的形势要求，结构布局上还不平衡，浪费与闲置矛盾突出，建设内涵不够丰富，设备设置落后于经济发展需要，功能还较单一。为此，我们提出，在实施重庆职业教育实训基地统筹建设计划中要注意以下几点：

一是思路上的突破。采取股份制方式吸引行业企业和社会资金，按股份比例获取效益。政府、行业企业和民间共同提供资金、设备、实训标准和实训教师等，基本形成共建共享的建设机制。

二是属性上的调整。打破实训基地建于独立的中职学校内的封闭式运作方式，将一定区域内的中职学校实训基地资产剥离出来，建设成“开放共享型”实训基地或实训中心，且有独立地位，县域内或邻近区县中职学校学生均可进入基地开展实训教学，各中职学校开出“实训菜单”，由开放共享实训基地统筹安排，按学校标准要求承担实训项目，形成“菜单”实训模式。

三是运作手段上的突破。在给予实训基地法人主体地位和开放共享的基础上，实施市场化运营管理。实训基地编制实训项目及具体内容、师资配备及各项目费用标准，中职学校根据学生实训需求购买实训项目，行业研制出各岗位能力标准并实施考核，企业根据岗位标准提供相应设备。在实训基地对学生开展相应技能训练后，由行业企业、中职学校实施严格考核。

四是建设功能布置上的突破。目前各中职学校实训基地在功能布置上都较单一,没有按技能形成的内在规律考虑结构布置。在现有基础上,考虑按"实体陈列—仿真模拟—实际操作—生产加工"序列布置,体现"观察感知-模拟训练-实际操作-实际生产"的环环相扣的培养规律,促进学生职业能力逐步提高。

3. 实施进城务工人员职业教育与培训基地建设计划

通过基建投入及设备购置,建设20个服务统筹城乡发展,有效转移农村劳动力的进城务工人员职业教育与培训基地。该项目将依托办学条件较好、职业技能培训能力较强的中职学校或区县职教中心,在主城区和区域性中心城市建设20个进城务工人员职业技能培训基地,对进城务工人员择业、转岗进行技能培训,扩大培训规模,提高培训质量,既有利于解决当前技能型人才紧缺的问题,支撑产业发展,又有利于统筹城乡发展和促进经济社会协调发展。

4. 实施库区移民培训就业基地建设计划

依托办学条件较好、职业技能培训能力较强的职业学校或区县职业教育中心,在主城区建设1个移民培训就业基地,在我市三峡库区15区县建设15个。建设移民培训就业基地,对库区移民择业、转岗进行技能培训,扩大培训规模,提高培训质量,既有利于解决库区移民就业,破解库区产业空心化,解决库区产业发展对技能型人才的需求,支撑库区产业发展,又有利于统筹城乡发展和促进经济社会协调发展。

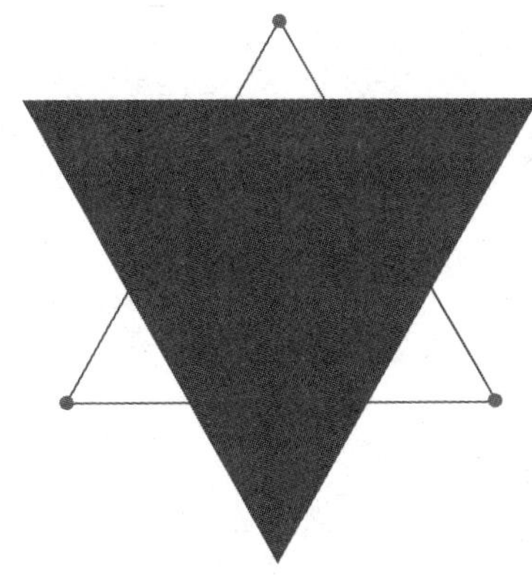

走向均衡与公平

本研究站在中国职业教育战略发展与城乡统筹改革的契合点上，从城乡统筹发展的视角，运用哲学、教育学、经济学、社会学、统计学等学科知识，采用文献研究、调查研究、统计分析、模型构建等多种研究方法，遵循由理论研究到实践研究再到战略对策研究的逻辑思路，在教育内外部关系规律理论、二元经济结构理论和人力资本理论等理论指导下和有关文献研究的基础上，形成了职业教育城乡统筹互动协调关系理论假设，分析了重庆中职教育城乡统筹发展中互动不足联动不够的实然状态和成因，探索了具有重庆特色的职业教育城乡统筹内涵互动发展战略和外部联动保障体系，为重庆乃至全国职业教育的城乡统筹发展探明了道路。

阐明了职业教育的战略发展地位

纵观世界发达国家的城镇化过程，都有一个完善的职业教育体系作为经济发展的支撑，大多数发达国家都把发展职业教育作为增强综合国力和国际竞争力的首选战略。在我国进入产业结构调整升级、经济发展方式转变的新阶段里，社会对应用技术型人才的需求愈来愈迫切，职业教育的战略发展地位和作用也越来越明显，国家从科教兴国的战略高度，在政府重要文件和国家领导人讲话中多次提出要重点、加快发展职业教育。重庆作为国家批准的首个省级统筹城乡综合配套改革试验区，通过职业教育城乡统筹发展来推动城乡经济协调发展，已成为政府和社会各界的共识。

虽然职业教育是世界发达国家经济发展的重要支撑和首选战略，虽然我国已经把大力发展职业教育作为一个战略发展重点，但在学术界仍有不少人忽视职业教育在经济社会发展中的重要地位，社会现实中也仍有很多与这个“战略地位”不相适应的地方，职业教育与经济社会发展的要求还有一定的距离，职业教育的规模、结构、模式和质量都存在诸多问题，从而制约了职业教育促进经济社会发展功能作用的发挥，影响了职业教育战略发展地位的落实，不利于我国国民经济和社会的统筹协调可持续发展。因此，认真研究职业教育的战略发展问题，实现职业教育城乡联动发展和职业教育与经济社会的互动协调，这不仅有利于职业教育自身的战略发展，也有利于打破城乡二元体制、促进城乡经济和社会各项事业协调发展，具有重要的战略意义和实践指导作用。

"职业教育战略发展"是我们追求的战略目标，主要是指在统筹推进经济、社会、教育和人的自身发展时，将职业教育放在经济社会发展的战略发展地位，作为我们教育改革发展的重点工作，在人的全面发展中相伴终身并起到决定作用。本研究主要从经济社会发展、国民教育体系和人的自身全面发展三个角度阐述了职业教育的战略发展地位：一是职业教育在经济建设和社会发展中处于战略发展地位；二是职业教育在整个国民教育体系中与普通教育同等重要，在国家教育战略发展中处于加快发展的地位；三是职业教育决定人的职业并与人相伴终身，在人的全面发展中处于重要地位。

梳理了职业教育与城乡统筹互动协调的战略发展关系

职业教育与城乡统筹是一种互动协调的战略发展关系，本研究重点就职业教育与城乡统筹的互动协调战略发展关系进行理论探索与架构，这一研究问题是本研究的理论基石和基本出发点，揭示了本研究各部分的本质联系，其他研究问题如关于职业教育城乡统筹发展的实践研究和对策研究都是围绕职业教育与城乡统筹的互动协调关系这一基本、核心问题来展开的。

关于职业教育与城乡统筹的互动协调关系，从职业教育的内涵发展要素、外部保障条件等层面来分析，我们认为至少包含四个方面的互动协调战略发展关系：首先，内涵发展要素之间是互动协调共生关系。职业教育内涵发展包括规模、结构、模式和质量四个要素，四要素之间行同唇齿、相互协调，直接决定着职业教育系统内部协调发展程度，直接决定职业教育的水平和效益。其次，外部保障条件包括观念、制度、服务和资源，这四者也是联动共存关系，只有做到"统筹规划、统筹管理、统筹制度、统筹资源"四个统筹并协同创新、形成合力，才能确保保障机制的成效与作用。再者，内涵四要素与外部四条件是互动互补关系，保障体系是外在的手段和途径，发展要素是内在的需求和目标。

两个系统之间是互相促进、互为补充,不可偏废的。最后,职业教育与城乡统筹和经济社会发展之间是互动联动关系,职业教育的发展,有利于也是为了城乡统筹好经济社会发展,反过来,城乡经济社会统筹发展了,也为职业教育提供了机遇和平台。

探究了重庆职业教育城乡统筹发展战略及其战略保障体系

统筹发展是一种强调综合性、整体性的内在发展,是多个系统或要素在统筹这一必要手段和目标下的综合整体发展。本研究下的“职业教育城乡统筹发展战略”包含两层意思,即既是手段也是目的,是追求城乡职业教育协调发展和统筹建立外部保障体系两者之间目的与手段的统一,“促进内涵要素互动发展”是主体,是核心,是目标,“统筹建立外部联动保障体系”则是外壳,是基础,是手段。只有围绕内部核心要素,不断完善外部保障体系,推动机制创新,职业教育才能促进城乡统筹发展。因此,本研究也就是从“促进内涵要素互动发展”和“统筹建立外部联动保障体系”两个方面来探究职业教育城乡统筹发展的战略对策。

首先,从“怎样发展”的视域来探讨职业教育城乡统筹内涵互动发展战略。从战略发展的要求来讲,我们追逐的是有质量的发展,是内涵式的发展,这种战略发展有四个要素:规模、结构、模式和质量,或者称作四个方面的指标体系。在市场经济的大潮中,职业教育只有立足于自身发展实际,保持正确的价值取向、适度的规模、均衡的结构、有效的模式、过硬的质量并与经济社会发展需求合理协调,才能满足市场的需求,才能不被取代和淘汰。因此,在当前形势下,我国职业教育的发展必须未雨绸缪,运筹帷幄,强调战略制胜,必须从职业教育的全局和长远利益出发,加强对其发展方向、发展规模、结构和模式、质量和速度各战略要素的研究,制定出切实可行的发展战略并切实推进,以便能够实现职业教育的科学、协调和可持续发展。促进职业教育的内涵互动发展就是要探究各构成要素及其相互关系的科学发展。职业教育内涵互动发展战略就是在职业教育战略思想和战略目标的指引下,为了探寻内涵式发展要素的科学发展而相应采取的战略举措，具体包括“适度规模化发展战略”“均衡化结构调整战略”“集团化统筹发展战略”“标准化质量管理战略”四大子战略。

其次，从“如何统筹”的角度来构建职业教育城乡统筹外部联动保障体系。根据唯物辩证法的观点，发展需要外力的推动和保障，需要我们在外部予以积极的推动和有力的保障，在外部建立一个有力的职业教育保障体系作为战略发展的手段和保障。“职业教育城乡统筹发展战略”涉及社会观念、发展规划、政策法律、管理体制、资源配置等各个方面，涉及国家和地方政府、教育部门、行业企业、职业学校等多个主体，需要我们进行有效的统筹协调和管理。比如：在观念上明确职业教育的战略发展地位，统筹制订职业教育战略发展规划；在政策上统筹制定既有利于城乡协调发展又有利于体现区域行业特色的各项管理政策和法律法规；在管理上建立完善城乡统筹的管理体制；在资源配置上建立有利于城乡资源合理配置的机制。简单地说，就是“四个统筹”，统筹发展规划、统筹发展政策、统筹管理体制、统筹资源配置。

职业教育与城乡统筹的互动协调发展研究是一项复杂的系统工程，涉及因素众多，且许多问题尚无定论，需要持续不断地进行多学科、多角度的研究才能揭示其内在的规律，把握其本质。本研究主要对职业教育与城乡统筹的互动协调发展基本理论、相互作用机理、内涵互动式发展战略与外部联动保障体系等方面进行研究，许多方面只是浅尝辄止，有待于深入探讨与挖掘，主要有以下几点：

一是本研究对职业教育对城乡统筹的作用贡献主要是进行定性研究，本研究有定量研究，但不够，而采用数据模型、统计分析的方法来测算职业教育对城乡统筹的贡献度，却是一项非常重要、非常必要、非常有意义的新课题，在这方面，发达国家很早就采用数学和统计的方法研究了职业教育对经济发展的贡献度，而我们国家虽然也有学者进行了尝试，但其测算模型的科学性、测算结果的准确性有待检验或提升。

二是本研究在“适度规模化发展战略”研究中，用SPSS统计软件和多元回归分析方法，建构了职业教育规模预测模型，揭示了职业教育规模与GDP、人口之间的内在联系规律，但在收集数据时，却因找不到中职年度招生人数、学龄人口的准确统一数据，只能用中职在校生人数、常住人口数代替，对这些数据进行处理时肯定会发生误差，影响职业教育规模预测模型的科学性和准确性。由于数据的因素，本研究的职业教育规模预测模型是否科学、是否合理，其结果是否准确，我们没有十足的把握，只有等待以后在实践中去检验和完善。

三是本研究提出的“标准化质量管理战略”是一项比较有争议的话题。提升质量、加强管理、注重评估，这些已经成为大家的共识，但对人才培养质量的内涵和标准却存在很大的争议，有学者肯定认为，不应该设立一个标准化的人才评价体系，对人才培养的质量也不应该采用一个统一固定的标准，否则我们培养的人才就是千篇一律，没有特色。但是，笔者认为，不同教育类型的人才培养目标和导向应该有侧重点，高等教育重在培养创新性人才，而职业教育尤其是中等职业教育，应该着重培养实践技能型人才。既然是强调实践技能型人才，就应该与企业社会对人才培养的标准、规格相适应，就应该有一个行业质量标准要求来评价和检验我们职业教育生产的“产品”，否则，我们的“产品”——职业教育培养的人才就不能适应本地区经济社会、产业结构的要求，更不能与国际接轨。而当前我国恰恰缺乏一个与国际接轨、适应本区域经济产业结构特点的职业教育标准体系，国外比如俄罗斯、美国都制定了与国际接轨的本国职业教育标准，这个国家标准为职业教育的质量管理提供了法律依据，也为评估职业教育的教学质量和毕业生的技能等级提供了客观标准。为此，本文提出了“标准化质量管理战略”，就是指在正确的教育质量观的指导下，在社会不同部门、不同群体间（包括政府部门、企业行业、学校、社会）树立一个既符合经济社会发展规律，又符合职业教育发展规律和受教育者自身发展规律的相对稳定而统一的质量标准和保障体系，并且依据这一质量标准和保障体系进行科学有效的质量管理和质量评价，从而促进教育质量的提高。当然，本文提出的职业教育质量管理保障体系还只是一种尝试，还有许多亟待完善和改进的地方。

四是本研究还提出了一些促进职业教育城乡统筹互动协调发展的战略措施，如“适度规模化发展战略、均衡化结构调整战略、集团化统筹发展战略、标准化质量管理战略”四大战略、“统筹发展规划、统筹发展政策、统筹管理体制、统筹资源配置”四个统筹、“圈翼城乡联动、中职校校联动、校地合作联动”三个联动，这些战略设想和具体措施应该在具体的实践或微型实验中得到进一步检验和完善，但由于多种因素，本研究没有进行微型试验，因此只能是理论上的假设和推理分析，实践才是检验真理的唯一标准，这一点可能也是本研究的最大不足之处，也是我今后在职业教育研究道路上努力探索的方向。

职业教育发展的非均衡状况是客观和广泛存在的，有其深刻的历史原因，也有不少的现实因素；有外部体制的原因，也有自身的先天不足。要克服这些困难，逐步消除区域、城乡、校际和群体等差距，实现城乡职业教育的全面、协调、均衡发展，将是一个任重而道远的历史任务。面对这样一个历史任务，作为教育人，应心怀对职业教育均衡发展的使命感和责任感，这是一种理想与信念，更是一种选择与行动。随着研究的逐步展开和深入，我们越来越坚信，中国城乡职业教育的互动协调发展将从理想的蓝图变为生动的现实。当然，从科学到技术、从理论到实践、从蓝图到现实仍然有相当长的距离，缩短这种距离，需要付出更多的努力，需要更富创造性的智慧，需要各级政府和教育行政部门的重视和支持，需要各界人士的呼吁与努力，更需要广大人民群众的参与和帮助。为此，我们疾呼，为了城乡职业教育的均衡发展，为了教育公平的实现，为了中国经济的腾飞，为了中国梦，希望更多的人参与职业教育、关注职业教育、重视职业教育、投身职业教育。唯有这样，教育的公平问题才不再是“问题”，职业教育才能真正为实现中国经济社会的发展插上腾飞的翅膀，中国梦才会早日变成现实。我们期待、我们希望、我们更在努力行动……

参考文献

(一)期刊文章

[1]李彦燕.城乡统筹背景下的重庆市职业技术教育发展路径[J].职业教育研究.2009(10):5-6

[2]唐智彬,刘晓,石伟平.论统筹城乡职业教育发展的制度创新[J].职业技术教育,2010(34):12-16

[3]董仁忠.统筹城乡职业教育发展研究[J].职教论坛,2009(31):9-14

[4]雷世平.农村职业教育发展的新路径:城乡统筹发展职业教育[J].职教通讯,2010(2):32-36

[5]苏志刚.城市化进程中的职业教育课程改革[J].宁波大学学报(教育科学版),2004,26(4):96-97

[6]崔民初.我国城市化进程中的职业教育问题及对策研究[J],职业技术教育,2003(1):10-13

[7]刘常青.职业教育在城市化进程中的作用[J],教育与职业,2004(26):9-10

[8]陈柳钦.产业发展:城市化的动力[J].重庆工商大学学报(西部论坛),2005,15(1):61-66

[9]方福康.推进经济结构调整需要大力发展职业教育[J].中国职业技术教育,2001(4):18-19

[10]高静文.社会系统论与和谐社会的构建[J].哲学研究,2006(4):27-33,128

[11]黄龙威,邹立君.城乡教育统筹发展:目标、责任与监测[J].教育研究,2009(2):39-41,51

[12]黄旭.论企业、行业在职教新体系中的地位和作用[J].职业技术教育,2004,25(1):51-52

[13]蒋士会,陆涛.我国职业教育区域发展均衡问题探略[J].教育与职业,2008(29):11-13

[14]姜喜忠.中等职教专业建设的问题与对策[J].职教论坛,2005(25):53-55

[15]金贻娟.经营学校——中职教育发展的必然选择[J].中国成人教育,2005(7):17-18

[16]刘芳.我国中等职业教育投资问题及对策[J].职业技术教育,2003(19):20-22

[17]柳思维,晏国祥,唐红涛.国外统筹城乡发展理论研究述评[J].财经理论与实践,2007,28(6):111-114

[18]梁成艾,朱德全.中国职业教育统筹发展研究综述[J].中国职业技术教育,2011(3):80-84

[19]梁成艾,朱德全,金盛.论城乡职业教育统筹发展的动力机制[J].职业技术教育,2011,32(13):15-21

[20]梁成艾,朱德全.国外职业教育城乡统筹发展比较研究[J].职业技术教育,2010(28):59-64

[21]梁丽.重庆市统筹城乡教育均衡发展问题研究[J].中国农业教育,2009(1):25-26

[22]李延平.论职业教育公平[J].教育研究,2009(11):16-19

[23]曲正伟.我国中等职业教育的困境及其制度解答[J].教育发展研究,2006(1):18-22

[24]萨丽·托马斯,彭文蓉.运用“增值”评量指标评估学校表现[J].教育研究,2005(9):20-27

[25]石伟平.国际视野中的农村职教改革与发展[J].教育发展研究,2009(5):56-59

[26]史慧武.改良我国职业教育管理体制的设想[J].教育探索,2009(2):68-69

[27]牟晖,杨挺.我国职业教育管理体制改革研究综述[J].教育与职业,2009(27):11-13

[28]孟令臣.关于职业教育管理体制改革的思考[J].中国职业技术教育,2005(17):23-24,27

[29]范安平,王勤.发达国家农村职业教育的质量保障及启示[J].上饶师范学院学报,2008,28(2):71-74

[30]王文槿.谈美国的农村职业教育[J].职业技术教育,2004(22):56-59

[31]张强,吴志冲.发达国家和地区的城乡协调发展[J].世界农业,2006(1):10-12

[32]李兴洲.城乡统筹发展战略下的职业教育改革探索[J].柳州职业技术学院学报,2009,9(3):1-5

[33]顾坤华.省级政府对区域内高等职业教育统筹管理的角色分析——以江苏省为例[J].成人教育,2007(11):18-19

[34]陈永国.统筹城乡发展的内涵、层次及思路[J].商业研究,2008(4):121-123

[35]林毅夫.职业教育对缩小城乡差距至关重要[J].中国老区建设,2007(5):13—14

[36]欧阳河.职业教育基本问题初探[J].中国职业技术教育.2005(12):19-26

[37]教育对重庆经济发展贡献研究课题组.教育对经济发展的贡献测度:重庆的证据[J].改革.2009(5):81-87

[38]杜睿云,段伟宇.论职业教育与中国城镇化建设的互动关系[J].经济论坛.2010(1):21-24

[39]谢虹.高等职业教育财政支出的绩效评价体系研究[J].教育与职业,2007(14):20-22

[40]于龙斌.发展职业教育必须遵循的基本规律[J].中国职业技术教育,2004(27):15-16

[41]于宗水.对中小城市发展职业教育的思考[J].职教论坛,2006(15):53-55

[42]朱晓斌.全面建设小康社会与职业教育均衡发展观[J].职业技术教育,2003(10):5-8

[43]王育仁.论中等职业教育的多元投资体制改革[J].职业技术教育,2005(4):37-39

[44]王忠厚,朱德全.城乡统筹背景下职业教育信息资源共享研究[J].电化教育研究,2011(1):77-80

[45]张瑞,朱德全.城乡统筹视野下职业教育均衡发展评价体系研究——以重庆为例[J].职业技术教育,2011(4):5-11

[46]朱德全,林克松.重庆职业教育城乡统筹发展理论研究——经济学的视角[J].教育与经济,2010(3):34-38

[47]唐林伟.职业教育办学模式论纲[M],河北师范大学学报(教育科学版),2010,12(5):96-100

[48] Temple, Jonathan R.W. Growth and wage inequality in a dual economy[J]. Bulletin of Economic Research,2005,57(2):145-169

[49]Lipton M. Why poor people stay poor: urban bias in world development[M].Cambridge:Harvard UP,1977

[50]Visser K.Systems and procedures of certification of qualifications in the Netherlands [J].Thessaloniki:CEDEFOP,1994

(二)学位论文

[51]杨海燕.城市化进程中职业教育发展研究[D].北京:北京师范大学博士学位论文,2006

[52]陈明昆.中国经济转型期职业教育可持续发展研究[D].天津:天津大学博士学位论文,2010

[53]亓俊国.利益博弈:对我国职业教育政策执行的研究[D].天津:天津大学博士学位论文,2010

[54]万恒.社会分层视野中职业教育价值的再审视[D].上海:华东师范大学博士学位论文,2009

[55]赵翔宇.甘宁青民族地区职业教育研究[D].兰州:兰州大学博士学位论文,2009

[56]杜利.我国职业教育发展的理论与实证研究[D].武汉:武汉理工大学博士学位论文,2008

[57]朱容皋.农村职业教育反贫困责任问题研究[D].长沙:湖南农业大学博士学位论文,2009

[58]李延平.职业教育公平问题研究[D].西安:陕西师范大学博士学位论文,2008

[59]张宇.基于利益主体选择的高等职业教育就业导向研究[D].天津:天津大学博士学位论文,2007

[60]卢洁莹.生存论视角的职业教育价值观研究[D].武汉:华中师范大学博士学位论文,2008

[61]孙玫璐.职业教育制度分析[D].上海:华东师范大学博士学位论文,2008

[62]张力跃.我国农村职业教育困境研究——从社会结构与农民对子女职业教育选择的关系视角[D].长春:东北师范大学博士学位论文,2008

[63]付雪凌.高等教育大众化进程中高等职业教育发展研究——国际比较的视角[D].上海:华东师大博士学位论文,2008

[64]薛耀瑄.中国西部人力资源开发战略研究——西部职业教育与成人教育发展战略选择[D].西安:西北工业大学博士学位论文,2007

[65]杭永宝.职业教育的经济发展贡献和成本收益问题研究[D].南京:南京农业大学博士学位论文,2006

[66]王振如.北京高等职业教育创新与发展研究——以京郊现代化建设为视角[D].北京:中国农业科学院博士学位论文,2006

[67]易元祥.中国高等职业教育的发展研究[D].武汉:华中科技大学博士学位论文,2004

[68]肖化移.高等职业教育质量标准研究[D].上海:华东师范大学博士学位论文,2004

[69]常欣.青岛市城乡统筹发展研究与优化[D].青岛:山东科技大学硕士学位论文,2006

[70]刘万斌.中国统筹城乡发展的理论思考[D].昆明:云南师范大学硕士学位论文,2005

[71]钟颖.重庆“一圈两翼”区域经济差异及产业发展对策研究[D].重庆:重庆大学硕士学位论文,2009

(三)书籍

[72]黄尧.职业教育学——原理与应用[M].北京:高等教育出版社,2009

[73]程方平.中国教育问题报告[M].北京:中国社会科学出版社,2002

[74]吕银春,周俊南.巴西[M].北京:社会科学文献出版社,2004

[75]周硕愚.系统科学导引[M].北京:地震出版社,1988

[76]皮亚杰.结构主义[M].倪连生,王琳,译.北京:商务印书馆,1984

[77]顾明远.教育大词典[Z].上海:上海教育出版社,1998

[78]郝克明.当代中国教育结构体系研究[M].广州:广东教育出版社,2001

[79]齐亮祖,刘敬发.高等教育结构学[M].哈尔滨:黑龙江教育出版社,1986

[80]俞荣根.重庆蓝皮书:2003年经济社会形势分析与预测[M].重庆:重庆出版社,2002

[81]翟海魂.英国中等职业教育发展研究[M].北京:高等教育出版社,2005

[82]姜大源.当代德国职业教育主流教学思想研究(理论、实践与创新)[M].北京:清华大学出版社,2007

[83]刘合群.职业教育学[M].广州:广东高等教育出版社,2004

[84]刘志民.教育经济学[M].北京:北京师范大学出版社,2017

[85]苗东升.系统科学大学讲稿[M].北京:中国人民大学出版社,2007

[86]马树超.新世纪职业教育走向抉择[M].上海:上海教育出版社,2002

[87]许祥云.新世纪职业教育改革探索[M].武汉:中国地质大学出版社,2004

[88]邹天幸,刘春生,纪芝信.职业技术教育管理学[M].北京:教育科学出版社,1992

[89]邢晖.职业教育发展论纲——透视北京职教[M].北京:高等教育出版社,2004

[90]张维迎.博弈论与信息经济学[M].上海:上海人民出版社,2004

[91]威廉·阿瑟·刘易斯.二元经济论[M].施炜,等译.北京:北京经济学院出版社,1989

[92]里查德·道金斯.自私的基因[M].卢允中,张岱云,王兵,译.长春:吉林人民出版社,1998

[93]张家祥,钱景舫.职业技术教育学[M].上海:华东师范大学出版社,2001

[94]丁钢.中国教育:研究与评论(第14辑)[M].北京:教育科学出版社,2011

[95]杨士弘.城市生态环境学(第2版)[M].北京:科学出版社,2005

[96]夏征农.辞海(第6版普及本)[Z].上海:上海辞书出版社,2010

[97]顾明远.中国教育的文化基础[M].太原:山西教育出版社,2008

后记

本书是在我的博士学位论文《互动与联动：中职教育城乡统筹发展战略研究——以重庆为例》(2013年)基础上修改而成，文中提出的一些具有前瞻性的政策建议得到了有关部门的采纳，如今已积极施行并产生一定成效，故而萌发付梓之意。

职业教育对我来说是一个全新的领域。在博士论文选题期间，是导师宋乃庆教授让我参与了他领衔主持的重庆市政府参事室、市教委、市教科院关于重庆中等职业教育战略发展研究的重大课题，引起了我对职业教育浓厚的兴趣和特别的关注，我也希望自己能够从这个新的研究视角进行一些新的探索。于是，在导师和朋友们的鼓励下，我开始接触不太熟悉的职业教育，从开始的一片茫然，到后面的跃跃欲试，再到最后的坚定信心，作品初成。怀揣着这份略显稚嫩而单薄的作品，这其中的艰辛与苦楚我不需多言，但其中需要道声感谢的人我必须铭记。首先，要感谢我的导师宋乃庆教授、朱德全教授，两位老师严谨的治学态度，渊博的学术知识令我深为敬佩，两位老师一针见血的透彻点拨、不厌其烦的字斟句酌，让我终身受益。还要感谢对我博士论文给予悉心指导的所有老师和朋友们。

本研究得到了全国教育科学“十二五”规划青年项目、西南大学中央高校基本科研业务费项目的资助。特别感谢西南师范大学出版社胡小松先生、杜珍辉先生等对本书出版的大力支持！由于时间关系，文中一些数据和形势分析已经有些过时，甚至可能还有错漏之处，敬请谅解！

本书稿是关爱和温暖的结晶，它汇集着很多人的智慧、责任、友谊和无私，它是不惑之年的我不断努力和收获人生幸福的见证，希望在今后的人生旅途中，踏实做人、认真做事、快乐工作、幸福生活。

是为后记。

廖晓衡

2018年2月